Durch den Horizont sehen

Vito Palmieri / Helmut Ruppel /
Ingrid Schmidt / Wolfgang Wippermann (Hg.)

Durch den Horizont sehen

Lernen und Erinnern im interreligiösen Dialog

Mit Beiträgen von Viola Altrichter, Ingo Baldermann, Gregory Baum,
Edna Brocke, Maria Luise Damrath, Albert H. Friedlander,
Eveline Goodman-Thau, Avitall Gerstetter, Martin Jander,
Michael Juschka, Rolf Lüpke, Mohsen Mirmehdi, Andreas Nosek,
Vito Palmieri, Helmut Ruppel, Cornelia Schirmer, Ingrid Schmidt,
Ursula Storm, Emel Topcu-Brestrich, Lorenz Wilkens,
Wolfgang Wippermann, Marie-Rose Zacher

Wichern-Verlag

Helmut Ruppel
Studienleiter der EF
zum 65. Geburtstag
im Namen vieler Kolleginnen und Kollegen

Vito Palmieri, Ingrid Schmidt, Wolfgang Wippermann

Lektorat: Carola Henning, Sibylle Suchan-Floß
© Wichern-Verlag GmbH, Berlin 2005
Trotz sorgfältiger Recherche war es uns leider nicht in allen Fällen möglich, die Urheber zu ermitteln. Wir bitten sich gegebenenfalls beim Verlag zu melden.
Satz: NagelSatz, Reutlingen
Druck und Verarbeitung: Digital PS Druck AG, Birkach
ISBN 3-88981-182-5

Inhalt

Einleitung

Helmut Ruppel
Mit Umsicht und Verantwortung 9

Vom Unterrichten

Rolf Lüpke
Noch immer: Zeit für Religionsunterricht! 12

Marie-Rose Zacher
Schul-Haus-Besichtigung
Evangelische Ganztagsgrundschule in Berlin-Lichtenberg
Streiflichter 21

Maria Luise Damrath
„Und dafür werde ich auch noch bezahlt"
Erlebensorientierte Seminare in der Erweiterten
Fachausbildung 31

Helmut Ruppel, Ingrid Schmidt
„Spiele und Lektüre". Ein Bild von Picasso 39

Ingo Baldermann
Die „häufigste Unfallursache"
Anmerkungen zum Erzählen von Jesus im Angesicht
des christlich-jüdischen Dialogs 45

Ursula Storm
Der anhaltende Augenblick im Strom der Zeit
„Anbetung der Könige" von Gentile da Fabriano 54

Cornelia Schirmer
Bonhoeffer eröffnet uns neue Horizonte 61

Andreas Nosek
The Jewish Trail
Wege der Erinnerung in Lublin 68

Viola Altrichter
Durch den Horizont sehen – kulturwissenschaftliche
Lernwege 74

Im christlich-jüdischen Gespräch

Edna Brocke
Jüdische Frauenporträts 84

Lorenz Wilkens
MAGNIFICAT. Der Psalm der Maria 92

Avitall Gerstetter
Das jüdische Jahr – vieles fremd und doch so vertraut 96

Ingrid Schmidt
„Dass die Glaubenden gemeinsam Berge versetzen können ..."
Heilung der blutflüssigen Frau und der Tochter des Jairus 105

Wolfgang Wippermann
Diabolischer Antisemitismus
Luther, der Teufel und die Juden 113

Albert H. Friedlander, Helmut Ruppel
„Ein Streifen Gold" 120

Von muslimischer Tradition

Emel Topcu-Brestrich
Muslimische Frauen in Deutschland 129

Gregory Baum
Gespräche mit Muslimen in Montreal 138

Michael Juschka
Vom Gegenspieler zum Haushalter Gottes
Soziale Verantwortung der Kinder Abrahams 142

Mohsen Mirmehdi
Vom Bund und von Verträgen
Toleranz im Koran 152

Vom Erinnern

Vito Palmieri
Historisches Gedächtnis in der Theologie der Befreiung 172

Vito Palmieri
Hermeneutik des Volkes
Zur Methodik der Theologie der Befreiung 181

Wolfgang Wippermann
„Synagoge mit Christentünche"
Ein unbekannter Ort in der Kastanienallee 22 im Berliner Bezirk
Prenzlauer Berg 188

Martin Jander
Helmut Eschwege – „Fremd unter Meinesgleichen" 193

Martin Jander
Deutsches Familiengedächtnis
Beate Niemanns Ausbruch aus der verdrehten Familien-Erinnerung
der Familie Sattler 197

Eveline Goodman-Thau
Zeugendes Erinnern 208

Helmut Ruppel
Nachgespräch: Die Erweiterte Fachausbildung – ein Gedenkblatt 216

Die Autorinnen und Autoren 225

Helmut Ruppel

Mit Umsicht und Verantwortung

Alles Leben ist Begegnung
Martin Buber

Unverhofft und völlig überraschend erschien vor wenigen Monaten die unveröffentlichte deutsche Originalfassung des Artikels „Erwachsenenbildung" von Martin Buber, verfasst in Jerusalem um die Jahreswende 1949/50 und bisher nur in hebräischer und englischer Übersetzung publiziert. Pädagogen der Friedrich-Schiller-Universität Jena hatten zur Planung eines Symposions anlässlich der 125. Wiederkehr des Geburtstages von Buber das Martin-Buber-Archiv der Hebräischen Universität in Jerusalem um fachliche Unterstützung gebeten und es kam zur großen Überraschung die Xerokopie des handschriftlich verfassten Schlüsseltextes zur „Erwachsenenbildung" – freilich titellos, doch die englische Veröffentlichung hieß „Adult Education" und die hebräische „Chinuch Mevugarim", sodass der deutsch gewählte Titel „Erwachsenenbildung" sich analog ergibt. Ein Glücksfall für die deutsche Erwachsenenbildung, enthält doch der Text viele Leitworte des Buberschen Erziehungsdenkens wie das „dialogische Prinzip", den „Kontakt als Weg der Erziehung", das „Erschließen" und nicht „Auferlegen" und die beharrliche Betonung von Verstehen, Verständigung und Dialogbereitschaft.[1]

Buber schrieb seine Gedanken in einer „präzedenzlosen" Situation, er suchte einen „geistigen Kristallisationskern für regeneratives Lernen und das Entstehen einer neuen Einheit"[2], nämlich unter den unendlich differenzierten Einwanderungsgruppen in dem eben gegründeten Staat Israel. Da „das jüdische Volk die einzige antike noch lebende Nation mit einem eigentümlichen Religionsgesetz ist"[3], arbeitet er das heraus, was „Hebräischer Humanismus" oder noch umfassender „Gläubiger Humanismus" von ihm genannt wurde. Eine sehr glückliche Formulierung, zu der, oder einer verwandt klingenden, wir in der Kirche aus vielen theologiegeschichtlichen und politisch-kulturellen Gründen nicht gekommen sind, was bis in die unmittelbare Gegenwart peinigende Auseinandersetzungen zwischen Kirche und Gesellschaft erzeugt.

Bubers Intentionen erinnern im politischen Kontext von 1949/50 auch an die akut nicht vergleichbare, aber doch ähnlich empfundene Lage der Bevölkerung von St. Petersburg während der 900-tägigen Belagerung durch die deutsche Wehrmacht ab 1941. Die Prioritäten der St. Petersburger Radioprogramme hießen: „Informationen, Gedichte, Brot". Kenntnisse und Kultur waren identitätsstärkend und widerstandsmotivierend, noch vor „Brot".

Bubers Schrift vermag in der ausklingenden Geschichte der *Erweiterten Fachausbilung* („EF") noch einmal wachzurufen, was *Erwachsenenbildung* ausmacht. Diese *Erweiterte Fachausbildung für Religionslehrerinnen und Religionslehrer* war ein Projekt kirchlicher Erwachsenenbildung. Ob es auch ein geliebtes Kind war? In Anbetracht protestantischer Eliteprofile – Theologische Fakultäten! – und unter Einbezug der manchmal irritierenden Tatsache, dass es weitgehend Frauen waren, die nicht nur in der Grundschule – zugestandene professionalisierte Mütterlichkeit – unterrichteten, wohl eher nicht ... Aber diese kirchliche *Erwachsenenbildung* im *Amt für Religionsunterricht*, dann im *Institut für Katechetischen Dienst (IKD)* und endlich im *Pädagogisch-Theologischen Institut (PTI)* war ein erfolgreiches Projekt! Menschen lernten, entfalteten und veränderten sich, gewannen neue Einsichten und Perspektiven, wurden Gesprächspartner und Kolleginnen, arbeiteten mit am Profil eines kirchlichen Unterrichts in der staatlichen Schule.

Gibt es Züge in Bubers Programm, die auch in dieser *Erwachsenenbildung* angestrebt wurden? Buber konstatiert: „Der erwachsene Mensch ist im wesentlichen determiniert; er hat seine Meinung und seine Lebensweise ... er will sich nicht mehr überraschen lassen; und ganz gewiss will er nicht mehr erzogen werden. Lernen will er noch; er fühlt, dass er es braucht, aber an Erzogenwerden hat er genug. Hier ist die Kernfrage ... Soll die Richtung, die auf Verbreitung von Kenntnissen allein ausgeht, recht behalten?" Buber sieht die „erste Aufgabe" der Erwachsenenbildung dann darin, falsche Sicherheiten zu erschüttern und vorzeitig gewonnene Form und Ordnung mit der „nicht geordneten Wirklichkeit von Welt und Mensch zu konfrontieren". Deshalb gilt: „Kontakt' ist das Grundwort der Erziehung." Kontakt bedeutet, dass hier der Lehrer den Schülern nicht von „entwickeltem Gehirn zu unfertigen Gehirnen, von gereiftem zu werdenden Wesen gegenübersteht, nicht in einer Richtung von oben nach unten, von Lehrstuhl auf Lehrbänke hin wirkend, sondern in echter Wechselwirkung, im Austausch von Erfahrungen, nicht bloß Auskunftsuchen von unten und Auskunftgeben von oben, auch nicht bloß Fragen und Antworten hinüber und herüber, sondern echtes Wechselgespräch... Das ist es, was ich ... als das dialogische Prinzip in der Erziehung genannt habe. Unser Lehrhaus muss von ihm getragen sein, wenn es seine Aufgaben erfüllen soll ... Lehrer müssen auch echte Fragen stellen, durch deren Beantwortung sie eine Kenntnis erlangen, die ihnen selber noch fehlte, die Kenntnis der Erfahrungen und Meinungen ihrer Schüler. Und sie müssen die Fragen, die an sie gestellt werden, nicht bloß durch sachliche Information erwidern, so wichtig diese auch ist, sondern auch aus der Tiefe ihrer persönlichen Erfahrung. Sie müssen erzählen lassen und selber erzählen, Gesehenes schildern lassen und selber Gesehenes schildern." Buber schließt mit einer elementaren Forderung: „Die Auswahl des zu Unterrichtenden muss dadurch bestimmt sein: es ist nichts zu lehren, was nicht, unmittelbar oder mittelbar, in Beziehung zu unserer Wirklichkeit steht, und alles ist so zu lehren, dass die Folgerungen für unsere Wirklichkeit, ihren Bestand und ihre Aufgabe sich im Denken der Schüler, die ja zum selbständigen Denken zu erziehen sind, gleichsam von selber ergeben ..."

Ob hier nun geseufzt oder gelächelt wird, nach dem Lehrplan, dem Zeitumfang (Buber plädierte für 14 Stunden Lernen am Tag!) nach Didaktik und Methodik und Teilnehmerzahl gefragt wird (40 in einem zehnmonatigen Intensivkurs) – die Grundrichtung ist gut zu erkennen.[4] „Alles Leben ist Begegnung" lautet ein Leitwort Bubers. Dem haben wir uns in der Zeit, die uns gegeben war und mit den Mitteln, die uns zur Verfügung standen, verpflichtet gefühlt.

Die gegenwärtigen Debatten um „Wertorientierungen" in der Schule haben etwas Peinigendes. Da soll die „Herkunftsreligion relativiert werden" und die „Erlebnisorientierung" befördert und so fort. Zwangsbeglückungen der gruseligsten Sorte. „Villa Kunterbunt der Letztbegründungen" (FAZ) ist das genannt worden. Und zu den „Werten" hat Hartmut von Hentig in „Ach, die Werte, ein öffentliches Bewusstsein vor zwiespältigen Aufgaben" (München 1999) das Zutreffende gesagt. Wer „Recht auf Gleichheit" propagiert und das „Recht auf Differenz" abblendet, gerät mit ins Dunkle.

Nahezu 40 Jahre *Erweiterte Fachausbildung* – die folgenden Aufsätze geben einen Ausschnitt aus dem Stimmen-Saal, von dem Ankündigungsbrett und den vielen Vorlesungsverzeichnissen dieser gemeinsamen Arbeit. Die „EF" war eine Real-Schule, mit dem großen Reichtum vieler Klassen, mit vielen Lebens-, Denk- und Praxisschwerpunkten.

Der Dank geht weit hinaus, nach Jerusalem und Montreal, und wendet sich an die nahen Kolleginnen und Kollegen in Berlin. Wir haben es erfahren: „Alles Leben ist Begegnung".

Anmerkungen

1 Martha Friedenthal-Haase, Ralf Koerrenz (Hg.), Martin Buber: Bildung, Menschenbild und Hebräischer Humanismus, Paderborn 2005.
2 A.a.O., S. 259.
3 Eveline Goodman-Thau, Erbe und Erneuerung. Kulturphilosophie aus den Quellen des Judentums, Wien 2004, S. 12.
4 Wie Anm. 1, S. 251, Anm. 50.

Rolf Lüpke

Noch immer:
Zeit für Religionsunterricht!

Unter dem Titel „Zeit für Religionsunterricht in der Berliner Schule" habe ich im Jahr 1993 „vier Diskussionsbeiträge auf dem Weg zu einem Wahlpflichtmodell *Religionsunterricht-Ethik/Philosophie*" veröffentlicht. Sie waren zu Beginn der Debatte um eine Fortentwicklung des so genannten Berliner Modells für den Religionsunterricht entstanden. Ich knüpfe bewusst an diesen Titel an, wenn hier Überlegungen und Impulse notiert werden, die in Teilen bereits bei verschiedenen Gelegenheiten in den letzten Jahren (u. a. bei mehreren Kreissynoden und bei Treffen von Schulleitungen) vorgetragen oder veröffentlicht worden sind. Auch wenn es bisher nicht gelungen ist, die schulische Stellung des Religionsunterrichts in Berlin gesetzlich neu zu bestimmen, ist die Debatte darüber intensiver geworden. Der Gedanke, dass Religionsunterricht in der Berliner Schule einer anderen Position bedarf, um zu leisten, was er an erzieherischem und inhaltlichem Potenzial in sich birgt, überzeugt immer mehr. Das Argument, das so genannte Berliner Modell habe sich bewährt und sei auch für die Zukunft angemessen, ist seltener zu hören. Denn zu deutlich zeigt sich im Blick auf die Vielfalt religiöser Gemeinschaften die Unangemessenheit der alten schulgesetzlichen Bestimmungen – auch nach der Neufassung des Schulgesetzes im Januar 2004. Aber manche fragen angesichts dieser Einschätzung auch, ob Religionsunterricht in der Schule nicht durch anderen Unterricht ersetzt werden sollte. Ist also die Zeit des Religionsunterrichts vorbei oder ist noch immer: Zeit für Religionsunterricht?

Konfessioneller Religionsunterricht – unzeitgemäß?

Um Sinn und Stellung des Religionsunterrichts in der Schule wird nicht nur in Berlin und Brandenburg – mal intensiver, mal verhaltener – gestritten. Lange Zeit gehörte konfessioneller Religionsunterricht in den westlichen Ländern der Bundesrepublik unumstritten zum Kanon der Unterrichtsfächer bis zum Abitur. Er war in den 70er Jahren durch eine religionspädagogische

Neubestimmung gestärkt und in seiner Akzeptanz erhöht worden. Dazu hatte auch beigetragen, dass neben Religionsunterricht ein Ersatz- oder Alternativfach (Ethik, Werte und Normen, Philosophie o. ä.) eingeführt wurde. Die nachlassende Kirchlichkeit, die religionsdemographische Entwicklung in Folge der Zuwanderung und das Nachwirken eines Wirklichkeitsverständnisses, das durch einen postulierten Atheismus geprägt ist, haben seitdem überall neue Herausforderungen geschaffen. Solche Faktoren treffen in vielen großstädtischen Regionen zusammen, Berlin ist ein Paradigma dafür. Wie kann Religionsunterricht für Angehörige anderer Religionen gleichberechtigt in den Schulen eingerichtet werden? Wie wird die weitere Auffächerung des Unterrichts vieler Religionsgemeinschaften organisatorisch bewältigt? Welchen Unterricht sollen jene besuchen, die ohne religiöse Heimat aufgewachsen sind oder sich ausdrücklich als konfessionslos verstehen? Schließlich: Ist es überhaupt Aufgabe der öffentlichen Schule, Kinder und Jugendliche in einer Konfession oder Religion zu bilden?

In Anbetracht dieser Situation halten es viele gerade in Berlin für ein ausreichendes Konzept, dass die Schule sich darauf beschränkt, Kenntnisse über Gegenwart und Geschichte der Religionen und nicht-religiösen Weltanschauungen zu vermitteln und den Meinungsaustausch über religiöse Einstellungen der Schülerinnen und Schüler untereinander zu fördern. Bejaht wird darum die Anreicherung mehrerer geeigneter Fächer – Geschichte/Sozialkunde, Deutsch, Erdkunde, Fremdsprachen – durch religionskundliche Anteile oder die Einrichtung eines neuen Pflichtfaches, das solche religionskundlichen Elemente bündelt. Zugleich wird Religionsunterricht als Fach, das von der Kirche oder anderen Religionsgemeinschaften verantwortet wird, in Frage gestellt. Man befürwortet neutrale Religionswissenschaft und -geschichte und lehnt Religionsunterricht wegen seiner kirchlichen Bindung ab. Wo so gedacht wird, gilt Religionsunterricht im Auftrag der Kirche als unzeitgemäß; allenfalls genießt er so etwas wie Artenschutz. Häufig wird zusätzlich der Grundsatz der Trennung von Staat und Kirche bemüht, um die Kirchen (und andere Religionsgemeinschaften) in Gestalt eines Religionsunterrichts, der nach ihren Grundsätzen erteilt wird, aus dem schulischen Bildungsauftrag herauszuhalten.

Die Evangelische Kirche bemüht sich in Berlin und Brandenburg um eine rechtliche und konzeptionelle Neuregelung, die mit dem Leitwort „Fächergruppe" umschrieben wird. In der Fächergruppe sollen mehrere eigenständige Unterrichtsfächer religiöser, philosophisch-ethischer und weltanschaulicher Bildung einander zugeordnet werden. Die Eigenständigkeit verschiedener Fächer entspricht der Eigenart von Religion und der Pluralität religiöser Gemeinschaften in der Stadt. Denn ein allgemeiner Religions-

oder Weltanschauungsunterricht lässt sich so wenig definieren, wie es *die* Religion oder *die* Weltanschauung allgemein gibt. In der Fächergruppe ist der Unterricht, der vom Staat allein gestaltet wird – Ethik/Philosophie (oder neuerdings auch in Berlin: Lebensgestaltung-Ethik-Religionskunde) – mehrfach ausbalanciert: erstens weil an seiner Stelle auch konfessioneller Religionsunterricht gewählt werden kann, zweitens weil er durch die Kooperation zum Diskurs genötigt wird und drittens weil er und die anderen wählbaren Fächer sich über die Schuljahre hinweg ergänzen und zusammen den Schülerinnen und Schülern einen mehrstimmigen Kanon anbieten. Nur in einer Fächergruppe, wo Ethik/Philosophie nicht einziges verpflichtendes Fach bleibt, stehen seine Gegenstände und Intentionen nicht absolut und bergen nicht die Gefahr, dass Überzeugungen und Haltungen durch staatliches Handeln einseitig bestimmt werden.

Wozu gibt es Religion?

„Wozu gibt es Religion?", fragt die Religionslehrerin ihre Schülerinnen und Schüler. Lange zögern diese mit einer Antwort auf eine so fundamentale Frage, bis sich ein Schüler meldet und sagt: „Damit wir zwischen Mathe und Sport keine Freistunde haben."

Der Witz spielt mit der Gleichsetzung von Religion und Religionsunterricht. Solche Gleichsetzung erfolgt häufig, am deutlichsten in der Etikettierung des Religionsunterrichts als eines „Bekenntnisunterrichts" oder als eines „Glaubensfaches". Solche Bezeichnungen sind irreführend. Sie dienen in Berliner Debatten dazu, Religionsunterricht von „wissenschaftlichen" Fächern abzugrenzen und ihm den Status eines schulischen Unterrichts zu verweigern, weil das dann „staatlicher Bekenntnisunterricht" wäre. Aber Religionsunterricht meint nicht die Einübung oder die Praxis einer Religion in der Schule, nicht einen missionierenden Unterricht *in* oder *zu* einer Religion *hin*. Religionsunterricht ist Unterricht *über* Religion – und insbesondere im Blick auf die Inhalte und die Lehrkräfte – *von* einer Religion *her*, *aus* einer Religion oder einem Glauben. Wenn Religionsunterricht die Begegnung mit gelebtem und gelehrtem Glauben und seinen Bekenntnissen eröffnet, werden Kinder oder Jugendliche dadurch nicht zu einem Bekenntnis verpflichtet oder überwältigt. Im Gegenteil: Solche Begegnung aus der Innensicht einer Religion ist die Voraussetzung dafür, dass sie sich eine eigene Position erarbeiten können, die sich auf Kenntnisse und Verstehen gründet. Im Übrigen wird die Religionsfreiheit auch in einer Fächergruppe durch die Möglichkeit zur Wahl und zum Wechsel der Unterrichtsfächer gewährleistet.

Durch ihr Eintreten für die Fächergruppe betont die Kirche die Bedeutung des konfessionellen Religionsunterrichts für die schulische Bildung. Neutrale und allgemeine Information über Religionen oder Weltanschauungen reicht nicht aus. Denn der Prozess von Bildung und Erziehung lebt nicht von distanzierter Betrachtung. Er braucht eine Begegnung mit Positionen, mit Überzeugungen und Standpunkten sowie die Chance einer Auseinandersetzung damit. Sonst wird alles gleich-gültig. Das ist das Hauptargument gegen einen „integrativen" Unterricht, in dem Schülerinnen und Schüler unterschiedlicher weltanschaulicher und religiöser Einstellungen sich gemeinsam mit Religionen, Weltanschauungen oder Lebensauffassungen beschäftigen sollen und im Austausch lernen, eigene Vorstellungen weiter zu entwickeln. Dieser Unterricht muss scheitern und kann nicht zum Verstehen und zur Horizonterweiterung führen, weil sein Gegenstandsfeld – eben die Religionen und Weltanschauungen in ihrer Vielfalt und Verschiedenheit – zu groß ist, weil er die differenzierte Sachkunde dazu nicht zur Verfügung stellen kann und weil er Schülerinnen und Schülern keine Orientierung anbietet, sondern sie dazu verleitet, sich über Allgemeinheiten auszutauschen. Die Besonderheit der Fächergruppe besteht demgegenüber in dem Bemühen, verschiedene Grundüberzeugungen und Weltsichten, Religionen und Bekenntnisse, Glaube und Atheismus *reflektiert und systematisch* miteinander ins Gespräch zu bringen. Vorher *Bearbeitetes* und *Gelerntes* wird ausgetauscht, fremde Einstellungen werden mit gewonnenen *Einsichten* verglichen und die Tragfähigkeit eigener *Urteile* und *Überzeugungen* wird von anderen auf die Probe gestellt. Damit will sich Religionsunterricht in der Schule am offenen Streit um die Wahrheit beteiligen. Die Wahrheit des Glaubens wird auch im Religionsunterricht nicht dogmatisch oder gar fundamentalistisch eingeführt, sondern setzt sich der Kritik und der Bestreitung aus. Alles andere wäre nicht unterrichtskonform. Dieser Anspruch erfordert eine Antwort auf die Frage: Was macht Evangelischen Religionsunterricht unverwechselbar? Oder was kennzeichnet Religionsunterricht – ihn von Ethik/Philosophie, von LER oder von anderen Unterrichtsfächern und erzieherischen Vorhaben unterscheidend?

Sicher liegt das Unverwechselbare des Evangelischen Religionsunterrichts nicht im Kennenlernen von …, nicht in der Vermittlung von Kenntnissen über …, nicht in der Auseinandersetzung mit … oder in ähnlich formulierten Zielen für den Unterricht. Mit solchen Bestimmungen bewegen wir uns, sofern es um Religion oder Ethik geht, auf den Feldern von Religionskunde und Morallehre. Was dabei angestrebt wird, soll als Bildungsaufgabe keineswegs diffamiert werden, zumal sie im Kanon schulischer Anstrengungen noch nicht genügende Beachtung findet und zu Recht auch eine Dimension des Religionsunterrichts beschreibt. Gleiches gilt für alle Bemühungen, die sich der Wertevermittlung oder werteorientierender Erziehung verpflichtet wissen – sei es das soziale Lernen, eine faire und gerechte Konfliktbearbeitung oder eine partizipatorische Schulkultur. Eine solche erzieherische, normen- und werteorientierende Dimension hat auch Religionsunterricht. Das verbindet ihn mit anderen Unterrichtsfächern. Es unterscheidet ihn von den meisten, dass ihm die besondere Aufgabe der Wertereflexion und Werteklärung, der Erörterung ethischer Prinzipien und der sie tragenden Traditionen obliegt. Aber damit ist nicht beantwortet, was nur Evangelischer Religionsunterricht leisten kann. Die Konfessionsbestimmung ist absichtlich beigefügt, weil mit gleichen Akzenten nicht auch katholischer Religionsunterricht oder Religionsunterricht anderer Religionen (beispielsweise islamischer Religionsunterricht) charakterisiert werden kann. Wenn es anders wäre, dann könnte doch – was oben verneint wurde – allgemein und übergreifend von *der* Religion und *dem* Religionsunterricht gesprochen werden.

Als Indizien der Unverwechselbarkeit des Evangelischen Religionsunterrichts nenne ich Aspekte und Assoziationen, die ich drei Stichwort-Paaren zuordne: *Sprache und Geschichte, Geheimnis und Transzendenz* sowie *Spiritualität und Gemeinschaft*. Trotz der Zuordnungen bleiben Überschneidungen und Verbindungen zueinander. Bei den Überlegungen handelt es sich nicht um Umrisse einer neuen religionspädagogischen Konzeption, sondern in erster Linie um Klärung und Sprache für das, was Eigenständigkeit und Eigenart des Evangelischen Religionsunterricht ausmachen könnte.

Sprache und Geschichte

Geschichten umschließen Sprache und Geschichte, eine Grundbestimmung des Menschseins. Indem der Mensch Sprache findet und Geschichte hat und um sie weiß, wird er zum Menschen. Sprache und Geschichte machen ihn zum Wesen, das sich selbst, seine Gegenwart und seine Lebenswelt transzendieren kann. Im Religionsunterricht lernen die Kinder und Jugendlichen neben anderem, was ihnen dort auch begegnet, viele Geschichten kennen – vor allem biblische und solche aus der Jahrhunderte langen Überlieferung der Christenheit, daneben auch solche aus anderen religiösen Traditionen und aus der Literatur. Ohne den Vorrang der biblischen Überlieferung ist Evangelischer Religionsunterricht theologisch („sola scriptura") und didaktisch nicht denkbar.

Diese Geschichten aus der Bibel sind
- wahre und fast wahre Geschichten, Geschehenes berichtende und Ersehntes erzählende Geschichten; Geschichten von Helden und Versagern, von Vorbildern und Halunken (verbesserlichen und anderen), Geschichten von Herrschenden und Ohnmächtigen oder Einflussreichen und Außenseitern;
- Geschichten mit vielfältigen Erlebnissen: vom Streiten und Vertragen, von Benachteiligung unter Geschwistern, von korrupten Mächtigen, von uneigennütziger Hilfe, von ausweglosen Lagen und unerwarteter Rettung, von Freundschaften und Liebe oder von Schuld und Freiwerden;
- Geschichten, die eigene Erfahrungen widerspiegeln und die zur Sprache verhelfen; Geschichten, die man spielen und mit bildnerischen Mitteln weiter gestalten und so mit ihrer Hilfe ein anderes Verhalten erproben kann; Geschichten, die in anderen Texten wiederkehren: in Liedern, Psalmen, Gebeten, mit denen Menschen um Hilfe schreien, danken, klagen oder in ihrer Verzweiflung Worte finden.

Durch solche Geschichten der Bibel wird etwas mitgeteilt über Familienleben, über Handwerk und Technik, über Wissen und Weltbilder, über Kunst und Spiel, über andere Kulturen, Religionen oder Völker, über Festzyklen, über Hoffnungen des Heilwerdens und über Einstellungen zu Fremden. Damit wird der Blick weit geöffnet und es wächst geschichtliches und globales Bewusstsein.

In solchen deutenden und selbst wieder gedeuteten Geschichten erkennen Kinder und Jugendliche, wie Menschen auf Erfahrung von Unvollkommenheit, auf die Erfahrung des Todes, der Ungerechtigkeit und des Leidens, auf die Erfahrung der Zerstörbarkeit der natürlichen Welt antworteten, wie sie lernten, Grenzen eigenen Machens anzuerkennen, und wie sie erkannten, dass sie das Universum nicht geschaffen und seinen Bestand nicht garantieren können. Diese Geschichten erzählen, wie eine Gemeinschaft sich der eigenen Geschichte erinnert und dabei die dunklen Seiten ihres Versagens oder von Fehlentwicklungen nicht ausblendet, sondern umso mehr nach Gerechtigkeit und Wahrheit sucht, oder wie Lebensvertrauen und die Überzeugung von Verlässlichkeit wachsen und in einer Gemeinschaft an die nachfolgende Generation tradiert werden.

Mit biblischen Geschichten kann gelernt werden: Gewalt zahlt sich nicht aus, Verständigung schafft zerstrittenen Gegnern Zukunft, der Einzelne ist wichtiger als das Kollektiv, ein Mensch erhält seine Würde nicht durch seine Leistung, jedes Leben – auch das kleinste, das altgewordene oder beschädigte – ist kostbar. Solche Geschichten sind das Gedächtnis für Gnade, Barmherzigkeit, Gerechtigkeit, Segen und Versöhnung. Das Vertrautwerden mit ihnen fördert die moralische Entwicklung und vermittelt Orientierungen und Maßstäbe ethischer Reflexion.

Geheimnis und Transzendenz

Religionsunterricht kann davor schützen, auf alles eine Antwort haben zu wollen – und sei sie noch so intelligent – und Scheinantworten zu verweigern. Er sollte für die Begrenzung der intellektuellen Weltbemächtigung plädieren und davor bewahren, dem Wissenswahn zu verfallen, der meint, alles erklären und damit alles bewältigen zu können. Wir glauben an Gott nicht nur als den sich offenbarenden, sondern zugleich als verborgenen, nicht erklärbaren Gott. Zu Recht erweist sich die Theodizee-Frage bei Befragungen als eine – vielleicht die entscheidende – religiöse Kernfrage Jugendlicher. Anthropologisch gewendet: Letztlich ist das Leben selbst Geheimnis – in seinem Grund, in seiner Offenheit für das Neue und in seiner Nicht-Vorhersehbarkeit. Wenn Religionsunterricht den Menschen als endliches Geschöpf zu verstehen lehrt, das seine Würde und Rechtfertigung von außerhalb seiner selbst gewinnt, kann er gegen das verbreitete „Atlas-Modell" immun machen, das suggeriert, die ganze Welt verstehen und dadurch schultern zu können. Aus dem Wissen um eigene Grenzen und eigene Verletzbarkeit kann ein sorgsamer Umgang mit anderen Personen („den Nächsten"), mit der natürlichen Welt („den Mit-Geschöpfen") und den hergestellten und herstellbaren Dingen (den kulturellen und technisch-wissenschaftlichen Schöpfungen) wachsen.

Religionsunterricht stärkt den Widerspruch – und dann auch das Widerhandeln – gegen Selbstverständlichkeiten, Konventionen oder angebliche Sachzwänge – vom gegliederten Schulsystem bis zur Massentierhaltung, vom Gewaltverhältnis zwischen Eltern und ihren Kindern bis zur Gewöhnung an andauernde Arbeitslosigkeit, von der Steuerungerechtigkeit bis zur Ausbeutung anderer Völker – Sachverhalte, die häufig mit den postulierten Werten unserer Gesellschaft vereinbar scheinen. Die Globalisierung mit der Eigendynamik von Technologie und Ökonomie birgt die Gefahr, dass der Einzelne nur als Arbeitskraft (und das immer weniger!), als Konsument und genetischer Baukasten benötigt wird. Religionsunterricht, der dagegen widerständig ist, verwirklicht damit nicht einfach die allseits angemahnte Werteerziehung. Er lehrt das Nichteinverständnis mit den Zerrbildern menschlichen Lebens. Er kann aus der erinnerten Erfahrung und in erhoffter Veränderung Bilder, Erzählungen und Symbole gelingenden Lebens dagegen setzen. Denn er steht in einer Sinn- und Hoffnungsgeschichte, die er aus der Sprache und Glaubenswelt der biblischen Überlieferung gewinnt. Ihre wichtigen Motive eröffnen eigene Perspektiven, um die Wirklichkeit wahrzunehmen, den Status quo zu überschreiten und neue Orientierung für das Leben zu gewinnen. In diesem Zusammenhang kann Religionsunterricht das Potenzial biblischer Wundererzählungen und der biblischen Eschatologie aufnehmen. Die Motive von Exodus und Ostern, von Umkehr und Neuschöpfung sowie von Hoffnung, Glaube und Liebe helfen, dem real Existierenden und den geschlossenen Denk- und Handlungssystemen eine andere Wirklichkeit entgegenzustellen – nicht eine jenseitige oder überweltliche, sondern eine mögliche und kommende Wirklichkeit.

Spiritualität und Gemeinschaft

Mehrere Elemente fasse ich mit dem Stichwortpaar „Spiritualität und Gemeinschaft" zusammen: Zunächst die Gewissheit des letztlich guten Ausgangs oder das Überzeugt-Sein davon, dass die ganze Schöpfung, nicht nur das menschliche Leben, bewahrt ist – trotz aller unübersehbaren Gefährdungen. Also Psalm 37,5: „Befiehl dem Herrn deine Wege und hoffe auf ihn, er wird's wohl machen". Und Paul Gerhardts Lied dazu oder Dietrich Bonhoeffers „Von guten Mächten wunderbar geborgen, erwarten wir getrost, was kommen mag …". Oder auch Immanuel Kant: „Ich habe in meinem Leben viele kluge und gute Bücher gelesen. Aber ich habe in ihnen allen nichts gefunden, was mein Herz so still und froh gemacht hätte wie die vier Worte aus dem 23. Psalm: Du bist bei mir!" Religionsunterricht stärkt die Einsicht, dass nicht alles vom Menschen, nicht von mir selbst und meiner Anstrengung, abhängt. Solche Spiritualität verweist auf die Quelle von Vertrauen, Sinn und Hoffnung, auch in vermeintlicher Ausweglosigkeit und angesichts niederdrückender Erlebnisse.

Die spirituelle Dimension des Religionsunterrichts wehrt der vorherrschenden Belehrung, sie will aber das freie Einverständnis, Einstimmung und Gewissheit schaffen. Dafür benötigt Spiritualität eine Sprache und Gestalt, tragfähige Rituale der Einkehr und Umkehr, Rituale der „ziellosen" Muße oder der Kontemplation in einer Kultur des Machens und Herstellens. Meditation und meditative Phasen im Unterricht geben den Schülerinnen und Schülern Zeit und signalisieren, dass sie sich Zeit lassen können, Informationen zu ordnen, Interpretationen zu gewichten und Zusammenhänge zu erkennen. Sie sind die Zeit eines anderen Lernens als in der von Massenmedien bestimmten Weise der Informationsvermittlung und -verarbeitung. Religionsunterricht braucht auch Rituale, die zur Wahrnehmung von Verantwortung ermutigen, die die Offenheit für Neues stärken und die Verpflichtung zu Frieden und Gerechtigkeit beseelen. Beide Dimensionen („Kontemplation und Kampf", „ora et labora") wahrzunehmen, ist Religionsunterricht herausgefordert. In der Wahrnehmung des Kirchenjahres und seiner „Zeiten", in der gottesdienstlichen Gestaltung des Buß- und Bettages und des Reformationstages sowie in Projekten des diakonischen Lernens können sie zum Tragen kommen. Die biblischen Themen sind Advent und Exodus, Erwartung und Aufbruch.

Spiritualität benötigt auch eine Gemeinschaft als tragenden Ort und als Chance, Angenommensein zu erfahren. Gemeinschaft ist nicht organisierte Geselligkeit. Spiritualität erinnert vielmehr an das Geflecht von Beziehungen, das das Leben jedes Menschen trägt, bewegt und inspiriert. Sie verweist darauf, dass Gemeinschaft fürs Leben so wichtig ist wie die Befriedung materieller Bedürfnisse. Prägnant hat Martin Luther dies in der Auslegung der dritten Bitte des Vaterunsers zum Ausdruck gebracht: „Was heißt denn tägliches Brot? Alles, was not tut für Leib und Leben, wie Essen, Trinken, Kleider, Schuh, Haus, Hof, Acker, Vieh, Geld, Gut, fromme Eheleute, fromme Kinder, fromme Gehilfen, fromme und treue Oberherren, gute Regierung, gut Wetter, Friede, Gesundheit, Zucht, Ehre, gute Freunde, getreue Nachbarn und desgleichen." Evangelischer Religionsunterricht weist hin auf eine Gemeinschaft als Ort der Erinnerung sonst vergehender Erfahrungen und Einsichten, als Ort der Interpretation und des Bemühens um das Verstehen gegenwärtigen Erlebens und schließlich als Ort des nach vorn gerichteten Handelns – also einer Gemeinschaft, die Vergangenes, Gegenwärtiges und Zukünftiges umgreift und ihren Glauben in ökumenischer Weite zu leben versucht. Theologisch betrifft das die Rechtfertigungslehre und das Kirchen- und Gemeindeverständnis.

Fest und Feier binden Spiritualität und Gemeinschaft zusammen. Religionsunterricht hat Anteil daran, wenn er die Begegnung mit Gruppen und Aktivitäten von Gemeinden und Initiativen anstrebt oder den Religionsunterrichtsgruppen Freizeiten, Teilnahme an Gottesdiensten oder an Kirchentagen eröffnet. Auch insofern ist der Religionsunterricht auf die Kirche und ihre Gemeinden bezogen. Er kann seine Beziehung zu ihnen nicht leugnen. Das ist allerdings seine Stärke und Schwäche zugleich, weil die Kirche selbst beides zeigt: Verfehlung ihres Auftrags und glaubwürdige Nachfolge.

Marie-Rose Zacher

Schul-Haus-Besichtigung

Evangelische Ganztagsgrundschule in Berlin-Lichtenberg
Streiflichter

Einweihung

Am 7. Dezember 2003 wurde das Schulhaus eingeweiht: *Evangelische Schule – Lichtenberg – Ganztagsgrundschule, Rummelsburger Straße 3*, sehr berlinisch. Wie geht das: Von hier aus durch den Lichtenberger Horizont sehen? Und alles zur gleichen Zeit: Dem Lernen dienen, Gott loben und Gesicht zeigen
...
Viele Gedanken, Wünsche, widerstreitende Gefühle, Hoffnungen, Pläne und Bedenken kamen für einen Tag zur Ruhe und verwandelten sich in ein turbulentes Fest mit Musik, Spiel, Gottesdienst, Begegnungen, Ansprachen und dem gemeinsamen Entdecken eines alt-neuen Hauses. An diesem Haus war gearbeitet worden. Dieses Haus hatte vielen Menschen schwierige, pfiffig-knifflige, teure, aber auch schöne und pädagogisch Lust bereitende Haus-Aufgaben aufgegeben Was musste nicht alles bedacht werden?

Es soll nicht noch einmal „alles" ausgebreitet werden; Traditionen können auch entlasten, also leihen wir uns vorweg „Einige Wünsche für die Schule meiner Enkel", die Fulbert Steffensky, Großvater von vier zur Schule gehenden Enkelkindern, aufgeschrieben hat:

Einen vielleicht naiven Wunsch habe ich für die Schulgebäude meiner Enkelkinder. Sie sollen schön sein. Alte Schulgebäude hatten ein hohes Pathos, gelegentlich wirkten sie komisch in ihrer staubigen Gravität. Aber sie haben den Kindern etwas erzählt von der Würde des Lernens. Räume sprechen. Räume bilden Menschen, ihre Erwartungen und ihre Lebenssichten. Man könnte von den Schulgebäuden unserer Kindern erwarten dürfen, dass sie nicht weniger erzählen, nicht weniger Aussagekraft haben als die Banken und die Bahnhöfe ...
Wie wertvoll Lernen ist und welchen Charme es bedeuten kann zu lernen, das sollten schon die Gebäude erzählen. Je mehr die Gebäude und Räume eloquent sind, um so weniger müssen wir es sein; um so weniger müssen die Lehrerinnen und Lehrer betonen, wie wichtig das Lernen ist. Die Schönheit unserer Schulen verlockt zum Leben in ihnen und zu ihrem Geist. Und umgekehrt: In hässlichen Schulen

lebt und lernt man widerwillig. Es geht nicht nur um die Schönheit der Gebäude: Die Freiheit des Geistes überlebt nur in einer Schulkultur, die ihm nicht widerspricht; in einer Kultur, in der das Gespräch wichtiger ist als das Diktat; in einer Kultur, in der die Höflichkeit nicht nur von unten nach oben verlangt wird; in einer Kultur, in der Weltwissen erworben wird und nicht nur Sachwissen.

Vielen Dank, Herr Steffensky! Es entspricht gewiss seinem „Wünschen", dass wir im Advent diese alte, immer schöner werdende Schule einweihen. Im englischen Wörterbuch stehen *advent* und *adventure* unmittelbar nebeneinander (worauf ein Kollege mit dem Hang zu Wortspielen hingewiesen hat) und haben sprachlich dieselbe Wurzel: Advent und Abenteuer. Und auch Fulbert Steffensky hat vermutlich nichts gegen pädagogische Abenteuer, gegen aufstrahlendes Licht und das „Entgegenkommen Gottes": „Machet die Tore weit und die Türen in der Welt hoch, dass der König der Ehre einziehe!", der Vers aus Psalm 24,7 war das Vorzeichen für den Einzugstag.

Der Psalm 24 erzählt insgesamt von der Begegnung Gottes mit den Menschen. Gott ist nicht unerreichbar fern, nein, er stärkt, segnet, beschützt die Menschen, die reinen Herzens sind und nicht betrügen ... Alle Türen und Tore werden geöffnet, um IHN einziehen zu lassen. Tore und Türen sind seit Menschengedenken *Symbole des Übergangs*, des Überschreitens von außen nach innen, von innen nach außen, von gestern und heute zu morgen. Wir nennen diesen Ort die Schwelle; sie hat in allen religiösen Traditionen große Bedeutung, hier haben Schutz und Segen, Ängste und Beklommenheiten ihren Ort. Im Kirchenjahr ist die Adventszeit eine solche Schwellenzeit, in der sich die Hoffnung auf Gott, der uns entgegen kommt, intensiv sammelt.

Dank

Wer durch den Lichtenberger Horizont sehen will, könnte verzagen, müsste er es alleine tun. Es gehört zu stärkenden Erfahrungen, dass es gemeinsame Haus-Aufgaben waren, die bewältigt, über- und bestanden und endlich vorgelegt werden konnten. Der Neubeginn als Ganztagsgrundschule ist nur möglich geworden, weil viele einzelne Menschen, Gremien und Institutionen mitgearbeitet haben. Der Dank gilt ihnen allen! Wem?

Er gilt einem frisch zueinander komponierten Kollegium, das in Stunden zusätzlicher Arbeit die praktische Einrichtung der Räume, die konzeptionelle Verinnerlichung, die kollegialen Schritte des Vertrauens für einander und neue herausfordernde Arbeits- und Alltagsstrukturen meistern musste und geleistet hat.

Er gilt den Eltern, die im „Schulverein" und den Elternversammlungen ihre Kraft für eine wachsende Schulgemeinschaft einbrachten und mit dem Vertrauen, ihre Kinder *hier* lernen zu lassen, die Grundlage für alles weitere schufen.

Er gilt den Bauleuten und ihrer Leiterin, die beharrlich daran arbeiteten, den Schulbeginn zu ermöglichen und uns heute sogar eine denkmalgeschützte Turnhalle als Versammlungsraum übergeben zu können.

Dank geht ebenfalls an das Kirchliche Bauamt, die Kirchliche Verwaltung, darunter besonders das Schulreferat! Alle haben durch stetige Verhandlungen und die Erschließung finanzieller Mittel (!) die Logistik für einen in seinen Einzelschritten oft schwer durchschaubaren Arbeitsprozess geleistet.

Der Kirchenleitung und dem Gründungskuratorium der Schulstiftung gilt der Dank. Sie haben mit einem Vertrauensvorschuss die Schulgründung in die Wege geleitet. Aber auch die Bezirksgremien haben uns als Partner ernst genommen und eingebunden, danke!

Dem Schulverein soll gedankt werden, der durch vielfältige Aktivitäten, seine Öffentlichkeitsarbeit und nicht zuletzt die Suche nach Förderern den Aufbau unterstützt hat.

Vielen Menschen im praktischen Schulbereich gilt der Dank! Wie viele kleine, aber unverzichtbare Schritte sind geleistet worden! Niemand kann sagen: Das hast du alles selbst vollbracht! Wer mitten in solcher Schulgründungsarbeit steht, wird wahrnehmen, welche Kooperation, unerwartete Hilfe und gegenseitige Stärkung das Projekt voranbringen können bei allen unvermeidlichen Rumpeligkeiten.

Das Haus ...

Ein Haus wird eingeweiht ...

Ein Haus – über 100 Jahre alt, zum Lernen und Arbeiten gebaut, mit hohen Klassenräumen, weiten Fluren, hellen Fenstern, verborgenen Kellergelassen, licht gestrichenen Winkeln und Kammern, noch unentdeckten Geschossen ...

Ein Haus mit einer denkmalgeschützten Turnhalle, hoch, funktional, aber mit Türmchen, Wendeltreppe, feingliedrigen Fenstergerippen, Gebälk, leuchtendem Backsteingemäuer, märchenhaft, kostbar, teuer ...

Ein Haus mit einem weitläufigen Schulhof, alten Bäumen, Sandgruben, verwildert-verwunschenem Garten, einem Ballsportplatz ...

Ein Haus, das die Vision einer lebendigen Gemeinschaft von Lernenden und Lehrenden in sich bergen und hervorbringen kann. Ein Haus, das Fulbert Steffensky gefiele, ein Haus des Lernens.

Dieses Bild hat seinen Ursprung in der Hebräischen Tradition: „Beth haMidrasch", das Lehrhaus, in dem die Welt aus dem Atem der lernenden Kinder entsteht.

In der griechisch-abendländischen Tradition hebt das Wort Schule (scola – Muße) den Gegensatz zur Geschäftigkeit des Erwachsenenlebens hervor.

In der Denkschrift der Kommission „Zukunft der Bildung – Schule der Zukunft" (Nordrhein-Westfalen 1995) wird die Schule als „Haus des Lernens" folgendermaßen charakterisiert:

„Schule als ‚Haus des Lernens'
- ist ein Ort, an dem alle willkommen sind, die Lehrenden wie die Lernenden in ihrer Individualität angenommen sind, die persönliche Eigenart in der Gestaltung von Schule ihren Platz findet,
- ist ein Ort, an dem Zeit gegeben wird zum Wachsen, gegenseitige Rücksichtnahme und Respekt voreinander gepflegt werden,
- ist ein Ort, dessen Räume einladen zum Verweilen, dessen Angebote und Herausforderungen zum Lernen, zu selbsttätigen Auseinandersetzungen locken,
- ist ein Ort, an dem Umwege und Fehler erlaubt sind und Bewertungen als feedback hilfreiche Orientierung geben,
- ist ein Ort, wo intensiv gearbeitet wird und die Freude am eigenen Lernen wachsen kann,
- ist ein Ort, an dem Lernen ansteckend wirkt.
- Im „Haus des Lernens" sind alle Lernende, in ihm wächst das Vertrauen, dass alle lernen können. Diese Schule ist ein Stück des Lebens, das es zu gestalten gilt."

Auch die Bildungskommission der Länder Berlin und Brandenburg knüpft in ihrem Kommissionsbericht „Herausforderungen und gemeinsame Entwicklungsperspektiven" an das Bild vom „Haus des Lernens" an: „Ihre (der Schule) vielfachen Leistungen werden erst möglich, weil sich die Schule als eigene Welt konstituiert, als ‚Haus des Lernens' ... als ‚Erfahrungsraum', wie es die klassische Schultheorie verdeutlicht hat, selbstverantwortlich und mit dem Recht zur eigenen Gestaltung.

Aber müsste man nicht in seinem Leben wie in einem Hause treppauf treppab gehen können? Was soll die schönste erste Etage ohne den Keller mit den duftenden Obstborden und ohne Erdgeschoss mit der knarrenden Haustür und der scheppernden Klingel? Nu – die meisten leben so! Sie stehen auf der obersten Stufe und

machen sich wichtig. Früher waren sie Kinder, dann wurden sie Erwachsene, aber was sind sie nun?
Nur, wer erwachsen wird und Kind bleibt, ist ein Mensch!

Erich Kästner

...für Kinder

Welchen Maßstab müssen wir für ein solches Verständnis anlegen? Von Janusz Korczak, dem polnischen Pädagogen und Waisenhausleiter, stammt der Gedanke, dass uns Erwachsene die Arbeit mit Kindern nicht ermüdet, weil wir uns ständig hinabbeugen, kleiner machen müssen, sondern im Gegenteil, weil wir uns ständig auf die Zehenspitzen stellen müssen, hinaufblicken – um nicht zu verletzen. Die Achtung vor der kindlichen Persönlichkeit, der hohe Grad ihrer Verletzbarkeit, aber auch das überschießende Maß an Lebensfreude steht uns vor Augen, wenn wir dem Korczak-Satz nachsinnen ... Wir können kein Kind zur Selbständigkeit erziehen, wenn wir sie ihm nicht zutrauen; kein Kind zur Rücksichtnahme, wenn es sie nicht erfährt; kein Kind zur Verantwortlichkeit, wenn sie ihm nicht übertragen wird. Also – auf die Zehenspitzen stellen, nicht – gnädig – hinabbeugen ... Unsere Schülerinnen und Schüler müssen nicht erst ein Mensch *werden*, sondern sie *sind* immer schon ein Mensch. Wir denken von der Gegenwart des Kindes aus und versuchen nicht die gewünschte Zukunft als ständig zu bedienendes Zielobjekt vor Augen zu haben. Eine erfüllte Gegenwart birgt Zukunft in sich. Nicht Ehrgeiz und Zukunftsängste der Eltern führen die Kinder zu uns – so hoffen wir – sondern die Überzeugung, dass das Miteinander von kognitiver und emotionaler, von sozialer und methodischer Kompetenz unseres Hauses ein sinnvolles Ganzes ergibt, das Zukunft eröffnet.

Ein Haus für Kinder muss Platz für Bewegung bieten, beweglich sein, muss von Bewegungen leben, nicht allein von Sitzungen. Der körperlichen Lebendigkeit, an der auch Korczak als Kinderarzt so interessiert war, und dem Bewegungshunger entsprechend haben wir gleich mit einem breiten Angebot angefangen. Schwimmen, Tanzen, Judo, Bewegung nach Musik und die hervorragende Zusammenarbeit mit einem kleinen Kinderzirkus tragen viel zur Erfrischung des Geistes bei ...

... des Buches

„Mit Schreiben und Lesen fängt eigentlich das Leben an" – Ulla Hahn stellt dies Wort ihrem Roman „Das verborgene Wort" (Stuttgart 2001) voran. Es ist auf einer Wachstafel mit Schulübungen aus dem 4./5. Jahrhundert unserer Zeitrechnung in Mesopotamien gefunden worden. Der Begriff „Haus des Buches" – *beth haSefer* – ist wie das Wort vom „Haus des Lernens" ebenfalls der hebräischen Tradition entnommen.

Wie halten wir es mit dem Lesen?

Das Kollegium hat sich bewusst für einen Leselehrgang entschieden, der das Lesen über das eigene Schreiben erlernen lässt. Es ist eine durch den Schweizer Sprachforscher W. Reichen gestützte Methode, die auch von Legasthenieforschern bevorzugt wird. Sie ermöglicht der Lehrkraft, die Hürden wie die Lücken jedes Kindes klar zu erkennen.

Die Kinder werden beim Stand ihres Lauterfassens „abgeholt" – eine sehr individualisierte Art zu lernen, die die methodische und organisatorische Kompetenz der Lehrkräfte herausfordert. Es geht nicht um „ABC-Schützen", sondern um schreibende, lesende, differenziert hörende und sich mitteilende Menschen – „von Anfang an …", ein Bild, das wir dem „Buch der Bücher" verdanken, der Bibel Alten und Neuen Testamentes. Sie steht im Mittelpunkt der *Schulandachten*, der *Gottesdienste* und des *Religionsunterrichtes*. „Was ist das wichtigste Buch für Sie und ihre Arbeit?" – diese Frage beantwortete Bertolt Brecht: „Sie werden lachen, die Bibel".

Im Freizeitzentrum und in den Klassenräumen werden kleine Bibliotheken aufgebaut, Lesezentren, damit in den „Bibliotheks-Teilungsstunden" der ersten Klassen auch viel Lesefutter da ist! Andere Medien werden einbezogen. Erzählkurs, Vorlesekurs. Theaterkurs – wir halten Kurs aufs große Lese-Meer …

Die Schule kam gerade recht. Sie nahm die Zukunft in die Hand. Lesen, Schreiben, Zählen. Am Anfang war er mit echter Begeisterung dabei.
Dass alle diese Striche, Haken und Schleifen, Bögen und kleinen Brücken zusammengefügt Buchstaben ergaben, war schön! Und dass diese Buchstaben zusammen Silben und diese Silben aneinandergereiht Wörter bildeten, darüber konnte er sich nicht genug wundern. Und dass manche Wörter ihm so vertraut waren, war magisch! Mama zum Beispiel, Mama: ein Bogen, ein Bogen, ein Haken andersherum – ein Kringel, ein kleiner Bogen – zwei Brücken – ein zweiter Kringel, ein weiterer kleiner Bogen, Ergebnis: Mama.
Wie kann man sich über dies Entzücken beruhigen?

Daniel Pennac

... *des Miteinanders*

In einer wachsenden Schule ist es sehr wichtig, dass die vorgesehenen schulischen *Gremien* mitwachsen und das demokratische Miteinander in Entscheidungsvollzügen üben. Sehr oft ist es die Kooperationsbereitschaft, die den Alltag prägt, doch, wo Menschen engagiert arbeiten, entstehen auch Konflikte. Die Beauftragte für *Mediation* erfüllt eine wichtige Aufgabe im Schulleben, vor allem an den Nervpunkten zwischen den unterschiedlichen Interessen. *Mediation* ist ein wichtiger Prozess im Verlauf der Gewaltprävention, sie schult Konfliktwahrnehmung und begleitet auf den Wegen zur Konfliktlösung. Sie hilft den Konfliktparteien, das „Gesicht zu wahren", Verabredungen zu treffen oder Verträge zu schließen.

Alle in der Schule handelnden Personen sind der Notwendigkeit ausgesetzt, *gelernte Rollen zu überdenken und zu verändern*. Ein gemeinsames Ziel zu verfolgen mit unterschiedlichen Ausbildungsvoraussetzungen, innerhalb (sehr) unterschiedlicher Arbeitszeitberechnungen und unterschiedlichen beruflichen Erfahrungshintergründen ist äußerst anstrengend! Diese Situation bedarf der aufmerksamen Wahrnehmung, der kommunikativen Pflege – dann kann sie bereichernd werden! Beim Bild vom „Haus des Miteinanders" steht die Schulklasse als Gruppe, die innere Schulgemeinschaft und damit der Einsatz für *soziales Lernen* vor Augen. Angesichts der längeren Zeitdauer (Ganztagsgrundschule!) kann soziales Lernen eingeübt, bedacht, in Regeln geformt und gelebt werden. Welcher Geist wird durch die *Hausordnung für uns alle* wehen?

Der Sinn einer Gesellschaft liegt nicht hauptsächlich in den normativen Aussagen über sich selber; nicht in den Traditionen, in denen sich die Gesellschaft erklärt. Die Einsichtigkeit einer Gesellschaft besteht in erster Linie darin, dass sie gerecht ist. Darum wünsche ich, dass unsere Kinder die Traditionen, die Erzählungen und die Lieder des Rechts kennen lernen. Sie bilden ihre Seele.

Fulbert Steffensky

... *in dem Gottes guter Geist weht*

Die Wirkung von Gottes Geist wird in der Bibel als stürmisch und sanftmütig, scharf und tröstend, als unterscheidend und aufbauend beschrieben. Auch in diesem Haus wird diskutiert, gestritten, gelitten, gemahnt, gestärkt und aufbaut – was das Wichtigste ist: Unter Gottes Geist sollen die Vorgänge, Denk- und Planungsprozesse offen und transparent bleiben, einer

Dienstgemeinschaft verpflichtet und geschwisterlich ausgetragen werden. Die religiöse Dimension unserer alltäglichen Arbeit ist nicht diffus, sie wird konkret und auf den Prüfstand gestellt beim Reden, Leben, Essen, Spielen, Lernen, Nachdenken, Beten … Zum Geheimnis innerer Ordnung gehört die Ordnung der Zeit: Nachdenken und Innehalten im Morgenkreis, Mittagskreis und Vesperkreis. Allein im Rückblick lässt sich sagen: Gottes Segen ruhte auf der gemeinsamen Arbeit. Segen will bewegen, er lässt sich nicht festhalten und methodisch verwerten.

Von guten Mächten wunderbar geborgen, erwarten wir getrost, was kommen mag.

Dietrich Bonhoeffer

Gebet

Gebet der Eltern

Du, Gott, wirst Lehrer, Meister, Fels und Burg genannt.
Wir bitten dich:
Unsere Schule soll ein *Haus des Lernens* werden,
ein Haus, in dem unsere Kinder zu Hause sein können, sich wohlfühlen
in Spiel und ernsthafter Übung, Bewegung und Disziplin,
Geborgenheit erfahren und sorglos sein dürfen.

Du, Gott, wirst Mutter, Vater, Hausherr und guter Geist genannt:
Wir bitten dich:
Unsere Schule soll ein *Haus des Miteinanders* werden
Ein Haus, in dem die Menschen Zeit füreinander finden,
in dem Achtung, Toleranz und gegenseitiger Respekt gewahrt werden,
in dem durch wachsendes Vertrauen sich Ruhe, Gelassenheit
und innere Balance ausbreiten,
in dem unsere Kinder behütet aufwachsen.

Du, Gott, wirst Bruder, Freund, Licht und Hoffnung genannt
Wir bitten dich:
Unsere Schule soll ein *Haus für Kinder* werden
Ein Haus, in dem unsere Kinder sich angenommen fühlen wie sie sind
und nicht verzehrt werden durch den Ehrgeiz der Erwachsenen,
in dem sie ihre Neugier behalten und ihre Individualität entwickeln,
in dem sie Freundschaften knüpfen und festigen und

ihre Hilfsbereitschaft entdecken,
in dem sie mit Lust am Leben lernen und ihnen
mit Humor und Freundlichkeit begegnet wird.

Du, Gott, wirst Weisheit, Erleuchteter, Lehrer und Sonne genannt:
Wir bitten dich:
Unsere Schule soll ein *Haus des Wissens* werden,
ein Haus, in dem unsere Kinder viel ausprobieren und
das Leben erforschen dürfen,
in dem die Welt erkundet und ein wenig mehr begriffen wird,
in dem mit Neugier, Offenheit und Konzentration
Erkenntnisse gesammelt werden,
in dem Fehler gemacht werden dürfen.

Du, Gott, wirst Atem, starke Hand, gütiges Auge, Herrscher über
verschiedene Völker genannt,
Wir bitten dich:
Unsere Schule soll ein *Haus der Kultur* werden,
ein Haus, in dem Kreativität regiert,
in dem Streiten und Vertragen gelernt wird und Gegensätze
genutzt werden,
in dem Menschen mit Frustration und Trauer, aber auch
mit hochfliegenden Träumen und Visionen leben,
ein Haus, das Durchsetzungsvermögen mit Rücksicht paart.

Du, Gott, Vater Jesu Christi, Heiliger Geist, wir bitten dich:
Unsere Schule soll ein Haus sein, in dem dein *guter Geist* weht,
ein Geist der Freiheit, der Liebe, der Hoffnung,
ein Geist, der den Blick und den Verstand schärft, der Unterschiede aushält und uns allen
Mut macht.
Amen, das heißt, es werde wahr!

Nachwort

Die Arbeit der Evangelischen Schule Lichtenberg, einer Ganztagsgrundschule, geschieht im Rahmen des evangelischen Schulgesetzes und der vom Schulverein erarbeiteten Konzeption. Sie befindet sich im Aufbau. In den ersten Jahren besuchen vor allem Kinder der ersten drei Klassenstufen die Schule. Die Schuleingangsphase und die Besonderheiten des Lernens in diesem Lebensalter werden beachtet. Weitere Informationen über das pädagogische Gesamtkonzept, fächerübergreifende Vorhaben, Zusatzangebote, Freizeitangebote und die Schul-Zeitstrukturen sind erhältlich über das Sekretariat (Tel. 54 71 80 14) und im Internet www.evschulicht.de.

Wer die Wünsche von Fulbert Steffensky lesen möchte, greife zu PÄDAGOGIK, 55. Jg., 2003, Heft 7–8, S. 58–61. Daniel Pennacs Begeisterung über das Lesenlernen findet sich in seinem Buch: Wie ein Roman, München 2000.

Zum Symbol „Haus" hat Peter Biehl gearbeitet: Symbole geben zu lernen, Einführung in die Symboldidaktik anhand der Symbole Hand, Haus und Weg, Wege des Lernens Bd. 6, Neukirchen 2002, S. 73–98.

Schließen wir mit einer biblischen Weisheit: „Die Weisheit hat ihr Haus gebaut, Torheit reißt es nieder", Sprüche 14,1.

(Redaktionelle Mitarbeit: Helmut Ruppel)

Maria Luise Damrath

„Und dafür werde ich auch noch bezahlt"

Erlebensorientierte Seminare in der Erweiterten Fachausbildung

Pablo Casals, ein berühmter spanischer Cellist, hat ein Buch über seine Arbeit mit dem oben genannten Titel versehen. Mit ihm zusammen möchte ich herausheben, dass bezahlte Arbeit und Spaß sich nicht ausschließen müssen. Das gilt besonders für die Arbeit in der EF.

Die Wahl meiner Themen

Nicht an meinem Schreibtisch, sondern in Gesprächen mit Teilnehmenden der EF „zwischen Tür und Angel" oder in Seminaren sind durch Äußerung von Wünschen für weitere Seminare meine Themen entstanden:

WS 1993/94	Musik im Religionsunterricht
WS 1994/95	Biblische Geschichten in Grund- und Sonderschule Unterrichtliche Entfaltung
SoSe 1995	Neutestamentliche Heilungswunder im Religionsunterricht
SoSe 1996	Ostern – Didaktisches Nachdenken zum „Osterfest" im Religionsunterricht der Grundschule
SoSe 1997	Gottes Himmel auf Erden? Das ist aber ungerecht! Eine didaktische Reflexion zur Praxis des Gleichnisunterrichts
SoSe 1998	Wundergeschichten im RU der Grundschule
WS 1999/2000	Musik im Religionsunterricht
WS 2002/03	Mit Kindern durch die Weihnachtsgeschichte zu innerer Ruhe finden
WS 2003/04	Mit Kindern durch die Weihnachtsgeschichte zu innerer Ruhe finden
SoSe 2004	Passion und Auferstehung Jesu im RU

Welche Bedürfnisse werden bei der gemeinsamen Wahl dieser Themen deutlich?

1. Der Wunsch nach Verstehen und glaubwürdiger Vermittlung schwieriger theologischer Sachverhalte
Zweimal wurden die Themen „Auferstehung Jesu", „Wundergeschichten" und einmal das Thema „Gleichnisse" gewünscht. Die Teilnehmenden wollen theologisch arbeiten, bisherige theologische Kenntnisse diskutieren, erweitern, vertiefen und neue Auslegungen kennen lernen. Dabei spielt auch die Angst eine Rolle, mit dem eigenen Standpunkt nicht den „Grundsätzen der Kirche" gemäß zu glauben und zu unterrichten. Die Teilnehmenden stellen sich erneut der Suche nach einer für sie selbst vertretbaren Position.

2. Der Wunsch nach Methodenkompetenz
Bei dem zweimal angebotenen Thema „Musik im Religionsunterricht" wird der Wunsch nach Erweiterung der didaktischen und methodischen Kompetenz in einem für viele fremden Fachbereich deutlich. Auch die Wahl des zweiten oben genannten Themas zeigt die Suche nach neuen Lernwegen. In allen Seminaren wurden Anregungen für kreatives Arbeiten gewünscht. Die Bereitschaft, ungewohnte Methoden auszuprobieren, war durchweg vorhanden.

3. Der Wunsch nach einem ruhigen und stressfreien Unterricht
Nach der Veranstaltung mit dem Thema „Mit Kindern durch die Weihnachtsgeschichte zu innerer Ruhe finden" wurde immer wieder die Bitte geäußert, dies Seminar noch einmal anzubieten. Es wird bei den Teilnehmenden nach einer Veränderung der gesamten Lebensgestaltung gesucht, die der Überforderung und dem Burnoutsyndrom im schulischen und privaten Bereich ein Leben mit Ruhe und Zeit entgegensetzt.

Kernpunkte meiner Seminargestaltung

1. Bei biblischen Geschichten kommt das Probieren vor dem Studieren.
In früheren Zeiten wuchsen die meisten Kinder in einer „Religion" auf. Elternhaus, Schule, Gemeinde und die Gemeinschaft des Ortes prägten durch ein Gesamtverhalten mit einer ethischen Ausrichtung, Ritualen, Festen und vielem mehr die Erziehung. Inhalte wurden von klein auf mit Erlebnissen verbunden. Bei einer gelungenen religiösen Sozialisation sind in der Rückerinnerung von Erwachsenen Erlebnisse und gefühlsbetonte Momente

die prägenden Faktoren. Inhalte werden in einem weiteren Erinnerungsgang mit diesen Faktoren verknüpft. Das eben Geschilderte nenne ich „Leben mit und in einer Religion". Ich wähle den Begriff der „Religion" und nicht den des „evangelischen Glaubens", weil die Prägung bei anderen Religionen nach gleichem Muster verläuft.

Die ReligionslehrerInnen stehen heute vielfach vor dem Problem, dass „Leben mit und in einer Religion" in 45 Minuten geleistet werden soll, oft noch mit einer Geringschätzung des Faches in der Umgebung. In dieser Situation habe ich mir als Ziel gesetzt, die Teilnehmenden der EF in meinen Seminaren zu befähigen, exemplarisch für die Religion zunächst „Leben mit und in einer biblischen Geschichte" zu ermöglichen. Weitere biblische Geschichten schließen sich an und damit eine Fülle von Aspekten und Erfahrungen, die „Leben mit und in einer Religion" ausmachen. Ein Zusammentragen der erlebten Fülle mit einer Systematisierung muss im Unterricht später erfolgen. Ein weiteres Ziel meiner Arbeit: Seminare sind in vieler Hinsicht Vorbild und Spiegelbild für den Unterricht in der Schule. Wir spielen nicht Schule, wenden aber die gleichen didaktischen Prinzipien an und probieren „am eigenen Leib" methodische Möglichkeiten aus, die dann reflektiert und in die verschiedenen Unterrichtssituationen der Teilnehmenden übertragen werden. „Leben mit und in einer Religion": auf dies Ziel arbeite ich in meinen Seminaren für den RU hin.

So kommt bei mir das „Probieren vor dem Studieren", also das Erleben vor dem Diskutieren. Auch bei Erwachsenen in den Seminaren verläuft die Prägung nach dem oben geschilderten Muster: Erlebnisse und gefühlsbetonte Momente bleiben haften. Diese werden danach mit den Inhalten – biblischen Geschichten mit den daraus resultierenden exegetischen und theologischen Fragestellungen und Erkenntnissen – verknüpft. Es fällt Erwachsenen teilweise leichter, sich zu Beginn eines Seminars auf eine verbale Auseinandersetzung einzustellen als auf ein Erleben mit unsicherem Ausgang. Es ist schwer, sich spontan auf ein Rollenspiel einzulassen, wenn man dies noch nie versucht hat. Aber jeder Versuch bringt eine wertvolle Erfahrung. Ob jemand erlebt, wie es aus ihm heraussprudelt, weil auf einmal der eigene Vater gespielt wird, oder ob jemand aus Angst vor Blamage sich lieber an die Seite setzt oder einen unauffälligen Part übernimmt: Alle Erfahrungen sind wichtig und bleiben ohne Wertung, falls sie erzählt werden.

An der Geschichte vom Vater und den beiden Söhnen (Lk 15,11–32) zum Beispiel wird in der Tischszene am Anfang der Geschichte durch die gerade Spielenden deutlich, dass der jüngere Sohn nur durch ein Weggehen seine Haut und Eigenständigkeit retten konnte und das Leben in Saus und Braus schon als Protesthandlung vorprogrammiert war. Eine andere Gruppe von Spielenden kommt vielleicht zu ganz anderen Ergebnissen. Jedes vorausgegangene Erlebnis bringt die Gespräche oft mit Vehemenz in Gang. Die Leitung kann sich zurücklehnen und zuhören. Plötzlich liegt eine exegetische Frage auf dem Tisch. Wie viele Menschen verließen zur Zeit Jesu das Land, weil es nicht alle ernähren konnte, um sich außerhalb des Landes eine Existenz aufzubauen? Nun ist Interesse da für eine Information. Sie wird von der Leitung gegeben oder von jemandem aus einem Kommentar herausgesucht.

Diskussionen und Informationen kommen nicht zu kurz, im Gegenteil. Theologie wird lebendig, weil sie ständig im Rückbezug zur eigenen Erfahrung betrieben wird, und sie wirft immer neue Fragen auf. Didaktische Grundsätze haben sich ebenfalls zur Diskussion eingefunden, und die Frage nach dem Transfer auf Schule ist schon von Anfang an mit dabei. Die Beteiligten kommen bald auf den Geschmack und setzen sich nun spontaner dem Erleben aus. Die Gruppe wird aktiv, der Spaß zieht ein. Der Leitung geht es auch nicht schlecht, wenn sie nur von Zeit zu Zeit etwas „anleiert" oder bündelt. Außerdem genießt sie mit Spannung, was die anderen für interessante Aspekte der Geschichte zu Tage fördern. Nun hat schon begonnen, was ich mit „Leben mit und in einer biblischen Geschichte" gemeint habe.

2. Bei biblischen Geschichten kommt unsere Kreativität zum Vorschein. Biblische Geschichten sind sehr unterschiedlich und voller Überraschungen. Ein Gleichnis mit einem offenen Schluss fordert zur Offenheit im Seminar heraus. Eine Wunderhandlung wie ein Bild bringt uns zur bildlichen Darstellung. Eine Weg-Geschichte fordert zum Gehen und zur Weggestaltung heraus. Eine sperrige Geschichte lässt uns mit Mauern und Absperrungen hantieren. Eine Geschichte wie ein Fächer bringt viele Möglichkeiten zur Entfächerung/Entfaltung. Eine Geschichte mit Zündstoff programmiert den Knall im Seminar vor. Eine dramatische Handlung erfordert Rollenspiele. Methodenkompetenz dient also nicht in erster Linie der Abwechslung oder Disziplinierung im Unterricht, sondern den speziellen Herausforderungen der jeweiligen biblischen Geschichte.

Zurück zu unserem Beispiel: Ich lasse die lange und sehr kontrastreiche Geschichte von Lk 15,11–32 von den Teilnehmenden in verschiedene Situationen auflisten. Nun kann sich jeder und jede aussuchen, welche Situation er/sie wie darstellen will. Es ist interessant, welche Situationen gewählt und welche ausgelassen werden. Das Fest nach der Heimkehr des jüngeren Sohnes wird diesmal mit Orffschen Instrumenten verklanglicht. Musik und Tanz werden improvisiert, die Fröhlichkeit des Feierns steckt die Zuhörenden an.

Da beendet die vorführende Gruppe mit einem Paukenknall jäh das Fest. Die Stille danach lässt allen zunächst den Atem stocken. Warum denn das? Die darstellende Gruppe erklärt: „Der ältere Sohn draußen auf dem Feld mit seiner Frage ist doch da. So kann man nicht feiern."
Häufig wird die Situation vom jüngeren Sohn im Elend ausgelassen. Das ist verständlich. Wer will sich schon mit einer so schrecklichen Situation auseinandersetzen? Hier sehe ich die Chance, einen inneren Konflikt auf einer innerseelischen Bühne in einem Schattenspiel zu zeigen. Die Leitung setzt sich hinter ein aufgehängtes weißes Laken auf den Boden. Der Overheadprojektor strahlt die Kulisse auf das Laken als Leinwand: Zwei Pappstreifen zeigen das Schweinegehege, ein Stamm mit Ästen aus Pappe mit einer grünen transparenten Scheibe darüber den Baum. Wenig Aufwand bringt hier eine starke optische Wirkung. Von zwei Seiten kommen einzelne Teilnehmende hinter die Leinwand und versuchen, die unsichere, am Boden sitzende Person mit Argumenten auf ihre jeweilige Seite zu locken: einerseits sich weiter durchzuschlagen und den Gang nach Canossa zu meiden, andererseits heimzugehen, um Vergebung zu bitten und ein der Situation angemessenes Angebot zu machen. Hier wird ein innerlich zwischen zwei schwierigen Entscheidungen zerrissener Mensch gezeigt. Indem beide Fronten benannt und damit besser erkannt werden, kann der Mensch eher aus seiner Zerrissenheit befreit werden und zu einer Entscheidung finden. Ich halte das Verdeutlichen von inneren Konflikten im Rollenspiel in allen Altersstufen für sehr wichtig. Für ein partnerschaftliches und vertrauensvolles Miteinander kann es auch hilfreich sein, wenn die leitende Person nach unten ins Elend geht und sich heraushelfen lässt.

3. Bei biblischen Geschichten sind unsere Lebenserfahrungen gefragt.
Biblische Geschichten zeigen menschliche Erfahrungen in ihrer ganzen Bandbreite. Die Geschichten glätten nicht und schließen nicht mit einer moralischen Beurteilung. Die Situationsethik Jesu traut uns eine Mündigkeit zu, in jeder Situation neu zu entscheiden, was angemessen und hilfreich ist, „dem Willen des himmlischen Vaters entspricht". Sie zeigt uns Gottes Himmel auf Erden, Möglichkeiten zur Heilung, zur Änderung und zu neuer Hoffnung, sie entlässt uns in neue Fragen, ohne uns einen Verhaltenskodex für richtiges Handeln zu zeigen. Damit wird es für uns unmöglich, eine biblische Geschichte erschöpfend zu behandeln, abzuschließen und verstanden zu haben.
Aber wir können unsere Erfahrungen zu einer Begegnung mit den Erfahrungen der Menschen in der biblischen Geschichte führen. Dazu unser Beispiel von Lk 15,11–32: „einen geliebten Menschen loslassen – leben, statt

gelebt zu werden – Freunde und Geld haben – tot sein und wieder lebendig werden – Missachtung meiner Arbeit ertragen – angenommen werden ohne Wenn und Aber – nicht nur arbeiten, sondern auch genießen – schuldig werden – hoffen gegen die Realität".

Diese Erfahrungen entsprechen den Erfahrungen der drei Personen in der Geschichte von Lk 15,11–32, sie können aber auch ebenso zu den Erfahrungen der Teilnehmenden gehören. Die Erfahrungen werden einzeln auf Pappstreifen geschrieben und in die Mitte der Gruppe auf den Boden gelegt. Die Teilnehmenden nehmen sich spontan eine Erfahrung, die sie anspricht. Es bilden sich Gruppen um eine Erfahrung oder Paare, die verschiedene Erfahrungen gezogen haben. Die Kleingruppen tauschen sich darüber aus, warum sie diese Erfahrung wählten. So lernt jeder und jede den eigenen augenblicklichen Platz in der biblischen Geschichte kennen. Spannend wird es, wenn die Teilnehmenden auf einer weißen ausgerollten Tapete, der „Geschichtenstraße" ihre Erfahrungen in die Reihenfolge der Geschichte bringen sollen. Da entstehen vehemente Diskussionen bis zum Streit, weil die Aufgabe gar nicht eindeutig zu lösen ist. Die Geschichte entfaltet ihre Wirkkraft, Gespräche sind in Gang gekommen. Lebenserfahrungen der Teilnehmenden und der Personen in der Geschichte erschließen sich gegenseitig. Der „garstige Graben der Geschichte von 2000 Jahren" ist durch die Lebendigkeit ähnlicher Erfahrungen verschwunden.

4. Bei biblischen Geschichten kommt es auf unser Vertrauen an.
Im Gegensatz zu vielen überlieferten Heilungswundern in der Antike setzen die meisten Heilungswunder Jesu ein oft Regeln verletzendes Handeln der Kranken im Vorschussvertrauen voraus. Es geht in biblischen Geschichten sehr viel um Vertrauen. „Leben mit und in einer Religion" in 45 Minuten kann nur in einer vertrauensvollen Atmosphäre gelingen. Das Gleiche gilt für die Arbeit im Seminar. Vertrauen in uns selbst, Vertrauen in die Teilnehmenden und Vertrauen in die biblischen Geschichten ist mir eine wichtige Voraussetzung für die Arbeit in Seminar und Schule.

Vertrauen in uns selbst – Veränderung unserer Haltung
Wie kommen wir zu einem gesunden Selbstvertrauen, zur Freundschaft mit uns selbst, zur eigenen Anerkennung unserer Fähigkeiten, zur Bereitschaft, mit unseren Fehlern konstruktiv umzugehen, ohne in Schuldgefühlen zu versinken oder unsere Person pauschal abzuwerten? Biblische Geschichten kennen diese Problematik nur zu gut. Wenn wir nicht mehr der Anerkennung durch andere hinterher rennen müssen, können wir unser liebstes Instrument, das wir direkt und indirekt meisterhaft beherrschen, nämlich

die Kontrolle, aus der Hand legen. Leicht gesagt – schwer getan. Im Schutz biblischer Geschichten, die sich sowieso unserer Kontrolle entziehen, können wir uns diesen Schritt zutrauen und erleben, was passiert.

Vertrauen in die Teilnehmenden – Veränderung unserer Leitungsrolle
Wir stöhnen über die Konsumentenhaltung der Teilnehmenden in Seminar und Schule und verursachen diese selbst. Wir überfordern uns mit dem Anspruch, für das Gelingen der Veranstaltung allein verantwortlich zu sein, und unterfordern die Teilnehmenden, wenn sie nur nach unserem Plan reagieren und nicht selbst für ihr Lernen auf ihre Art Verantwortung übernehmen. Offenheit für eigenständiges Lernen der Teilnehmenden enthebt die Leitung nicht einer gründlichen Vorbereitung, Sach- und Vermittlungskompetenz. Je fundierter die Leitung in der Sache steht, desto leichter kann sie den Lernprozess aus der Hand geben und selbst von dem profitieren, was ihr auf dem goldenen Tablett der neuen Lernimpulse von den Teilnehmenden dargereicht wird. Leitung und Teilnehmende lernen gemeinsam, wie man lernen kann.

Vertrauen in die biblischen Geschichten – Veränderung unserer Theologie
Biblische Geschichten zeigen uns, dass Gott immer für Überraschungen gut ist. Es ist schwer auszuhalten und noch schwerer zu vermitteln, dass Gott uns einerseits näher ist als wir uns selbst und sich zugleich jedem Zugriff entzieht. Wir brauchen keine Angst vor Fragen zu haben, auf die wir keine kurzen griffigen Antworten wissen. Das Vertrauen in biblische Geschichten ist eine Antwort, die auf Dauer nicht enttäuschen kann. Die Fülle der Erfahrungen und der unterschiedlichen Gottesbilder halten unsere Theologie lebenslang im Fluss. Die biblischen Geschichten dürfen sich in uns und unseren Lerngruppen breit machen und uns auf ihre eigene, nicht kontrollierbare Weise verändern. Solch ein Vertrauen steckt an.

5. Bei biblischen Geschichten kommen wir zur Ruhe.
Obwohl biblische Geschichten es an Spannung und Infragestellung nicht fehlen lassen, kommen wir merkwürdigerweise in ihnen zu innerer Ruhe. In dem eben beschriebenen dreifachen Vertrauen können wir ohne Angst in unsere Veranstaltungen gehen. Wir lassen uns ja auf einen offenen, erlebensorientierten Lernprozess ein. Es kommt ja nicht mehr nur auf unsere geschickte Seminarleitung an. Wir freuen uns darüber, dass alle Teilnehmenden voll gefordert sind und methodisch auf unterschiedliche Weise ihre Arbeit tun, um diese danach zu präsentieren und zu reflektieren. Wir

können uns also im Seminar zeitweise ausruhen und in Gelassenheit zuschauen.

Das Seminar als Vorbild und Spiegelbild für den Schulunterricht

Wenn ich jetzt die Folgerungen für die Schule ziehe, entwerfe ich keine Utopie. Diese Art von Religionsunterricht ist in Berlin schon vielfach mit Erfolg ausprobiert worden. Den Unterricht in einen offenen erlebensorientierten Lernprozess zu verwandeln erfordert zunächst sehr viel Mut und Investition. Die Angst der Lehrenden vor Chaos, Disziplinschwierigkeiten, Ausnutzen der Freiheit, das Fehlen von Methoden- und Präsentationskompetenz bei den SchülerInnen, gepaart mit Schwierigkeiten in der Gruppenarbeit lässt viele zurückschrecken. Hier gilt: Dem kleinen Versuch folgt ein größerer, bis die Lerngruppe auf den Geschmack gekommen ist und sich sehr wohl von einer Schulstunde auf die andere auf eine ganz andere Unterrichtsgestaltung umstellen kann. Außerdem darf unser Fach exotisch sein.

Die Umstellung erfordert für die Lehrkraft keine umfangreiche Erstellung von Materialien am Nachmittag. Schließlich können SchülerInnen selbst Materialien für sich und andere herstellen. Je größer der Aufwand der Lehrenden, desto schlechter ihr Delegieren. Wir ReligionslehrerInnen brauchen keine Montessoriwerkstatt, sondern können auch „aus dem Karton" leben. Unsere Kinder entfalten ihre Phantasie und helfen uns in allem, was wir gerade brauchen. So kommen wir allmählich zu einem Unterricht, in dem durch unser dreifaches Vertrauen die Kinder Teilthemen, Sozialformen, Arbeitsmethoden und Materialien selbst wählen können.

Wir sind gespannt auf das, was die Kinder nach ihrer Arbeit allen präsentieren und welche Gespräche daraus erfolgen. Wir können dabei ganz neue Aspekte erfahren. Wir haben geholfen, dass die Kinder das Lernen lernen. Nun lernen wir mit ihnen zusammen und von ihnen. Wir lehnen uns zurück, genießen das Loslassen und die Früchte unserer Arbeit. Allmählich schwindet unser Stress, und es kehrt bei uns und den Kindern eine von allen ersehnte innere Ruhe ein. Wir haben das wichtigste Ziel des Lehrens erreicht: Uns selbst überflüssig zu machen. Vielleicht haben die Kinder in manchen Stunden gespürt, was es bedeutet: „Leben mit und in einer Religion."

Helmut Ruppel, Ingrid Schmidt

„Spiele und Lektüre"
Ein Bild von Pablo Picasso

Sehen und Verstehen

„Dies ist ein Buch über Pablo", beginnt ein schöner Band der Reihe „Genies für junge Leute", und fährt fort: „Mit vollem Namen heißt er Pablo Picasso. Pablo war ein Künstler, ein Maler. Viele halten ihn für den bedeutendsten Maler des 20. Jahrhunderts ... Pablo hatte vier Kinder, zwei Söhne – Paolo und Claude – und zwei Töchter – Maja und Paloma, die ‚Taube', genannt nach dem Friedensplakat mit der Taube ... Pablo hatte keine sehr klaren Familienverhältnisse, und nicht alle Leute fanden das überzeugend. Aber er malte sehr eindrückliche Bilder dieser Kinder. Pablo hatte seine Kinder sehr gern um sich. Es gibt viele Bilder, Zeichnungen und Skizzen von ihnen, so dass an alle eine Erinnerung bleibt"[1]

Picassos *Welt der Kinder* umfasst viele hundert Bilder und Blätter. „Wollte man eine Rangfolge der Gestalten in Picassos Werk aufstellen, so würden die Kinder zweifellos an hervorragender Stelle erscheinen, ganz einfach deshalb, weil er Kinder leidenschaftlich liebte, besonders die kleinen. Ich habe ihn immer nur liebevoll mit den Kindern seiner Umgebung umgehen sehen und erinnere mich, wie er einmal zärtlich die kleine Hand eines Babys küßte", erzählt ein lebenslanger Freund.[2]

„Spiele und Lektüre" (48 x 63 cm) entstand 1953. Das Bild hält nicht den Alltag der Familie fest, es zeigt eine glückliche Ausnahmesituation, einen Bild-Traum Picassos mit Claude, Paloma und Francoise Gilot, ihrer Mutter. Es ist der 23./24. Januar 1953, ein Wintertag, anzunehmen in Villauris im Süden Frankreichs, einem der Wohn- und Wirkungsorte Picassos. Wir sehen einen geschlossenen Raum. Die detaillierte Linienführung in graphischer Kleinteiligkeit und Grau-Weiß-Abtönungen verbinden den Bildraum und die Menschen. Das sind *Claude*, das erste Kind von Francoise Gilot und Picasso – am 15. Mai 1947 geboren – und Paloma – am 19. April 1949 geboren –, die zwei Jahre jüngere Schwester, und Francoise, ihre Mutter. Hier ruht sie und liest, sie war Malerin. Nach einigen Jahren trennt sie sich von Picasso, „weil es, wie sie sagte, zu anstrengend sei, mit einem so eigenwilligen Genie zu leben."[3] Sie zieht mit Claude und Paloma nach Paris. Bis 1954 widmet sich

© Succession Picasso/VG Bild-Kunst, Bonn 2005

Picasso in seinen Bildern Claude und Paloma und stellt sie nun beim Zeichnen und Lesen dar. Danach bricht seine intensive malerische Nähe zu den eigenen Kindern ab. Picasso, inzwischen 66jährig, schuf in diesen Jahren seit 1947 ungestüme, zarte, anmutige Bilder, die die Freiheit und Geborgenheit seiner jüngsten Kinder auf das Lebhafteste zum Ausdruck bringen.

„Spiele und Lektüre" – Claude sitzt auf einem Dreirad, Paloma krabbelt auf dem Fußboden, sie ist eins mit ihrem Spielzeug. Die Komposition ist auffallend flächig, in ihr entsteht Nähe, Intimität zwischen den Kindern und ihrer jungen Mutter. Einfache kubistische Gestaltungsmittel aus früheren Phasen seiner Arbeit nimmt Picasso wieder auf, Körper und Gegenstände werden leicht hin- und hergewendet. Elementar vereinfachte Konturen und Silhouetten lenken den Blick auf die Köpfe der Kinder und das lichtvolle Antlitz ihrer Mutter. Die kindlichen Proportionen von Claude und Paloma werden durch ein übersteigertes Volumen ihrer Köpfe betont. Die Kinderkörper sind weich, fließend, das pausbäckig-runde in den kleinen

Gestalten unterstreicht die Linienführung – es ist ihr Vater, der sie malt! – und die Intention, die traumhafte, glückliche – paradiesische? – Ruhe dieser Szene für immer festzuhalten. Fast selber wieder ins Kinderzeichnen fallend malt Picasso die Kindergesichter beinahe kreisrund und die Spielzeugräder am unteren Bildrand und den anmutigen Knoten von Francoise' Haar gleich dazu. Palomas Ponyfrisur und Claudes Haarschopf verstärken den Eindruck des Runden und Weichen. Francoise Gilot erzählt in ihren Erinnerungen, dass Picasso oft Stunden damit verbrachte, seine jüngste Tochter zu malen.

Doch das Bezaubernde der Komposition liegt in der Perspektive: Es ist eine kindliche Perspektive, Picasso malt gleichsam aus dem Blickwinkel der Geschwister, so, als säße er auf dem Fußboden, nahezu in Augenhöhe der Kinder. Setzte sich Paloma hin und schaute auf, so sähe sie in das schöne Gesicht ihrer Mutter. Es ist ganz nahe, es erscheint ihr offen, dicht und vor allem sehr hell. Sie könnte ihre Hand fassen, nach dem Buch greifen, über die Haare streichen. Doch im Unterschied zu vielen Mutter-Kind-Darstellungen Picassos, die häufig in der christlichen Tradition der Abbildung Marias mit dem Jesusknaben stehen, entbehrt unser Bild jeglicher Zeichen und Signale eines innigen Zugewandtseins. Es wird etwas spürbar von der Atmosphäre der Einsamkeit, die Kinder und Erwachsene jeweils in das Eigene versinken lässt, sei es ins Spiel, sei es ins Lesen ... Das meint nicht Isolation oder Fremdheit – Claude ist durch die Bilddiagonale eng mit der über ihm auf einer Liege/Ottomane ruhenden und lesenden Mutter verbunden. Liegt in der angedeuteten Kopfdrehung schon ein sich artikulierender Protest? Die 1935 geborene, 12 Jahre ältere Schwester Claudes, Maya Picasso, Tochter von Marie Therese Walter, mit der Picasso nicht verheiratet war und von der es wunderbare Porträts gibt, Maya also erzählt in ihren Erinnerungen: „Claude ist von Anfang an, auch wenn er ein Schreibaby war, schon ganz er selbst, angriffslustig und, wie man sagt, ein richtiger Junge, nicht immer leicht zu ertragen; Paloma! Die sanfte Paloma! – Vorsicht, stille Wasser sind tief, und wer weiß, im nächsten Augenblick kann der Orkan losbrechen!"[4]

Themen des Bildes

Spielen
Spielen eröffnet Kindern die Möglichkeit, sich ihre Welt selbst zu entwickeln. Das Kind entfaltet seine Welt im Spiel. Warum können viele Kinder nicht mehr spielen? Haben Kinder zunehmend Angst vor dem Spiel?

Gespräche eröffnen zu eigenen Spiel-Erinnerungen und heutigen Spiel-Erfahrungen. Spielen hängt mit der Fähigkeit zur Utopie zusammen. Geht mit dem Spiel-Verlust auch die Fähigkeit und die Lust zur Veränderung verloren? Wie und wo und mit wem lernen wir zusammen, etwas „aufs Spiel" zu setzen? Claude und Paloma spielen, sie erfahren die Fähigkeit, allein zu sein, während noch jemand da ist.

Lektüre/Lesen
Lesen ist „Familiensache", sagt die „Stiftung Lesen". Wirklich?
Francoise genießt gewiss die dichte emotionale Situation und das körperliche Zusammensein mit den Kindern während des Lesens – doch ist es nicht ein gemalter Traum? Erfahren Kinder heute verführerische Lesesozialisationen? Gespräche eröffnen zu Lese-Erinnerungen und heutigen Lese-Erfahrungen. Für Lesefreude und Lesefrequenz ist auch heute die Mutter zuständig. „Schuhe ja, Bücher nein!", war eine Parole rechtsextremer Demonstranten in Argentinien unter Peron. Die Replik lautete: „Schuhe ja, Bücher auch!"

Geschwisterfreud und -leid
Bruder, Schwester sein (oder haben) Kinder und ihre Eltern, Nähe und Distanz

Kinderwelten, Spielzeug, Spielzeiten
Erfahrungen in Kitas und Familien mit einer „spielzeugfreien Woche"

Von Angesicht zu Angesicht
Meine Mutter, mein Vater

Ich habe einen Namen (s. Paloma)

Sehnsucht nach Ruhe und Spiel
Schabbat

Kindernöte, Kinderhoffnungen
Unicef, Kindernothilfe, Plakataktionen

Weiterführende Themen, vorbereitende Themen
Kinder in der biblischen Tradition
„Das Weltwissen der Siebenjährigen" (Donata Elschenbroich) s. Quellen

Die Rede von der „heilen Welt" neu buchstabieren lernen
Begreifen und sehen lernen, dass eine künstlerische Darstellung Symbol, Abglanz und Beschwörung einer heilen Welt, d. h. einer volleren Wirklichkeit ist. Nachdenken über die theologische und pädagogische Berechtigung einer Rede von der „heilen Welt" – sie nicht dem Spott überlassen!

Methoden

Assoziative Gespräche zu einzelnen Themen
Schreibgespräche
Dem Picasso-Bild eine Deutung durch farbige Ausgestaltung geben
Aktuelle Nachrichten und Informationen zu Kindern der Welt sammeln
Informationen von Unicef einholen
Das Bild weitermalen, Bilder malen
Das Bild ist stumm, wir stellen den Ton höher – Anspiele

Quellen

Donata Elschenbroich hat ein Buch veröffentlicht zum Thema, wie Kinder die Welt entdecken können: „Weltwissen der Siebenjährigen". Zu den Fähigkeiten und Erfahrungen, die Siebenjährige schon erlebt haben sollten, gehören:
„Gewinnen wollen und verlieren können." „Typisches Jungen- und Mädchenspielzeug kennen." „Nach der eigenen Meinung gefragt worden sein." „Den eigenen Namen gesungen haben." „Ein Buch von Deckel zu Deckel kennen, wie auch immer." „Wissen, was ‚schlecht drauf sein' bedeutet." „Wie sieht der eigene Name im Sand geschrieben aus? Im Schnee, an der beschlagenen Fensterscheibe, auf dem Waldboden?" „Stolz empfunden haben, ein Kind' zu sein. Nur Kind."

Literatur

Im Sinne des Themas:
Donata Elschenbroich, Weltwissen der Siebenjährigen. Wie Kinder die Welt entdecken können, Verlag Antje Kunstmann, München 2001
Hansgerd Schulte, Spiele und Vorspiele. Spielelemente in Literatur, Wissenschaft und Philosophie, mit Beiträgen von Antoinette Becker, Robert Jungk, Golo Mann, Hans Mayer u. a., suhrkamp taschenbuch, Frankfurt a. M. 1978

Alberto Manguel, Eine Geschichte des Lesens, Verlag Volk & Welt, Berlin ³1998
Alberto Manguel, Bilder lesen, Verlag Volk & Welt, Berlin 2001

Anmerkungen

1 Ulrike Welker, Pablo – Picasso entdecken. Reihe: Genies für junge Leute, Neukirchener Verlagshaus, Neukirchen-Vluyn 2000, S. 3; 54 f (Auszüge).
2 Werner Spies, „Picassos Welt der Kinder", in: Picassos *Welt der Kinder*, hg. von Werner Spies, Verlag Prestel, München, New York 1995, S. 11–55, S. 11.
3 Ulrike Welker, a. a. O., S. 55.
4 Maya Picasso, „Erinnerungen – Kinderbilder", in: Picassos *Welt der Kinder,* a. a. O.

Der Aufsatz wurde zuerst veröffentlicht in: CPR 2/2002.

Ingo Baldermann

Die „häufigste Unfallursache"
Anmerkungen zum Erzählen von Jesus im Angesicht
des christlich-jüdischen Dialogs

Das Erzählen, sagt Sten Nadolny, sei für ihn „die Herstellung eines nachvollziehbaren Zusammenhanges ... Eine grundlegende Arbeit, die jeder tut, der lebt. Nur wer einen Zusammenhang erkennt oder die Chance, ihn herzustellen, steht morgens aus dem Bett auf." (Das Erzählen, München 1990, 77) Das Unersetzliche dieser Kommunikation begreifen wir, wenn wir Kindern erzählen. Diese Zuwendung von Angesicht zu Angesicht ist für die fernsehgewohnten Kinder heute ebenso ungewohnt wie fesselnd: mit hineingenommen zu werden in Erfahrungen und Überzeugungen der Älteren, die so viel mehr schon erlebt haben. Manchmal eröffnen sich unerwartete Möglichkeiten, wenn Kinder bei Tisch auf einmal zu fragen beginnen – etwa wie es war, als wir noch Kinder waren, wie wir den Krieg erlebt haben und die Zeit als Hitler regierte.

Wenn wir biblische Geschichten erzählen, unterliegen wir der gleichen Erwartung: dass wir glaubwürdig erzählen, unsere eigenen Geschichten, nicht angelernte, durch erzieherische Zwecke bestimmte Beispielgeschichten, von den „guten Absichten" geleitet, die Sten Nadolny mit Recht als die „häufigste Unfallursache beim Erzählen" bezeichnet (43), weil dadurch unsere Erzählungen „didaktisch, fade, vor allem vorhersehbar" (59) werden, und schlimmer noch: Wir verspielen den Kredit der Glaubwürdigkeit, der uns, wenn wir zu erzählen beginnen, erst einmal – und nicht nur von den Kindern – so selbstverständlich eingeräumt wird. Aber soll ich die Geschichten von Jesus authentisch, als meine Geschichten erzählen (Greve 1999, 178 ff), dann muss darin auch all das gegenwärtig sein, was meiner Generation eingebrannt ist, nicht nur die Schrecken des Krieges, sondern auch das grausame Erschrecken danach, als wir sahen und allmählich erst begriffen, was da mit jüdischen Menschen aus unserer Nachbarschaft und jüdischen Mitschülerinnen und -schülern geschehen war. Ich kann das nicht mehr aus meinen Erfahrungen mit der Jesusgeschichte herauslassen, und das heißt: Ich kann vieles einfach nicht mehr so erzählen, wie ich es selbst zu hören bekam; ich kann nicht mehr „die Juden" karikieren oder diffamieren als scheinheilige und listige Feinde Jesu, ich weiß doch, was daraus geworden ist.

Merkwürdig ist: Noch im Studium, noch gar so nicht weit entfernt von der Entdeckung des Grauens von Auschwitz, wurde mir das Judentum als Religion einer engen Gesetzlichkeit beschrieben, die „Pharisäer und Schriftgelehrten" wie in einer Karikatur als rechthaberische und unbelehrbare Gegner, Jesus selbst aber als der, der das Judentum radikal überwunden habe – als wüssten wir nicht, wie die braune Propaganda sich gerade diesen Jesus anzueignen suchte. Das Neue Testament aber lässt noch so viel von der ursprünglichen Nähe zum Judentum spüren, natürlich auch von der Härte dieser Auseinandersetzung von Angesicht zu Angesicht, doch erst eine lange christliche Tradition hat dann, nun selbst in der Position des Mächtigeren, mit beflissen tradierten Vorurteilen die Beziehungen zwischen Christen und Juden in ein so gefährliches Minenfeld verwandelt.

Im christlich-jüdischen Dialog begleitet uns auf Schritt und Tritt die brüderlich besorgte Warnung, wir dürften in dieser Arbeit der Verständigung nicht das spezifisch christliche Profil verleugnen und das „unterscheidend Christliche" verschweigen. Als ob das die Gefahr wäre! Wir brauchen von der Botschaft Jesu nichts wegzulassen oder zurückzunehmen; wenn wir nur seine jüdischen Gesprächspartner ernst nehmen und nicht nur die Schärfe ihrer Fragen und die Tiefe ihrer Zweifel, sondern auch ihre Nähe zu seiner Hoffnung wahrnehmen, dann lernen wir auch, seine Botschaft noch einmal mit anderen Augen zu sehen. Die Geschichte Jesu wird nicht ärmer, sondern reicher, viel reicher für uns. Was dazu notwendig ist, lässt sich mit einer klassischen Formulierung christlicher Dogmatik ganz einfach sagen: Wir müssen konsequent bei allem, was wir von Jesus erzählen, das uns vom Konzil zu Chalcedon 451 eingeschärfte „wahrhaftig Mensch" festhalten; damit können wir schon zugeschlagene Türen wieder öffnen, nicht nur für das Gespräch mit Jüdinnen und Juden, sondern auch mit Muslimen.

Ich beschränke mich auf einige Brennpunkte, die für mich gerade in der Zusammenarbeit mit Helmut Ruppel, dem ich hier sehr viel verdanke, Nachhaltigkeit gewonnen haben:

1. Fragen wir zuerst nach der Botschaft Jesu: Im Kern seiner Botschaft steht seine leidenschaftliche Hoffnung, die Menschen neu belebt und in Bewegung bringt, programmatisch ausgesprochen am Anfang der Bergpredigt, und zwar in Worten der Psalmen und der Propheten: Die Hungernden werden satt (Jes 49,10; Ps 107,9), den Sanftmütigen gehört die Erde (Ps 37,5). Noch in meinem Studium, dicht nach dem Kriege, hatte ich es ganz anders gelernt: Wenn wir den historischen Jesus zu Gesicht bekommen wollten, so hieß es, müssten wir methodisch aus der Überlieferung all das herausfiltern, was noch jüdisch ist – welche Arroganz, schon in der Methode!

Wenn wir dagegen mit diesen elementaren urjüdischen Hoffnungssätzen beginnen, von Jesus zu erzählen (Baldermann 2002), wird alles anders: Er ist nicht mehr der Übermensch und Wundertäter, sondern wahrhaftig ein Mensch, ein leidenschaftlich Hoffender, und gerade so auch verletzlich. Die starke Faszination, die von seinen Worten ausgeht, wird begreiflich, selbst die Wundergeschichten beginnen auf einmal als Wirkungsgeschichten dieser Hoffnung ganz neu zu reden, und am Ende wird auch der Weg nach Jerusalem verständlich als unausweichliche Konsequenz seiner Hoffnung.

Wir haben mit dieser anderen Art, von Jesus zu erzählen (sie hat sich niedergeschlagen im Religionsbuch 5/6 „Hoffnung lernen" und in den Kinderbüchern „Steh auf und geh" und „Fürchtet euch nicht") im Unterricht erstaunliche Erfahrungen gemacht; wir haben erlebt, wie sich die Geschichte von der Heilung des Gelähmten, als Astrid Greve sie so erzählte, buchstäblich unter ihren Händen verwandelte: Sie begann nicht mit der Kunde von Jesu Wunderheilungen, sondern mit der Klage der Psalmen, in denen Kinder zuvor ihre eigenen Erfahrungen entdeckt hatten, und mit den Hoffnungssätzen der Bergpredigt – dass die Trauernden getröstet werden, die Weinenden wieder lachen – und auf einmal war die Geschichte nicht mehr „didaktisch, fade, vorhersehbar" (Nadolny 1990, 59), sondern unter der Frage, wie der Gelähmte diesen Sätzen begegnet – die Freunde verhelfen ihm dazu – und was daraus wird, spannend bis zum Ende, und tröstlich für die Kinder dazu – und nicht zuletzt: authentisch und glaubwürdig.

2. Als seine unbelehrbaren Gegner, ja als Feinde, erscheinen noch immer „Pharisäer und Schriftgelehrte", konnotiert mit Rechthaberei, Gesetzlichkeit, gar mit Heuchelei; bis heute aber doch zugleich Identifikationsfiguren für Juden. Was denken solche jüdischen Leser, wenn erzählt wird, dass die Pharisäer Jesus „mit heuchlerischem Augenverdrehen" (Andres 404) befragen, dass die Rabbis, „blass vor Wut" – „arme, törichte Schriftgelehrte" – „berieten, wie sie ihn töten könnten"; da „funkelten ihre Augen vor Hass … Am liebsten hätten sie ihn ja hier, sofort, niedergeschlagen …" (de Vries, 176, 178, 179) Eine ganze Seite lang predigt Jesus bei Stefan Andres „gegen die Pharisäer und Schriftgelehrten" (410; mit dieser Überschrift). So wurde ein Menschenalter nach der Entdeckung von Auschwitz noch immer unbefangen antijüdisch erzählt, und das waren keine Randerscheinungen, sondern gewichtige weit verbreitete Erzählbücher.

Heute wird nicht mehr so leicht emotional überzeichnet, aber es bleibt doch im Grunde noch immer bei dem unversöhnlichen Gegensatz, wenn Max Bolliger erzählt: „Mehr und mehr spürt Jesus das Misstrauen, mit dem die Pharisäer und Schriftgelehrten ihn beobachten … Der Unterschied zwischen dem, was die Schriftgelehrten sagen und was Jesus den Menschen erzählt, wird immer größer ..." (Bolliger 38 f) Offenbar müssen wir lernen, noch wachsamer zu sein gegen solche pauschalen entstellenden Gegenüberstellungen, Ausfluss einer jahrhundertelang gedankenlos bewahrten christlichen Rechthaberei, die mörderische Konsequenzen hatte.

Hier eine andere Sicht zu gewinnen, ist ja gar nicht schwer, schon die Evangelien erwähnen ganz selbstverständlich Schriftgelehrte und Pharisäer, die das Gespräch suchen (Mk 12,34) oder mit Jesus freundschaftlich verbunden scheinen (Lk 7,36); und in der rabbinischen Überlieferung werden Geschichten bewahrt, die von einer Jesus sehr ähnlichen Leidenschaft der Gottesbeziehung und Hoffnung sprechen. Die enge Verwandtschaft geht bis in die Bilder der Erzählungen hinein, etwa in der schönen Erzählung von Hillel, der, weil er anders keinen Zugang findet, oben durch die Dachluke die Worte des Lebens aus dem Munde des Meisters hören will (wie der Gelähmte Mk 2; Joma 35b, in: Mayer, 1963, 374 f).

3. Zu den entlarvenden Verständnislosigkeiten des christlichen Umgangs mit den biblischen Gestalten gehört auch die Bewertung der Zöllner: Die Zöllner erscheinen in Erzählungen noch immer als bemitleidenswerte Außenseiter der Gesellschaft, als seien sie im Grunde arm, die Pharisäer dagegen wie vornehme Reiche – was für eine groteske Verkehrung! Wie viele Unterrichtsbeispiele zu Zöllnergeschichten münden in den aus „guten Absichten" gespeisten Appell, Vorurteile gegen Außenseiter aufzugeben und Schwarze Schafe gutwillig zu integrieren. Das ist eine grobe Verharmlosung, die an der gesellschaftlichen Dynamik der Zöllnergeschichten völlig vorbeigeht. Die Zöllner sind alles andere als Außenseiter: Es sind jene zynischen Typen, die es immer schaffen, an die Reichen und Mächtigen Anschluss zu finden, und die sich in Zeiten gesellschaftlicher Umbrüche in Scharen dort einfinden, wo es rasch und mühelos Geld zu machen gibt, mit welchen Mitteln auch immer, natürlich auf Kosten der Schwächeren. Der Hass auf die Zöllner ist der Hass auf skrupellose Ausbeuter, die Zöllner verkörpern den Verlust aller ethischen Maßstäbe.

Die Pharisäer dagegen sind eine Bruderschaft des Protests: eine Notgemeinschaft von Menschen, die wissen, dass sie an den Machtverhältnissen nichts ändern können, diese schmutzigen Spiele aber nicht mitspielen und jedenfalls für sich ein Leben konsequent nach der Tora führen wollen, auch wenn sie damit auf vieles verzichten; reich werden können sie mit diesem alternativen Lebensstil jedenfalls nicht. Und wenn sie dann zu dem Lebensstil der Zöllner ein Nein ohne jedes Ja sagen und dem Zöllner den Gruß und die Tischgemeinschaft verweigern, dann ist das keine Marginalisierung – die ist bei der Machtposition der Zöllner ja gar nicht möglich – sondern ein ohnmächtiger Protest der wenigen übriggebliebenen Redlichen gegen die Übermacht und Gewalttätigkeit dieser skrupellosen Geldgesellschaft.

Da ist ihre Empörung, als Jesus sich von einem Zöllner zum Festmahl einladen lässt (Mk 2,16) und auf dem Weg nach Jerusalem in Jericho gar in den Häusern dieser Reichen einkehrt (Lk 19,5 ff), statt konsequent Solidarität mit den Armen und Redlichen zu bewahren, doch nur allzu verständlich, und für Jesus ist es nicht leicht, auf diesen berechtigten Zorn zu antworten. Von außen wird ihnen – wie es immer wieder Gruppen geschieht, die nicht bereit sind, sich anzupassen – die Bezeichnung „Pharisäer" als ein hämischer Name beigelegt: peruschim, die sich absondern; und sie antworten darauf, indem sie sich diesen Namen selbstbewusst als Ehrennamen aneignen: Ja, sagen sie, wir sondern uns ab, von aller Gemeinheit, vom Unrecht und von dem gemeinen Volk, das die Tora nicht mehr kennen will!

4. Ein Schibboleth christlicher Verständnislosigkeit gegenüber dem Judentum bleibt die Rede von „den Juden damals": „Die Juden damals", so wird gesagt, hofften auf einen Messias, der ihnen politische Befreiung bringen würde – dürfen wir Christen nur noch unpolitisch hoffen? Auch Jesus hoffte auf eine Verwandlung der Erde, die endlich den Sanftmütigen gehören soll, dass die Hungrigen gesättigt und die Traurigen getröstet werden; er hatte teil an dem prophetischen Hunger nach Gerechtigkeit – und die Messiasfrage, die zwischen Christen und Juden noch offen ist, fragt uns, ob die ersehnte Verwandlung der Erde mit Jesus wirklich begonnen hat oder noch aussteht – und das ist eine Frage, die nicht aus dogmatischem Wissen, sondern nur aus einer täglich gelebten Hoffnung beantwortet werden kann.

Der betonte Abstand zu den „Juden damals" schlägt sich in einer spürbaren Ratlosigkeit bei der Schilderung des Tempels nieder. Heute sagt wohl niemand mehr, „die Juden damals" hätten Gott im Tempel wohnend gedacht – das trifft ja schon für die Zeiten des intakten Tempelkults vor den Zerstörungen nicht zu, vollends widerlegt wird es durch die Vitalität, die die Gottesbeziehung im Judentum nach der ersten und vollends der zweiten endgültigen Zerstörung des Tempels bewahrt hat. Doch wie schwer es ist, in dieser chaotisch von Gewalt bestimmten Welt noch Orte spürbarer Gegenwart Gottes zu finden, könnten doch auch wir wissen, wie viel es auch uns helfen könnte, einen Ort zu kennen, „über dem die Augen Gottes offen stehen Tag und Nacht" (1. Kön 8,29), einen Raum steingewordener Nähe Gottes, eine Architektur, die mich hindert, ahnungslos und achtlos an dieser Nähe Gottes vorbeizugehen.

Mit Spannung folgt man bei Steinwede dem Weg, den Ruben, ein Bar-Mizwa, anschaulich beschrieben, durch die Vorhöfe in das Innere des Tempels geht; doch „Da, was ist das? Ein ungeheures Gedröhn erschüttert die Luft. Ruben weiß: Es ist die Magrepha, die hunderttönige Schaufelpfeife ... Die Frommen werfen sich nieder. Jahwe hat eine gewaltige Stimme." (in: Neidhart 1975, S. 156) Das ist nach allem Bemühen um einfühlsame Anschaulichkeit zuvor wie ein Schlag ins Gesicht. Hatte nicht Franz Rosenzweig tief verletzt sehr leidenschaftlich dagegen protestiert, wie ahnungslos christliche Theologen mit dem unaussprechlichen Gottesnamen umgehen, indem sie von „Jahwe" sprechen, so dass „der Gottesname als ein nackter sinnloser Name dasteht" ... „diese Degradierung des Gottesnamens zu einem Götzennamen ist ... eine mit modernen Kriegsmitteln unternommene Fortführung des alten theologischen Kampfes gegen das ‚Alte Testament'" (in: Der Ewige, 1929). Distanzierter als mit diesem Gebrauch des Namens kann man nicht vom Judentum reden, und die Distanz bleibt, wenn im Fortgang der Erzählung, „die Frommen" sich niederwerfen.

In Predigt- und Erzählvorschlägen besonders zu der so genannten „Tempelreinigung" gibt diese ratlose Abständigkeit bis heute das Grundmuster her. Vom Tempel und den großen Festen in Jerusalem aber könnten wir doch auch ganz anders erzählen: von der großen Sehnsucht nach Jerusalem als dem Ort einer unvergleichlich spürbaren Nähe Gottes – im Religionsbuch „Hoffnung lernen" 5/6 erscheint Jerusalem in der Kapitelüberschrift (78/79) als „eine Stadt der Sehnsucht". „Wann werde ich dahin kommen, dass ich Gottes Angesicht schaue?" In dem Leiden an dieser Frage: „Wo ist denn nun Dein Gott?" (Ps 42,3 f) und in der großen Sehnsucht nach Jerusalem bin ich doch mit den Psalmen wie mit der Liturgie des Pessach: „Nächstes Jahr in Jerusalem!" zutiefst verbunden; und nur so kann ich vom Tempel sachgemäß erzählen – als von dem einzigartigen Ort der Sehnsucht nach Gottes Nähe, die bis heute zwischen den Steinen der Klagemauer zu spüren ist.

5. Der Respekt vor dem Tempel fordert aber auch, die tiefe Kluft nicht zu verschweigen, die sich zwischen dem Volk und dem Hohenpriester aufgetan hatte. Dieses Amt, nach dem Exil zunächst mit leidenschaftlichen messianischen Hoffnungen verbunden, war zuletzt nur noch durch Loyalitätserklärungen und finanzielle Zuwendungen an die römische Besatzungsmacht zu erlangen; und als der Hohepriester aus der zornigen Menge deshalb einmal mit Zitronen beworfen wurde, ließ er ein Blutbad anrichten und – so sagt mit Schaudern die Überlieferung – achthundert Pharisäer rings um Jerusalem kreuzigen. Es ist undenkbar, dass die Pharisäer dies vergessen haben

sollten, wenn Jesus nun von dem amtierenden Hohenpriester dem gleichen grauenhaften Tod ausgeliefert wird, undenkbar jedenfalls auch, dass sie sich in den Chor der Höhnenden unter dem Kreuz einreihen könnten.

Kennen wir diesen Hintergrund, können wir den Hohenpriester und seine Partei, die Sadduzäer, nun wirklich nicht mehr mit den Pharisäern in einem Atem nennen, so als hätten sie gemeinsam die Hinrichtung Jesu betrieben; hier ist eine ganz andere Koalition am Werk – zu dem Hohepriesterlichen Clan und dem römischen Statthalter kommen ungerufen, aber willkommen die Terroristen, die den Attentäter Barrabbas freipressen und Jesus nur zu gern seinem Schicksal überlassen. Pharisäer dagegen sind es, die Jesus schon frühzeitig vor dem Zugriff des Rom hörigen Königs Herodes warnen (Lk 13,32), sie erscheinen in den Evangelien zunächst als die natürlichen Bundesgenossen Jesu, und die spätere Härte der Auseinandersetzung wächst aus eben dieser ursprünglichen Nähe und den enttäuschten gegenseitigen Erwartungen.

6. Nicht einmal die Christologie verträgt, wenn wir sie narrativ entwickeln, als „Christologie von unten", eine solche Abgrenzung von der jüdischen Tradition. Der Jude Jesus hatte kein neues Gottesbild, er hat vielmehr den Gott des Mose mit der Zusage: Ich bin da! (Ex 3,14), die das Buch Deuterojesajas prägt wie das Buch der Psalmen, beim Wort genommen, in letzter Konsequenz. Wenn wir von seinem Weg in den Tod erzählen, können wir ihn nicht besser von innen her beschreiben als mit den Worten der Psalmen und des Deuterojesaja – in diesem Vertrauen ist er ihn gegangen.

Dass aber Jesus für andere gestorben ist, dass er „sein Leben hingibt als Lösegeld für die vielen" (Mk 10,45), kann nicht gut als Unterscheidungslehre zwischen Juden und Christen ins Spiel gebracht werden, es sind ja doch Worte der Hebräischen Bibel, aus dem Buch Jesaja (Jes 53,10), die den tief traumatisierten Anhängern Jesu erlaubten, aus der Verzweiflung über diesen Tod wieder herauszufinden; und was danach von seiner Auferstehung gesagt wird, bleibt unverständlich oder wird zutiefst heidnisch, wenn es nicht von den Worten der Psalmen und denen des Deuterojesaja her erschlossen wird: Denn zu *dieser* Auferstehung (das Heidentum ringsum weiß von vielen Auferstehungen) gibt es keinen Zugang außerhalb der im Gottesnamen der Hebräischen Bibel beschlossenen Verheißung „Ich bin da!", an der Jesus bis zur äußersten Konsequenz festgehalten hat – in dem ELI – Du bist mein Gott! Noch in seinem Todesschrei am Kreuz – wie schon zuvor in der Gewissheit des Propheten: „Gott der Herr hilft mir, darum werde ich nicht zuschanden" (Jes 50,7 ff). In der Auseinandersetzung mit den Sadduzäern, der Partei der Hohenpriester, denen – eng liiert mit den Interessen der

Regierenden – jede Art von Hoffnungstheologie tief suspekt ist, muss ein Rückverweis auf die Hebräische Bibel die Auferstehungshoffnung begründen: Gott ist doch nicht ein Gott der Toten sondern der Lebenden! (Mk 12,27 parr.)

7. Zu den unbiblischen, später beflissen aufgerichteten Barrieren gegenüber dem Judentum gehört schließlich die unter Christen geläufige Meinung, wir hätten durch Jesus als den Sohn Gottes einen anderen, unmittelbaren Zugang zum Vater. Doch „bei Jesus deutet nach den Evangelien nichts darauf hin, sein Gottes- und Menschenbild habe sich in totalem Gegensatz zu seinem Elternhaus entwickelt" (Bruners 1988, 49). Das angeblich alttestamentliche Gottesbild eines zornigen, strafenden Gottes ist nur eine willkommene Folie für noch weitergehende Vorurteile; und dass Jesus – im Gegensatz dazu – zu Gott „Papa" (abba) gesagt haben soll, ist wohl eher eine christliche Geschmacklosigkeit.

Wie mütterlich und väterlich spricht die Hebräische Bibel von Gottes überströmender Liebe, zumal in den Psalmen und vollends beim späteren Jesaja; und in welcher Intensität wird dies im Gebet erwidert: „Bist Du doch unser Vater!" (Jes 63,15) Und so ist ‚Gottes Sohn' kein exklusiver Titel; nicht nur der König auf Davids Thron wird so genannt (Psalm 2,7 „Du bist mein Sohn, heute habe ich dich gezeugt"), sondern ganz Israel („Ich rief meinen Sohn aus Ägypten" Hos 11,1), und in beiden Fällen ist jeder Gedanke an eine übernatürliche Zeugung ausgeschlossen. Dass aus einer solchen Verbindung Göttersöhne hervorgingen, die mit übernatürlichen Kräften ausgestattet seien, ist ein zutiefst heidnisches Denkmuster, schon in der Genesis (6,1–4) wird mit Abscheu davon berichtet. Meine Generation jedenfalls hat nachhaltig genug erfahren, wie rasch sich Übermenschen in Unmenschen verwandeln.

Hier gilt es die unüberschreitbare Grenze zu erkennen: Um keinen Preis dürfen wir Jesus in unseren Erzählungen auch nur in die Nähe irgend eines Übermenschentums rücken. Das ist –neben den von Sten Nadolny mit Recht hinterfragten „guten Absichten" (a.a.O., 43) die wohl theologisch „häufigste Unfallursache beim Erzählen." Auch nicht einen Millimeter dürfen wir davon abrücken, dass Jesus Mensch war, ganz und gar Mensch, und dass er nicht mit übermenschlichen Kräften, sondern mit bloßen Händen und nur mit seiner ausstrahlenden Menschlichkeit gegen die Übermacht des Elends und der Gewalt anging.

In einer erstaunlichen Hellsichtigkeit hat das Konzil von Chalcedon 451 dies der Christenheit eingeschärft und so auch uns mit auf den Weg gegeben als Maßstab dessen, wie wir von ihm erzählen: „Wahrhaftig Gott und wahrhaftig Mensch" bedeutet nicht halb und halb, teils-teils, sondern er war ganz und gar, ohne Einschränkung, wahrhaftig Mensch, und nur soweit wir dies respektieren und keine Entstellung zulassen, begegnet uns in ihm und seiner Geschichte wahrhaftig Gott. Wie sich die Wahrnehmung auch des jüdischen Kontextes verändert, wenn wir die Geschichte Jesu konsequent nach dieser Maßgabe erzählen, zeigt Wilhelm Bruners' Darstellung unter dem beredten Titel: „Wie Jesus glauben lernte" (Freiburg 1988).

Als Menschen, die Gottes Söhne und Töchter sein oder werden sollen, spricht Jesus auch uns selbst in der Bergpredigt an (Mt 5,45). Das aber können Juden wie Muslime akzeptieren; ihr Unverständnis richtet sich gegen heidnische Erwartungen an einen übermenschlichen Gottessohn, die ohnehin dem Geist der Bibel zutiefst zuwider sind. Die Bibel spricht von Gottes Söhnen und Töchtern als von seinen liebevollen Anwälten und seinen getreuen bevollmächtigten Erben; und zu zeigen (nicht zu definieren), in welcher Weise Jesus unter ihnen, wie es das Apostolikum sagt, Gottes „einzigartiger" Sohn ist – das eben ist die immer wieder neue, unendlich reizvolle Aufgabe unseres Erzählens.

Literatur

Folker Albrecht / Ingo Baldermann / Astrid Greve / Anne Höfer, Religion 5/6: Hoffnung lernen. Ernst Klett Schulbuchverlag 1995
Stefan Andres, Die Biblische Geschichte, München/Zürich 1965
Ingo Baldermann, Steh auf und geh. Jesusgeschichten für Kinder, Düsseldorf 2001
Ders., Fürchtet euch nicht. Die Passions- und Ostergeschichte für Kinder, Düsseldorf 2003
Ders., Gottes Reich – Hoffnung für Kinder. Entdeckungen mit Kindern in den Evangelien, 4. Aufl. Neukirchen 2002
Max Bolliger, Jesus, Lahr/Zürich 1982
Wilhelm Bruners, Wie Jesus glauben lernte, Freiburg 1988
Astrid Greve, Erinnern lernen. Didaktische Entdeckungen in der jüdischen Kultur des Erinnerns, WdL 11, Neukirchen 1999
Reinhold Mayer (Hg.), Der Babylonische Talmud, München 1965
Walter Neidhart / Hans Eggenberger (Hg.), Erzählbuch zur Bibel, Lahr/Zürich 1975
Anne de Vries, Großes Erzählbuch der biblischen Geschichte, Konstanz 1963

Ursula Storm

Der anhaltende Augenblick im Strom der Zeit

„Anbetung der Könige" von Gentile da Fabriano

Welch ein Gepränge!

Figuren in Samt und Seide ausstaffiert, Brokate, Kronengold und Turbanexotik. Wahrlich ein Zug von Königen, Bewohnern jenes Morgenlandes, dem die Legenden längst vorausgeeilt sind. Vorauserzählt bis an die Küsten Italiens, bis ins Florenz zur Zeit seines unerhörten Aufbruches, den man den Beginn der Neuzeit nennt. Die märchenhafte Ausstattung der nach Bethlehem reisenden Fremden – den Florentiner Bürgern in einem Kirchenraum vorgeführt. Wie vielen von ihnen sind wohl die Augen „übergelaufen" vor Staunen und Bewunderung vor Gentiles Pinselzauberei.

Ja, was gibt's denn da zu sehn?

In einem köstlichen dreibogigen Gehäuse, das mit Blumen und Pflanzen geschmückt ist, erkennt der christlich geschulte Betrachter mühelos den geschilderten Hergang der alten Epiphanias-Geschichte. Gentile baut für die Hauptprotagonisten eine vordere Bildbühne und stattet sie mit einfachsten Kulissen aus: das Massiv einer Felshöhle, die sich wie eine Kuppel gegen Mittel- und Hintergrund der Szene wölbt und aus deren Dunkel das Rind seinen schweren Körper schiebt – über die Krippe hinweg blickt es wie gebannt auf die Proskynese vor ihm; der Esel daneben wendet sich aufmerksam der nahenden Besuchermenge zu. Am linken Bildrand öffnet sich, kontrastierend, ein gemauerter Rundbogen mit Zinnenkranz: ein Durchgang – man sieht das sich fortsetzende Felsgestein und grünes Baumlaub. Wohin würde der durchs Tor tretende Besucher gelangen?

Hier, an diesem Ort, ist die vielköpfige Kavalkade der Könige zum Stillstand gekommen. Das „Hier" ist ein „Davor", denn Maria hat „draußen" Platz genommen mit dem Kind, eingehüllt in das leuchtende Azurblau ihres Mantels neigt sie sich in nobler Anmut dem Ersten der herrscherlichen

Delegation zu. Joseph, hinter ihr stehend, ist in ein orange-lichtes Gewand gekleidet, verhält sich ganz ruhig, ein schützender Pfeiler.

Ein nur schmaler Bildstreifen des Agierens für so viele heilige Personen – drei Herrscher machen dem Kind ihre Reverenz. Eine höfische Zeremonie? Byzantinische Proskynese? Das Kind aber legt sein Händchen auf die Glatze des kniefälligen Greises. Hinter ihm hat sich der König der nachfolgenden Generation eben auf die Knie niedergelassen, er ist dabei, sich seines Kopfschmuckes zu entledigen – eine Gestalt transitorischer Körpersprache. Der Dritte im Bunde, ein schöner Ritterjüngling in vollem Ornat, hat sein Schwert bereits an den jungen Diener neben seinem Pferd abgegeben; nun hält er wie traumverloren sein Geschenk hoch – als sei dieses das Unterpfand seines Hierseins, während ein zweiter Knappe, tief am Boden, ihm die Sporen löst …

Ein schmal bemessener Bewegungsraum: Maria mit dem Kind, Joseph und drei Könige bilden hier eine Gruppe für sich, links – die Hl. Familie in zeitlosen, stoffreichen Gewändern, rechts – die Mächtigen, die – wegen des reichlich in ihre Kleidung eingewebten Goldes – wie ausgeschnittene Folien auf der Malfläche wirken, dem Geschehen gleichsam ein-geprägt; alle – von Gentile zusammengesetzt zu einem Ikon, ablesbares Abbild nach dem Evangelientext. Er bedient sich dabei einer kunstvoll angewendeten Körpersprache: Die geneigten Köpfe der Hl. Familie „antworten" auf die stufenweise angelegte Neigungslinie auf Seiten der Könige.

Das Kind ist umgeben vom Halbkreis der Erwachsenen, den der Ochse unter dem Felsrand zum Kreis schließt; die Scheiben der Nimben hingegen ordnen und festigen die Dargestellten in die Bildfläche. Bemerkenswert, wie Gentile den tiefgebeugten Rücken des alten Königs mit dem mächtigen Tierrücken korrespondieren lässt – beider Kontur „spricht": Wir sehen in dir ein neues Licht, Kind. Dieses Kind aber „antwortet" mit einer spontan liebevollen Geste – es berührt den ganz zu ihm herangerückten (-„gerobbten") Herrscher, indem es fast zärtlich die Hand, wie segnend, auf seinen Kahlkopf legt; er wiederum ergreift mit seiner Rechten das nackte Kinderfüßchen, um es zu küssen. Anrührende haptisch-sinnliche Vergewisserung gegenseitigen Erkennens. Das Kind inmitten der fünf Erwachsenen, sie alle sind für die in Andacht verharrenden Betrachter gegenwärtig im Bild, als Imago – Abbild vom Urbild, das Bild im Bild! Im Rücken der Hl. Familie erscheinen nur noch die zwei jungen Hebammen, mit Geschenke-Angucken beschäftigt …

Die eigentliche Anbetungsszene bleibt also auf die linke Bildhälfte beschränkt! Die übrige Fläche nimmt der Tross mit Pferden, Reitknechten und exotischen Tieren ein. Die schier endlos erscheinende Kavalkade zieht

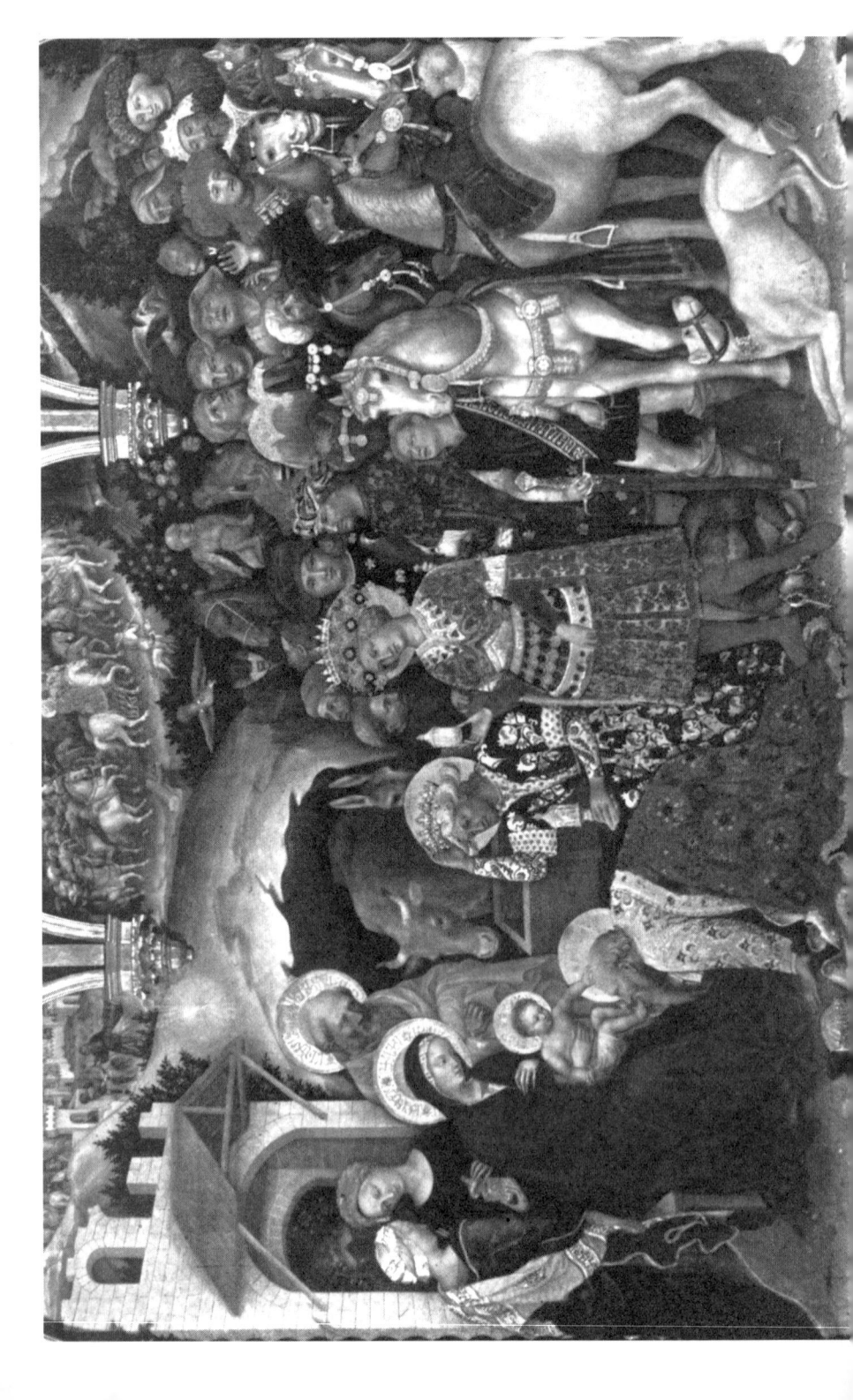

die Straße zwischen bearbeiteten Feldern entlang zu einem Schloss am Horizont. Die Landschaft verliert sich ins Weite. In der verschwenderischen Zurschaustellung schöner Dinge entdecken wir neben den phantasievollen Rüstungen und Roben – Windhunde, Äffchen, Leoparden (?), Falken und Falkner und die wohlproportionierten Pferde – alles Hinweise auf höfischen Luxus. Unzählige Ritter und Höflinge sind da mit ihren Dienern unterwegs zum totalen Kniefall, glaubt man ihnen dies nach fünfzehnhundert Jahren in Florenz? Noch einmal: ein luxuriöser, ja z. T. mondäner Aufwand – „nur", um ihn einem bloßen Neugeborenen zu Füßen zu legen, von dem „nur" erzählt wird, dass es Gottes „eingeborener" Sohn ist?! Was für ein Ereignis würde/könnte das sein, sagen sich die florentinischen Zeitgenossen des Malers, sie schauen beeindruckt, ungläubig, ja skeptisch auf diese verfeinerte „europäische" Zivilisation: denn, es sind ja gar keine Vertreter aus Kleinasien, die auftreten in der zweiten und dritten Reihe, also ziemlich vorn im Königszug, sondern die nüchtern gezeichneten, modellierten Gesichter der Gefolgsmänner könnten porträtierte Männer der Toscana sein. Gentile lässt sie mit wachem Ausdruck beobachten, gestikulieren – geöffnete Münder – Rufe – die Florentiner erkennen sich wieder, bestätigen sich, bekräftigen sich gegenseitig, dass sie mit gemeint sind im Königszug – und dies noch vor den Rittern, weit vorn, fast schon in Bethlehem.

Ein Sehnsuchtsbild? ein Traumbild? ein Gesellschaftsbild?

Ein Altarbild. Der Ort aber, die topographische Gegend, wo die Männer derart auftreten und präsentieren dürfen?! Gentile malte die schimmernde, vielfältig gefärbte Schau eines zentraleuropäischen Traumes von Selbstidentifikation einer neuen „upper-class": Zu den tradierten Auftritten und Riten der Fürstenhöfe kommt der immense Reichtum, den man selbst durch Handel und Gewerbe „erworben" hat. Florenz, die Kaufmannsstadt, regiert von den reichsten Gilden ... Gentile beabsichtigt, dass sich die Vertreter des durch Fleiß, Ehrgeiz, Risikobereitschaft und rigorose Geschäftsmethoden erworbenen Reichtums wieder erkennen, aber er dreht ihre Selbstbespiegelung in idealisierter Ritterwelt um – in die Blickrichtung eines diametral entgegengesetzten Wertes, hin zum Kleinen, Wehrlosen, Unbekleideten – auch ihnen in den Händen seiner Mutter als Verheißungskind entgegengehalten,

Gentile da Fabriano, *Anbetung der Könige*, 1423 Florenz, Uffizien ohne Insignien in die Welt gegeben, neben den alltäglichen Arbeitstieren: Vor diesem Kleinen, das wachsen will als Gottessohn, entledigen sie sich ihrer Insignien ... und sei es auch nur für die Dauer einer „Stern-Stunde", Licht, Augenblick, eine andere Kraft wird sichtbar, zum Anfassen nah.

Wir wissen, mit diesem scheinbar rein dekorativen Bild „beschwört" Gentile eine zur Zeit seiner Entstehung bereits vergangene oder sich auflösende Welt: die glänzende Epoche der höfischen Aristokratie, das Prachtvolle, Kostbare, Elegante, Mondäne, nach dem auch ein sich etablierendes wohlhabendes Bürgertum begehrlich schielt: Das wollen wir auch, das erreichen wir auch! Gebündeltes Kapital errichtet ansehnliche Städte um sich, schafft eine eigene Palazzo-Kultur. So gesehen entfaltet Gentile hier als reifgewordener „Inszenator" die Traum-Pracht auch als poetische „Zauberwelt" – dem Geschehen im Vordergrund wie ein bunter Teppich hinterlegt. Wie alle Künstler des Kunstkreises der sog. „Internationalen Gotik" sieht er die Welt als farbige, unendlich mannigfaltige Oberfläche, deren Ansichten sich unaufhörlich erneuern.

Ein eleganter Rhythmus belebt die Szene, die trotz der Fülle der Gestalten geordnet bleibt. Kunstvoll komponiert er den Königszug, indem er Zäsuren und Schwerpunkte meisterlich verteilt. Glänzende, leuchtende Farben. Seine Modellierungsart ist ungemein fein vom Licht getragen.

Schauen wir noch einmal genau hin und entdecken, wie Gentile seine Bild-„Wirklichkeit" bewusst aus einem Widerspruch aufbaut: In die dekorativen Elemente, in die poetisch-phantastische Stimmung mischt er real Gesehenes, Beobachtetes, zeigt inmitten der exotischen Muster eigene Erfahrungswerte: Tiefenabstände, bewegliche Körper, kompliziert verkürzte Haltungen (s. der kniend mit den Sporen hantierende Knappe!), das Volumen von Tierkörpern, Vögel im Sturzflug – und dann die Männer im Tross, nicht etwa eine anonyme Menge, sondern lauter Individuen! Kopfwendungen und Blickrichtungen, Verrichtungen geben jedem seinen Bewegungsraum, und sei er noch so knapp bemessen, einigen trauen wir eigenständige Entscheidungen zu ... und wie wunderbar lebensvoll und unverwechselbar erscheint uns der junge Reitknecht mit den herunterrutschenden „Strumpfhosen" – welch ein Jungenporträt! Nur einer sieht noch auf zum Stern über der Stall-Höhle: ein Profil in roter Kappe, mit offenem Mund, eingezwängt zwischen Fels und einem Pferdeknecht weiter weg von der königlichen „Spitze" ... Ein Licht bricht auf mit diesem Kinde. Das gewölbte Felsdach leuchtet wie aus sich selbst heraus, schimmernd bildet es für die beiden Tiere eine geheime Krone. Ochsenphysiognomie und Königsantlitz – gleichwertig nebeneinander.

Schauen wir nochmals die zentrale Begegnung im Bild an: Das Kind, sehr winzig und mobil, rutscht vom Schoß seiner Mutter dem Altgewordenen entgegen, der die Zeichen seiner Macht in den Staub drückt und mit seiner Rechten nach dem Füßchen fasst, um es zu küssen ... Äußerste Entäußerung der Etablierten – aber was kann er mehr, als noch die eigenen alten Knochen wieder beweglich machen, was eindeutig unbequem ist, er muss sich mit der anderen Hand abstützen, den stolzen Rücken biegen. Dies alles ist völlig ungewohnt. Vielleicht hat er ja doch mehr als Titel und Besitztümer zu geben ... Es muss doch mehr als Alles geben. Wir nehmen die Gesten von Kind und Greis wahr und ordnen sie, vielleicht, in die Bereiche des Fühlens, der Zärtlichkeit und Hingabe. Sie behutsam in die Hand nehmen können – sagten sich, vielleicht, auch die Florentiner – bei sich und bei den Menschen neben mir, um sie zu wärmen, zu schützen, lebendig zu erhalten, sagten sie sich ja auch – vielleicht dieser oder jener, eine Stern-Stunde lang.

Wir könnten, in Gedanken, zusammen mit den Angehörigen der damaligen Kaufmannsfamilien, allen Auftretenden ganze Tugendkataloge in die Tasche zustecken, heimlich oder aufdringlich angesichts des gemalten Traumes von der eigenen Selbsterhöhung. Aber wie kann das angehen? Macht und Reichtümer abgeben oder verteilen – der Gerechtigkeit wegen?! Mit welchen Mitteln sollte man dann die eigene Lebensführung, die eigenen Ansprüche, das gesellschaftliche Prestige finanzieren und ausstatten?! All dies ist unentbehrlich wichtig ...

Also – ein Moral-Bild? Ein konventionelles „pro-forma"-Bekenntnisbild?

Unter den unzähligen wundervollen Einzelheiten entdecken wir im oberen Bildteil ein realistisch genau wiedergegebenes Objekt, den abgesägten Baumstamm mit einem einzigen grünen Spross; augenfällig liegt er dicht an einer tiefen Erdspalte, die er mit dem verbliebenen sprießenden Ast gleichsam über-brückt. Dieses Hoffnungszeichen „legt" der Maler, hier sicher über den Abgrund. Wie fromm oder gläubig war eigentlich dieser Gentile? Man fand heraus, er habe enge Kontakte zur strengen Richtung der Franziskaner gehabt. Er malte das Altarwerk als ungefähr Sechzigjähriger, als reifer Mann. Mystische Elemente – eigene Glaubensbezeugungen? – lassen sich im Epiphaniasbild entdecken, z. B. das „Wunder" in den Lüften, über das die Gefolgsleute (im rechten Bildmittelgrund) aufgeregt diskutieren: Direkt über ihren Köpfen scheint eine weiße schöne Taube im „Kampf" mit einem Falken siegreich zu überleben. Also doch ein Hoffnungsbild?! Oder doch eine Art „Gesellschafts"bild?!

Florenz, eine Stadt, die 10 Jahre später an die 50.000 Einwohner hatte, weniger als Venedig, Neapel, Milano, Paris, aber mehr als z. B. London und andere europäische Städte – Florenz, das von den Vertretern der reichsten Gilden regiert wurde, ziemlich obenan, an zweiter Stelle rangierte diejenige der Wolle-, Seiden- und Tuchkaufleute! Wie müssen diese phantastischen Kostüme bei Gentile bestaunt worden sein ... In der Wirtschaftsrealität waren diese Textilien, z. B. Brokatstoffe, hochbegehrte Handelsware in West- und Nordeuropa, die die wirtschaftliche Blüte der Stadt mitbegründeten. Der Auftraggeber des Altarwerkes war Onofrio di Palla Strozzi, der reichste Kaufmann des damaligen Florenz, der auch die Sakristei von S. Trinita erbauen ließ. Spätere, berühmte florentinische Bilder von der biblischen Königsanbetung zeigen im prunkvollen Zug der „Magi" (Magier) zeitgenössische, so genannte versteckte Porträts der „Upper-Class", reicher Patrizierfamilien, Herzöge (s. D. Veneziano, B. Gozzoli und andere). Wenn wir spätestens jetzt erfahren, dass es seit 1428 in Florenz die „Compagnia dè Magi" gab (sozusagen ein Dreikönigs-„Verein" ...) die seit 1428 über Jahre hinweg unter dem „Vorsitz" der Medici stand, dann rückt der „Zug der Könige" in die Realitätsebene des Stadtlebens. Den Alltag unterbrechend, festlich kostümiert und „nach allen Regeln der Kunst" ausgestattet, zogen diese Prozessionen vor den Augen der Bevölkerung durch die Straßen, Gassen, über die Plätze und Brücken von Florenz, Schau-spiele für jedermann – veranstaltet von den Privilegierten fürs Volk – als freudig begrüßte und genossene Abwechslung, aber auch als Selbst-Darstellung einer einflussreichen Familie und ihrer Anhänger und zugleich Selbst-Darstellung der Stadt. Die Florentiner Umzüge sollen die allerschönsten im Vergleich mit allen anderen Städten des damaligen, nicht geeinigten Italiens gewesen sein.

Zurück zu Gentiles Bild: man könnte sagen – eine Simultan-Ansicht: den drei räumlichen Bildebenen, gestaffelt vom Vorder- zum Hintergrund, entsprechen im Epiphanias-Bild drei zeitliche „Wirklichkeits-Ebenen":
1. die Idealwelt der Ritter, Aristokraten, Höfe
2. die Bethlehem-Geschichte, Nabel der durch die Jahrhunderte verkündeten christlichen Heilsgeschichte
3. das Florenz der Kaufleute und Künstler, stolze Stadtrepublik

Das Kind – hineingeboren, immer wieder neu in die Wertvorstellungen einer historischen Epoche. Und wir?!
Wir – mit dem „Tross unserer Zeit"
  – mit dem „Tross" unserer familiären und geistigen Traditionen
  – mit dem „Tross" der eigenen Fähigkeiten, Erfahrungen, Forderungen, Ansprüche, Beziehungen, Wünsche, Sehnsüchte, Hoffnungen und so fort ...
  – aber: der Fähigkeit etwas zu verändern auf Epiphanias hin.

Cornelia Schirmer

Bonhoeffer eröffnet uns neue Horizonte ...

„Hinterm Horizont geht's weiter ...", singt Udo Lindenberg, der Tagesspiegel titelt: „Den Horizont verlieren", angesichts der verheerenden Flutkatastrophe in Südostasien. Horizont – erlebte Trennungslinie zwischen Himmel und Erde, Orientierungslinie, vermeintliche Linie von Fixpunkten in der unendlichen Weite der See. Wer jemals auf einem Schiff bei stürmischen Winden gefahren ist, weiß, wie schwankend diese Linie sein kann. Das vermeintlich deutlich voneinander Abgegrenzte fließt ineinander, der Betrachter ist kaum mehr in der Lage, eine deutliche Trennung von Himmel und Erde vorzunehmen. Der Titel dieses Buches geht noch einen Schritt weiter und fordert auf oder geradezu heraus durch den Horizont zu sehen. Ein gleichzeitiges Sehen der eigentlich getrennten Bereiche, dabei sehr wohl das Trennende beachtend, gleichwohl aber das Verbindende, Gemeinsame wahrzunehmen. Im Untertitel heißt es dann „Lernen und Erinnern im interreligiösen Dialog". Als ich um einen Beitrag für diese Schrift zum Thema *Dietrich Bonhoeffer* gebeten wurde, beschlichen mich Zweifel, ob er zu diesem Thema eigentlich passen würde. Interreligiöser Dialog ist ein Begriff, der erst nach dem tragischen Ende dieses bedeutenden Mannes modern und selbstverständlich wurde. Kann man Bonhoeffer als Vorreiter verstehen? Hat er ein lebendiges Zeugnis abgelegt über das selbstverständliche Miteinander der Religionen zu einer Zeit, als anscheinend nichts wirklich selbstverständlich war? Taugt er als ein zu Erinnernder? Kann sein Leben Beispiel geben für die Dialogfähigkeit zwischen den Religionen? Kann man an Bonhoeffer Dialogfähigkeit lernen? Erinnern wir uns ...

Dietrich Bonhoeffer wurde als sechstes von insgesamt acht Kindern von Paula und Karl Bonhoeffer zusammen mit seiner Zwillingsschwester Sabine – die zehn Minuten nach ihm das Licht der Welt erblickte – am 4. Februar 1906 in Breslau geboren. Die Familie zog, nachdem der berühmte Vater dem Ruf an die Charité gefolgt war, 1912 nach Berlin. Hier wuchs Dietrich im Kreise seiner Familie und dem sehr großen Freundes- und Bekanntenkreis, innerhalb des intellektuell geprägten Professorenviertels in Grunewald, auf.

Die Familien Delbrück, von Dohnanyi, Harnack, Schleicher, Planck, Hildebrandt, um nur einige zu nennen, waren zunächst Nachbarn und wurden später vielfach zu angeheirateten Familienmitgliedern oder lebenslangen Freunden der Kinder Bonhoeffer. Dieses familiäre und soziale Umfeld hatte entscheidenden Einfluss auf die Entwicklung aller Kinder, somit auch auf die von Dietrich. Sich der Verantwortung gegenüber der Familie, sowohl der vorangegangenen, als auch der noch kommenden Generationen jederzeit bewusst zu sein, war erklärtes, wenn auch nie diskutiertes Selbstverständnis der Familie. Als Beispiel sei hier die Totenrede Dietrich Bonhoeffers am Grab seiner Großmutter Julie Tafel zitiert:

93 Jahre alt ist sie geworden, und sie hat uns das Erbe einer anderen Zeit vermittelt. Mit ihr versinkt uns eine Welt, die wir alle irgendwie in uns tragen und in uns tragen wollen. Die Unbeugsamkeit des Rechtes, das freie Wort des freien Mannes, die Verbindlichkeit eines einmal gegebenen Wortes, die Klarheit und Nüchternheit der Rede, die Redlichkeit und Einfachheit im persönlichen und öffentlichen Leben – daran hing ihr ganzes Herz. Darin lebte sie. Sie hat es in ihrem Leben erfahren, dass es Mühe und Arbeit macht, diese Ziele wahr zu machen im eigenen Leben. Sie hat diese Arbeit und Mühe nicht gescheut. Sie konnte es nicht ertragen, wo sie diese Ziele missachtet sah, wo sie das Recht eines Menschen vergewaltigt sah. Darum waren ihre letzten Jahre getrübt durch das große Leid, das sie trug über das Schicksal der Juden in unserem Volk, an dem sie mittrug und mitlitt. Sie stammte aus einer anderen Zeit, aus einer anderen geistigen Welt – und diese Welt sinkt nicht mit ihr ins Grab. Dieses Erbe, für das wir ihr danken, verpflichtet.

Noch treffender wird dieses Selbstverständnis vielleicht in der Mahnung des Klaus Bonhoeffer, im Abschiedsbrief an seine Kinder, ausgeführt:

Der Wappenring an meiner Linken mahnt an die Familie, der wir angehören, an die Vor- und Nachfahren. Er sagt: Höre die Stimme der Vergangenheit. Verliere dich nicht selbstherrlich an die flüchtige Gegenwart. Sei treu der guten Art deiner Familie, und überliefere sie Kindern und Enkeln. Liebe Kinder, versteht nun diese besondere Verpflichtung recht. Die Ehrfurcht vor der Vergangenheit und die Verantwortung gegenüber der Zukunft geben fürs Leben die rechte Haltung. Haltet stolz zu eurer Familie, aus der solche Kräfte wachsen.

Aber nicht nur der Familie gegenüber war man verantwortlich, sondern der gesamten Gesellschaft gegenüber, in der man sich ebenfalls ganz selbstverständlich zu einer Führungsposition berufen fühlte. Man gehörte der Elite an, nicht zum Selbstzweck oder um sich in deren Glanze zu sonnen, sondern um das Gemeinwohl besorgt, um die Gemeinschaft zum Besseren zu entwickeln. In diesem Umfeld entwickelte auch Dietrich schon sehr früh deutliche Positionen, vertrat diese gegenüber seinen Mitschülern – erinnert sei hier an seine Reaktion auf den Mord am Außenminister der Weimarer Republik Walther Rathenau im Jahre 1922, den Dietrich, damals gerade 16 Jahre alt, folgendermaßen kommentierte: „Wo soll es denn mit Deutschland hinkommen, wenn man seine besten Köpfe ermordet?" – und war bereit, den einmal als wichtig erkannten Grundsätzen ohne Rücksicht auf die eigene Person auch konsequent zu folgen. Diese Haltung brachte ihm schließlich die Anklage des Hochverrats ein und hatte seine Ermordung in Flossenbürg am 9. April 1945 zur Folge.

Wo in diesem wenn auch sehr kurzen, doch sehr dichten Leben finden wir aber nun Ansätze für das hier anstehende Thema *Interreligiöser Dialog*? Dietrich Bonhoeffer lebte zu einer Zeit, in der dieses Thema augenscheinlich keine wirkliche Rolle spielte, ja in der heute damit verstandenen Dimension einfach nicht vorkam. Die islamische Gemeinde in Deutschland war unscheinbar klein, die jüdische Gemeinde verstand sich selbst als assimilierte, mehr oder weniger gelittene Gemeinschaft innerhalb der großen „Volksgemeinschaft" der Deutschen. Erst durch die Gesetze nach Hitlers so genannter Machtergreifung 1933 dämmerte es Einigen, dass die antijüdischen Ausfälle keine Einzelaktionen verwirrter Einzeltäter waren. Sie wurden zum Alltag, die Juden wurden als Gruppe diffamiert, verfolgt und ermordet. In dieser Zeit der zunehmenden Vernebelung der Sichten, des „rassischen" Größenwahns, des organisierten Mordes an Millionen von Juden, spielte das Thema interreligiöser Dialog keine Rolle. Die Mehrheit der Christen war mit der Verniedlichung der Übergriffe gegen die Juden beschäftigt, versuchte Adolf Hitler als den von Gott gesandten Retter zu installieren und hörte die zaghaften Rufe gegen dieses vielfache Unrecht einfach nicht. Zu diesen, leider so wenig gehörten, Rufern gehörte Dietrich Bonhoeffer.

Schon bei der Machtergreifung Hitlers warnte er vor der Gefahr des Führerprinzips:

Lässt der Führer sich von dem Geführten dazu hinreißen, dessen Idol darstellen zu wollen – und der Geführte wird das immer von ihm erhoffen – dann gleitet das Bild des Führers in das des Verführers ... Führer und Amt, die sich selbst vergotten, spotten Gottes.

Als die evangelische Kirche den Arierparagraphen in vorauseilendem Gehorsam in den eigenen Reihen umsetzt, spricht er in seinem Vortrag „Die Kirche vor der Judenfrage":

1. Die Kirche hat den Staat zu fragen, ob sein Handeln von ihm als legitim staatliches Handeln verantwortet werden könne ... Sie wird diese Frage heute in bezug auf die Judenfrage in aller Deutlichkeit stellen müssen. 2. Die Kirche ist den Opfern jeder Gesellschaftsordnung in unbedingter Weise verpflichtet, auch wenn sie nicht den christlichen Gemeinden zugehören ... 3. Die Kirche kommt in die Lage nicht nur die Opfer unter dem Rad zu verbinden, sondern dem Rad selbst in die Speichen zu fallen.

Bonhoeffer sah die Notwendigkeit einer politischen Kirche, die die Verantwortung ihrer Zeit übernehmen sollte. Er wollte nicht den Widerstand des Einzelnen, sondern eine Bewegung aus der Kirche heraus, getragen durch das Verständnis des *Christ seins*. Aus der eigenen, durch den Glauben gefestigten Position heraus, sollte den anderen Gruppen der Gesellschaft die Hand gereicht werden. Ein im besten Sinne „interreligiöser Ansatz", auch wenn diese Dimension damals keine Rolle zu spielen schien. Bonhoeffer hoffte auf den *Pfarrernotbund* bzw. die daraus erwachsende *Bekennende Kirche* und auf die Ökumene als Verbündete in dieser Überzeugung. Gerade die Forderung nach dem politischen Handeln der Kirche wurde, sehr zu seinem Leidwesen, auch von der *Bekennenden Kirche* nicht erfüllt, weshalb Bonhoeffers Weg in den politischen Widerstand außerhalb der Kirche vorgezeichnet war. Bereits im April 1934 schreibt Bonhoeffer in einem Brief an seinen Mitstipendiaten aus New York, Erwin Sutz:

... obwohl ich mit vollen Kräften in der kirchlichen Opposition mitarbeite, ist mir doch ganz klar, dass diese Opposition nur ein ganz vorläufiges Durchgangsstadium zu einer ganz anderen Opposition ist und dass die Männer dieses ersten Vorgeplänkels zum geringsten Teil die Männer jenes zweiten Kampfes sind. Und ich glaube die ganze Christenheit muss mit uns darum beten, dass das „Widerstehen bis aufs Blut" kommt und dass Menschen gefunden werden, die es erleiden.

Bonhoeffer hoffte zu dieser Zeit noch, dass sich die Kirche oder wenigstens die Menschen, die sich als Christen verstanden, auf ihr Bekenntnis besinnen mögen. Seine auf der großen ökumenischen Konferenz in Fanö (Dänemark) im August 1934 gehaltene, auch heute noch sehr beachtete Friedensrede kann man als Versuch verstehen, auf dieser internationalen Bühne die Ökumene zum Handeln aufzufordern.

... ‚Frieden auf Erden', das ist kein Problem sondern ein mit der Erscheinung Christi selbst gegebenes Gebot. Zum Gebot gibt es ein doppeltes Verhalten: den

unbedingten Gehorsam der Tat oder die scheinheilige Frage der Schlange: sollte Gott gesagt haben? …
… Friede soll in der Welt sein, weil es eine Kirche Christi gibt, …
… und diese Kirche Christi lebt zugleich in allen Völkern und doch jenseits aller Grenzen politischer, sozialer, rassischer Art, und die Brüder dieser Kirche sind durch das Gebot des einen Herrn Christus unzertrennlicher verbunden als alle Bande der Geschichte, des Blutes, der Klassen und der Sprachen der Menschen binden können …
Es gibt keinen Frieden auf dem Weg der Sicherheit. Denn Friede muss gewagt werden, ist das eine große Wagnis, und lässt sich nie und nimmer sichern. Friede ist das Gegenteil von Sicherung. Sicherheiten fordern heißt Misstrauen haben, und dieses Misstrauen gebiert wiederum Krieg. Sicherheiten suchen heißt sich selber schützen wollen. Friede heißt sich gänzlich ausliefern dem Gebot Gottes, keine Sicherung wollen, sondern in Glaube und Gehorsam dem allmächtigen Gott die Geschichte der Völker in die Hand legen und nicht selbstsüchtig über sie verfügen wollen. Kämpfe werden nicht mit Waffen gewonnen, sondern mit Gott. Sie werden auch da noch gewonnen, wo der Weg ans Kreuz führt.

Bereits diese Zeilen Bonhoeffers zeigen sein Verständnis von der Universalität des christlichen Glaubens, von der Überwindung aller trennenden Grenzen auch zwischen den Religionen. Weitere Zitate erhellen seine unbedingte Sicht auf das Miteinander, das füreinander Eintreten eines jeden Christen für die Verfolgten, Drangsalierten, sich in Not Befindlichen.

Bonhoeffers Reaktion auf Hitlers Rede am 1. Mai 1935, in der die allgemeine Wehrpflicht verkündet wurde, im Kreise der ersten Seminaristen in Finkenwalde: „Gibt es denn nicht für einen Christen wenigstens die Option, dass er simpel der Bergpredigt zu gehorchen versucht?" Ebenfalls 1935: „Nur wer für die Juden schreit, darf auch gregorianisch singen."

Lassen wir uns mit einem Zitat aus seinem Buch *Gemeinsames Leben* von 1938 von Bonhoeffer mitnehmen in die Verantwortung für das gelingende Miteinander, sowohl innerhalb einer Glaubensgemeinschaft aber auch und gerade in den Dialog mit anderen Religionen und Überzeugungen. Lassen wir uns auf die Kraft des Glaubens an den einen Gott ein, der uns befähigen wird, einander die Hände zu reichen:

Keiner ist für den geringsten Dienst zu gut. Die Sorge um den Zeitverlust, den eine so geringe und äußerliche Hilfeleistung mit sich bringt, nimmt meist die eigene Arbeit zu wichtig. Wir müssen bereit werden, uns von Gott unterbrechen zu lassen. Gott wird unsere Wege und Pläne immer wieder, ja täglich durchkreuzen, indem er uns Menschen mit ihren Ansprüchen und Bitten über den Weg schickt. Wir können dann an ihnen vorübergehen, beschäftigt mit den Nichtigkeiten unseres Tages, wie der Priester an dem unter die Räuber Gefallenen vorüberging, vielleicht – in der Bibel lesend.

Lassen wir uns diese Worte zu einer Vision werden, die den Dialog fördert, die die Unterbrechungen des eigenen Weges zulässt, um die eigenen Positionen immer wieder zu hinterfragen und im Austausch mit Anderen zu festigen und zu verändern. Lassen wir uns auf die berechtigten Ansprüche und Bitten der Anderen ein, hören wir sie an und seien wir offen für sie.

Lassen wir uns auf den Dialog wirklich ein, im Angesicht der immer häufiger geschürten Angst vor dem Fremden und dem so häufig religiös begründeten Terror, eröffnen wir Horizonte, wie es Dietrich für seine Zwillingsschwester und ihre Familie konnte, indem er so selbstverständlich zu ihnen stand, die als Juden und ‚jüdisch Versippte' vom Naziregime verfolgt waren und Dank seiner Hilfe nach England emigrieren konnten.

Wir sind nicht Christus, aber wenn wir Christen sein wollen, so bedeutet es, dass wir an der Weite des Herzens Christi teilbekommen sollen in verantwortlicher Tat, die in Freiheit die Stunde ergreift und sich der Gefahr stellt.
Tatenloses Abwarten und stumpfes Zuschauen sind keine christlichen Haltungen.
Den Christen rufen nicht erst die Erfahrungen am Leibe der Brüder, um derentwillen Christus gelitten hat, zur Tat und zum Mitleiden.

Seien wir mit Bonhoeffer sicher, als er im Gefängnis schreibt und mit seinem Leben bezeugt, dass die von Gott gegebene Kraft ausreichen wird:

Nicht das Beliebige,
sondern das Rechte tun und wagen,
nicht im Möglichen schweben,
das Wirkliche tapfer ergreifen –
nicht in der Flucht der Gedanken,
   allein in der Tat ist die Freiheit.
Tritt aus ängstlichem Zögern heraus
und in den Sturm des Geschehens,
nur von Gottes Gebot
und deinem Glauben getragen,
und die Freiheit
wird deinen Geist jauchzend empfangen.

Nehmen wir Bonhoeffers Leben und Werk als Verpflichtung zur Dialogbereitschaft ernst.

Ich habe gelernt aus:

Ausstellungskatalog, Erinnerungs- und Begegnungsstätte Dietrich-Bonhoeffer-Haus, Kuratorium Bonhoeffer Haus, Berlin 1996
Eberhard Bethge, Bonhoeffer, Hamburg, 19. Auflage, Juni 2001
Renate Bethge, Wunderbar geborgen. Dietrich Bonhoeffer, Kiefel Gütersloh, 2. Auflage, 2000
Dietrich Bonhoeffer, Ethik, Kaiser Verlag München 1949
Dietrich Bonhoeffer, Nachfolge, Kaiser Verlag München, 4. Auflage, 1952
Dietrich Bonhoeffer Märtyrer-Heiliger-Vorbild?, Kirchengemeinde Dietrich Bonhoeffer, Berlin Lankwitz 2003
Sabine Leibholz-Bonhoeffer, vergangen erlebt überwunden, Gütersloher Verlagshaus, 9. Auflage 2002
Renate Wind, Dem Rad in die Speichen fallen, Beltz-Verlag, Gulliver Taschenbuch 805, Weinheim 1999
Wolf-Dieter Zimmermann, Gerechtigkeit für die Väter, CVZ-Verlag Berlin 1983

Andreas Nosek

The Jewish Trail
Wege der Erinnerung in Lublin

Die Geschichte einer Stadt erschließt sich dem Besucher in der Regel nicht so ohne weiteres, insbesondere wenn man in Osteuropa nach Spuren der Shoah sucht. Als ich im Jahr 2004 für eine Recherche in der Stadt Lublin weilte, machte ich eine interessante Entdeckung. Die Tourismusverwaltung der Stadt hat eine einfache Idee aus der Trekkingkultur für ihre eigenen Belange übernommen und verschiedene „Wanderwege" der Geschichte erstellt, die dem einzelnen Besucher erlauben, sich die Stadt auf unterschiedlichen Routen selbst zu erschließen. In dem Begleitheft steht im Vorwort: „In the years 2000–2004 five tourist trails were prepared to help tourists move around and find the most interesting showpieces of the town. Each stop features a plaque in Polish and English versions with most important details of the site. The name of the route, its colourful logo, and the arrows indicating the next stop are also included." (Tourist Routes of Lublin, Hg. Lubelski Osrodek Informacji turystycznej, Lublin 2003, S. 1)

Lublin – „Das polnische Jerusalem"

Jüdisches Leben und die Stadt Lublin waren über viele Jahrhunderte hinweg auf das engste miteinander verknüpft. Der Weg zur Erinnerung an die Lubliner Juden führte mich im Blick auf meine Recherche auf nahezu verwischte Spuren, die durch diese Route in 13 Stationen wieder ein Stückweit sichtbar wurden. Sie ist 2001 fertig geworden. Man sollte etwa 3–4 Stunden für diesen „Erinnerungsweg" einplanen.

Bevor es gewissermaßen „virtuell" zu historischen Ort der Stadt geht, möchte ich ein paar Anmerkungen machen zur Geschichte des Lubliner Judentums: Lublin galt über viele Jahrhunderte als Zentrum der jüdischen/jiddischen Kultur in Osteuropa. Einige Schriftsteller bezeichneten Lublin als „polnisches Jerusalem". Die ersten Einwanderer kamen in der zweiten Hälfte des 15. Jahrhunderts und bildeten eine enge religiöse Gemeinschaft. Sie siedelten sich rund um die Burg an und in der Altstadt, welche später zum Jüdischen Viertel der Stadt wurde. „In der zweiten Hälf-

te des 19. Jahrhunderts spielte Lublin eine entscheidende Rolle bei der Entwicklung des Chassidismus. Der „Seher von Lublin" (Yaakov Yithak Horowitz), einer der größten und am meisten verehrten chassidischen Zaddikim (Gerechte, Fromme), „zog Jünger aus ganz Europa an" (Leben im Schtetl, Roman Vishniac, Lizenzausgabe Augsburg 1998).
Im Jahre 1931 lebten 38 937 Juden in der Stadt (34,6 % der Stadtbevölkerung). Die deutsche Wehrmacht marschierte am 18. September 1939 in Lublin ein. Das jüdische Viertel wurde am 24. April 1941 abgeriegelt. Die Deportationen in die Vernichtungslager begannen im März 1942. Zunächst meist nach Belcec, später nach Majdanek, einem Vernichtungslager, das sich am Stadtrand befand. „Als die Rote Armee die Stadt eroberte, am 24. Juli 1944, dem Tag der Befreiung, gab es kein jüdisches Leben mehr in Lublin!" (Tourist Routes of Lublin, Hg. Lubelski Osrodek Informacji Turystycznej, Lublin 2003, S. 10).

Auf den Spuren

Station 1: Das ehemalige Jüdische Viertel in Lublin
Nahe der Treppe zum Lubliner Schloss befindet sich eine Tafel, die an das ehemalige jüdische Viertel von Lublin erinnert. In der *ul. Szeroka* siedelten sich Juden schon im 15. Jahrhundert an. Sie wurde zum Mittelpunkt des jüdischen Lebens in der Stadt. Hier befanden sich die meisten Synagogen, Bürogebäude, Bürgerhäuser und der Hauptkornspeicher des Viertels.
Eine Tafel, die an einem Gebäude nahe der *Szeroka 28* angebracht ist, erinnert an den berühmten „Seher" von Lublin. Die „theologischen Schulen", die Studierstuben der Stadt befanden sich überwiegend in den kleinen Seitenstraßen, einschließlich der *ul. Dadstawna*.
1941 erklärten die Nazis das jüdische Viertel zum Ghetto. Nachdem die meisten Gefangenen in die Vernichtungslager Belcec und Majdanak deportiert waren, wurde das Ghetto dem Erdboden gleich gemacht. Nichts sollte mehr an jüdisches Leben in Lublin erinnern.

Station 2: Das Neogotische Schloss in Lublin
In der ersten Hälfte des 19. Jahrhunderts wurde das Schloss zum Gefängnis umgewandelt. Während des Zweiten Weltkrieges sperrte die Gestapo eine große Zahl von jüdischen Einwohnern des Ghettos hier ein. Es kam zu zwei großen Massenexekutionen von Gefangenen des Gefängnisses in *Gorki Czechowskie*. Wenige Stunden vor Kriegsende am 22. Juli 1944 tötete die SS weitere Gefangene des Schlosses. Der KGB und der polnische Geheimdienst

nutzen den Ort von 1944–1954 weiterhin als Gefängnis. Im Rahmen des „Kampfes gegen den Zionismus" der sozialistischen Staaten kam es zu antisemitischen Übergriffen in Polen. Nicht wenige Juden, die die Konzentrationslagerzeit überlebt hatten, fanden sich in diesen Jahren im Lubliner Schlossgefängnis wieder.

Station 3: Der ehemalige Standort der großen Synagoge am al. Tysiaclecia
Am Fuß des Schlossberges markiert ein Obelisk mit einer Metallplatte von Marashal-Shul, dem großen Rabbi der Lubliner Synagoge, den ursprünglichen Standort des Gebäudes. Während des 16. und 17. Jahrhunderts arbeitete hier die erst *yeshiva* der Stadt, gegründet von Rabbi Shlomo Luria. Die Nazis zerstörten die Synagoge im Rahmen der Liquidation des Ghettos im Jahre 1943.

Station 4: Der Alte jüdische Friedhof
Er liegt auf einem kleinen Hügel, ursprünglich der Standort einer mittelalterlichen Festung. Hier befindet sich das älteste noch erhaltene Grab in Polen von Jacob Kopelman aus dem Jahre 1541. Viele berühmte Rabbiner, Gelehrte und jüdische Führer Lublins wurden hier begraben.

Auch Yaakov Yitzhak Horowitz, der „Seher von Lublin", (gestorben 1815) fand hier seine letzte Ruhestätte. Bis ins 19 Jahrhundert wurde der Friedhof genutzt.

Station 5: Der Neue Jüdische Friedhof an der Straße Walecznych
Er wurde 1829 errichtet und durch die Nazis zerstört, heute ist er teilweise rekonstruiert. Der Friedhof ist umgeben von zerstörten jüdischen Grabsteinen. Am Eingang befinden sich die Begräbnishalle und die Synagoge. Der Friedhof ist heute nicht zuletzt Mahnmal zum Gedenken an die Opfer der Shoah.

Grabsteine jüdischer Soldaten, die im Dienst der polnischen Armee im Jahre 1944–1945 gefallen sind, befinden sich ebenso hier. Besondere Ehrung genießt das leere Grab von Meir Shapiro, dem Gründer der *Yeshivat Hachmei Lublin*. Heute dient der Friedhof wieder als Beerdigungsgrund für die jüdische Gemeinde.

Station 6: Ehemalige Akademie von Lublin (Yeshivat Hachmei Lublin)
Das imposante Gebäude der Akademie wurde 1930 erbaut und von Juden aus aller Welt finanziert, um Aufzeichnungen aus Lublin und der Region, die im Zusammenhang der Talmudstudien in der Tradition des osteuropäischen Judentums abgefasst wurden, zu sichten und zu bewahren. Die

Akademie war im Besitz einer großen Sammlung von Büchern einschließlich Hebräischer Schriften aus dem 16. und 17. Jahrhundert. Der Hörsaal, der bis heute existiert, diente als Synagoge. Nach dem Zweiten Weltkrieg war das Gebäude Sitz der medizinischen Akademie. Vor kurzem ist das Gebäude der Jüdischen Gemeinde zurückgegeben worden.

Station 7: Das ehemalige jüdische Krankenhaus
Das Gebäude ist jetzt ein gynäkologisches Krankenhaus. Die Nazis konfiszierten die moderne Ausrüstung des Hospitals. Das Krankenhaus blieb trotz der schlechten Bedingungen, die zentrale jüdische Gesundheitseinrichtung bis zur Liquidation des Ghettos im Jahre 1942.

Station 8: Ehemaliger Ort der jüdischen Arbeiterbewegung, Zentrum der jüdischen Kultur
Ursprünglich war hier, der Sitz „des Bundes", der jüdischen Arbeitervereinigung. Diese Einrichtung entstand 1936. Jetzt dient es den lokalen Behörden für die nationale Gesundheitsfürsorge.

Station 9: Hevra Nosim
In diesem Haus befindet sich die einzige Synagoge, die den Krieg überstanden hat. Heute wird das erste Stockwerk des Hauses als Bethaus genutzt. Lublin war einst bekannt für seine Talmudstudien. Dieses letzte Bethaus soll hierfür Denkmal sein. Es ist das letzte jüdische Gotteshaus, in dem religiöses Leben stattfindet.

Station 10: Das Denkmal für die Opfer des Lubliner Ghettos
Es ist 1962 entstanden in Form eines übergroßen Grabmales. Die Inschrift entstammt einem Gedicht des jüdischen Dichters Itzchak Katznelson. „Ich suche dich und bin dir nahe in jeder Handvoll Asche ..."

Station 11: Der ehemalige Sitz des zentralen jüdischen Ausschusses Polens und des regionalen Ausschusses der Juden in Lublin
Die beiden Organisationen bemühten sich in den Jahren 1945–1949 jüdisches Leben in Lublin wieder aufzubauen. Antisemitische Übergriffe im sozialistischen Nachkriegspolen ließen viele Überlebende der Shoah zögern ihre Identität zu offenbaren oder zwang sie zur Auswanderung. Manche emigrierten auch in die Sowjetunion. Trotzdem öffnete wieder eine jüdische Schule, wurden Konten der Überlebenden der Shoa gesammelt und die jüdische Zeitung wieder belebt. Nach offiziellen Berichten lebten 1948 nur 500 Juden in Lublin und der Umgebung. Die letzte Welle der Emigration

löste die antisemitische Kampagne Polens im Jahre 1968 aus. Heute wohnen nur noch wenige Juden in Lublin.

Station 12: Das Kinderheim für jüdische Kinder
Das Haus ist jetzt weitgehend ein Jugendkulturzentrum. Darüber hinaus dient es auch als Einrichtung für Ältere und Behinderte. Die jüdische Gemeinde in Lublin hat hier ihren Sitz.
Am 24. März 1942 wurden die Kinder des Heims und ihre Betreuer in die Außenbezirke der Stadt gebracht und dort von der SS erschossen.

Station 13: Das Grodzka Tor
Es ist bekannt auch als das jüdische Tor. Es trennte ursprünglich den christlichen Teil von dem jüdischen Bezirk. Heute ist es Sitz des Theaters. In dem Gebäude befindet sich das Zentrum, das sich mit der jüdischen Geschichte der Stadt auseinandersetzt. Eine Multimediaausstellung vermittelt einen Eindruck wie die Stadt vor 1939 aussah.

Die Schoa veränderte das Gesicht der Stadt!
Entdeckendes Lernen – Spuren der Schoa

Zur gedenkstättenpädagogischen Praxis im Umgang mit Erinnerung: Schüler/innen können selbst auf Spurensuche gehen! Leitfragen, welche anschließend eine Zielgerichtete Reflexion des Gesehenen und Recherchierten ermöglichen: Wie sah die Stadt vor 1939 aus? Welche Rolle spielte das Judentum in Lublin vor der Okkupation? Welche Auswirkungen hat der Einmarsch der Wehrmacht auf die Stadt und das jüdische Leben? Jüdisches Leben nach 1945? Gab es einen neuen Anfang?

Die Schüler/innen werden auf dem Weg der Erinnerung unweigerlich zur Feststellung gelangen, das die Okkupation Lublins durch das „Dritte Reich" eine grausame Zäsur für viele Menschen der Stadt bedeutete. Lublin hörte auf „polnisches Jerusalem" zu sein! Dieser unwiederbringliche Verlust ist, wenn auch kaum mehr sichtbar, so doch noch immer spürbar in der Stadt.

Tourist Routes of Lublin
Hg. Lubelski Osrodek Informacji turystycznej,
Lublin 2003

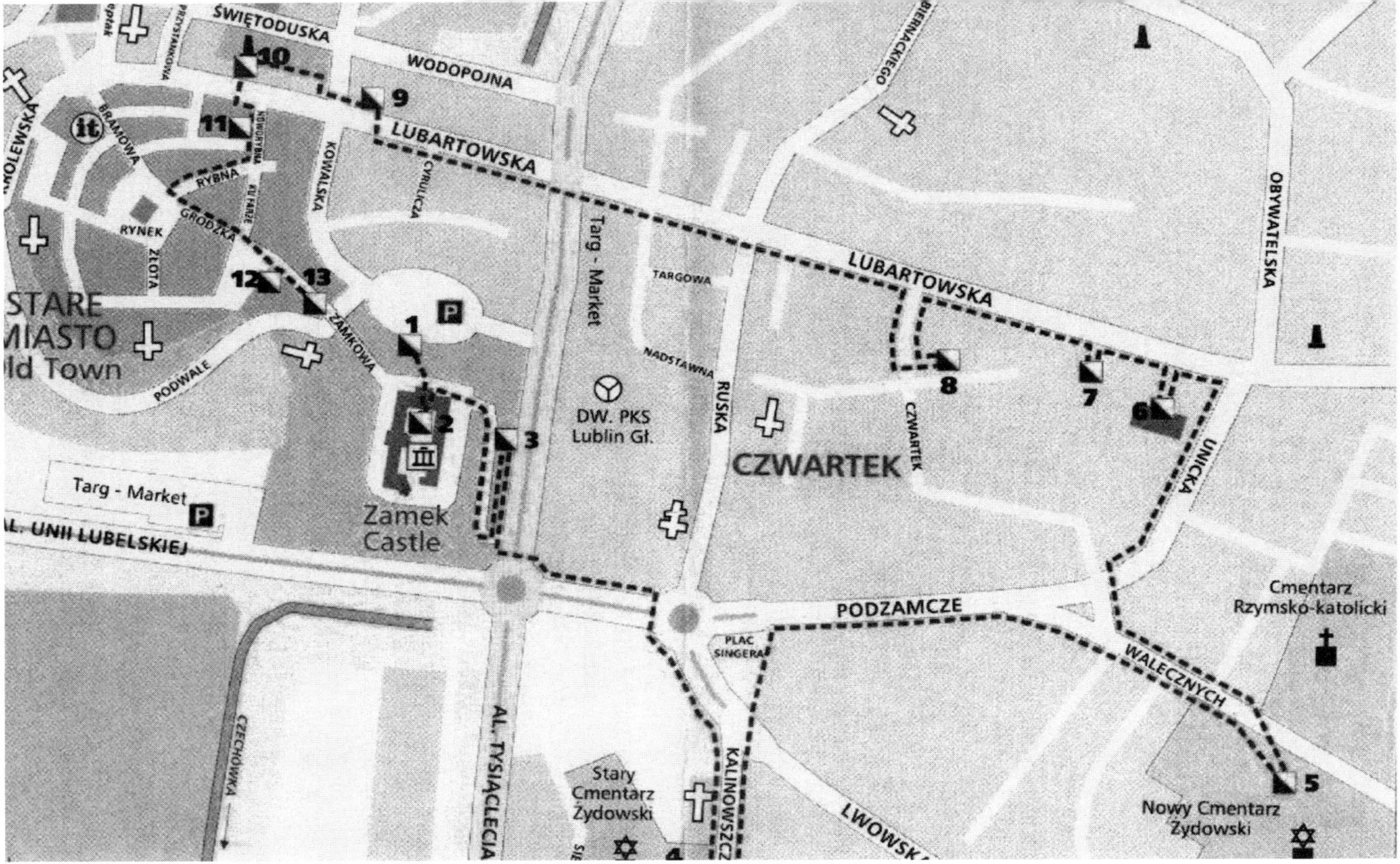
ŚWIĘTODUSKA
10
WODOPOJNA
9
11
LUBARTOWSKA
BRAMOWA
NOWORYBNA
KOWALSKA
CYRULICZA
RYBNA
KU FARZE
GRODZKA
RYNEK
ZŁOTA
12
13
STARE
ZAMKOWA
1
PODWALE
2
3
Targ - Market
Zamek Castle
AL. UNII LUBELSKIEJ
Targ - Market
TARGOWA
NADSTAWNA
DW. PKS Lublin Gł.
RUSKA
LUBARTOWSKA
CZWARTEK
CZWARTEK
8
7
6
BIERNACKIEGO
OBYWATELSKA
UNICKA
PODZAMCZE
PLAC SINGERA
WALECZNYCH
Cmentarz Rzymsko-katolicki
5
Nowy Cmentarz Żydowski
AL. TYSIĄCLECIA
CZECHÓWKA
Stary Cmentarz Żydowski
4

Viola Altrichter

Durch den Horizont sehen – kulturwissenschaftliche Lernwege

Im Wintersemester 1994/5 bewarb ich mich als Kultursoziologin und Gastdozentin bei Helmut Ruppel für ein erstes Seminar. Da wusste ich noch nicht, dass das IKD mir zu einem sehr angenehmen, sympathischen zehn Jahre währenden Arbeitsfeld werden sollte. Als sich anfänglich nur 6 Seminarteilnehmer/innen anmeldeten, war es Herr Ruppel, der mir von der kostbaren, Energie verdichteten Atmosphäre eines erst mal kleinen Arbeitskreises vorschwärmte und mir versicherte, dass dieser kleine Kern sicherlich seine Erweiterung erfahren werde. Er sollte recht behalten. Ich erinnere mich noch gerne an diesen ersten „harten Kern" von hochmotivierten, klugen und wissensbegierigen Teilnehmer/innen, mit denen ich so manches Mal auch sonntags bei mir zu Hause weiter über unseren Lehrstoff, wie auch über gemeinsame Ausstellungs- und Theaterbesuche diskutiert habe. Die Möglichkeit unkonventioneller Lehrmethoden und Unterrichtsorte habe ich immer für alle Beteiligten als inspirierend empfunden. So auch zum Beispiel eine wunderschöne Reise nach Assisi, die zusammen mit Herrn Ruppel zu einem Fest entspannten, sommerlich-fröhlichen Lernens vor Ort wurde und die diesen besonderen Stil des IKD kennzeichnete.

Ich begann meine IKD-Laufbahn mit dem Thema „Liebe". Ich lud ein, sich dem Thema „Liebe in der Literatur" in gemeinsamen Interpretationsübungen anhand von „kleineren" Texten, wie Briefen, Tagebüchern, Essays, Gedichten, Kurzgeschichten, Parabeln, Sprüchen, Gebeten – auch im Hörspiel – zu nähern. Über Texte aus dem Mittelalter, der Renaissance, der Romantik, dem deutschen Expressionismus und der Moderne wollten wir nicht nur die sich verändernde Haltung zum Thema „Liebe" untersuchen. Ein zentraler Schwerpunkt sollte der Analyse geschlechtsspezifischer literarischer Ausdrucksmöglichkeiten vorbehalten sein, am Beispiel so berühmter Paar-Konstellationen wie: Heinrich von Kleist – Henriette Vogel / Franz Kafka – Milena Jesenska / Ingeborg Bachmann – Paul Celan und Max Frisch / Else Lasker-Schüler – Gottfried Benn / Claire und Yvan Goll und andere. Neben dem Vertrautwerden mit dem Spezifikum der jeweiligen literarischen Gattung wollten wir auch biographische, historische und literatursoziologische Hintergründe sowie die Rezeptionsgeschichte der einzelnen Werke einbeziehen. Wie gesagt: in diesem Zusammenhang gingen wir auch ins Theater und sahen uns die wohl verzwickteste Liebesgeschichte an, die dieses Thema zu bieten hat: „Das Jagdgewehr" von Yasuhi Inoue in der Schaubühne. Auch wurde zu dieser Zeit gerade die großartige antike/moderne „Medea" in demselben Theater gespielt, über die wir anschließend in einem Berliner Café bis spät in die Nacht diskutiert haben. Dem Hörspiel als Gattung, seiner spezifischen Ausdrucksmöglichkeiten und seiner einzigartige Thematisierung des Themas Liebe haben wir uns in dem „Guten Gott von Manhatten" von Ingeborg Bachmann genähert – für viele aus der Gruppe auch eine erste Begegnung mit dem Medium „Hörspiel".

Parallel zu diesem ersten Seminar lud ich zu einem Dia-Vortrag „Einführung in den Isenheimer Altar" von Matthias Grünewald ein. Es gibt wohl kein Werk von derartig gewaltiger und nachhaltiger Wirkung in der europäischen Kunstgeschichte, welches gleichzeitig Anlass für die widersprüchlichsten Interpretationen gegeben hat. Verschiedenste Textquellen, zeitgenössische Bildvergleiche und christliche Symbol- und Ikonographietraditionen haben geholfen, dem Geheimnis dieses Werkes auf die Spur zu kommen. Dass man einen ganzen Tag über einen Altar reden könne, ohne sich zu langweilen, das ist mir als eine Reaktion noch in Erinnerung, – und dass weitere „freiwillige", nicht im Lehrplan angebotene, Museumsbesuche beschlossen wurden. Gemeinsam haben wir dann zusammen das nächste Thema bestimmt.

Die Fragen nach Liebesleid, Versagen und Schuld finden in der schlussendlichen Frage nach dem Tod (Seminartitel: „Tod in der Literatur") ihre letzte Zuspitzung – zumal so manche Liebe in einem verzweifelten Selbstmord endet. Die Entgrenzung in der Liebe, die unio mystica, und die Entgrenzung durch den Tod, ja, die Erfüllung der Liebe durch einen gemeinsamen Tod (siehe Kleist und Henriette Vogel) waren uns Anlass für Lektüren von Frisch, Pavese, Neruda, Rilke, Benn, Lorca, Tolstoi u.a. sowie der weiblichen Betrachtung dieses Themas durch Dichterinnen wie von Droste-Hülshoff, Lasker-Schüler, Sachs, von Günderode, Kaschnitz, Bachmann u.a. Auch hat für uns das Hörspiel „Träume" von Günther Eich in ergreifender Weise die fließende Grenze zwischen Traum und Tod thematisiert. Gerade literarische Verdichtungen, stellen immer wieder neu in Frage, was als Antwort gefunden zu sein scheint. So manches Mal gingen unsere Diskussionen weit über die vorgegebene Arbeitszeit hinaus.

Bei unseren Themen wie Tod oder Liebe verblüffte es uns am meisten, wie vollkommen unterschiedlich sich Männer und Frauen zu diesen beiden existentiellen Meilensteinen unseres Lebens verhalten. Dem Problemkreis struktureller geschlechtsspezifischer Unterschiede und der sozialen Bedingtheit, der geradezu gegensätzlichen „Weltorientierungs- und Wahrnehmungsmuster" der beiden Geschlechter in der Gesellschaft wollten wir in einem anschließenden Seminar nachgehen.

Eine nun inzwischen sich stetig erweiternde Anzahl von Seminarteilnehmern ging der Frage nach: (Seminartitel) „Werden wir als Mädchen und Jungen geboren oder dazu gemacht?" Welchen Einfluss haben Familie, Kindergärten, Schule und Medien auf die Herausbildung eines spezifischen Rollenbildes von Mädchen oder Frauen? In wie weit trägt eine bestimmte Erziehungstechnik zum Männer- bzw. Frauenbild bei? Welche Erklärungsmuster bieten uns die Psychoanalyse oder die Soziologie an? Wie hat sich das Frauenbild im Laufe der Jahrhunderte in Europa verändert? Mit welchen gesellschaftlichen Veränderungen (Familie, Recht, Staat, Ökonomie, Kirche) hing dies zusammen? Wie können wir als Erzieher mit diesen Erkenntnissen in der Schule arbeiten, wenn wir genauer wissen, wie Mädchen lernen und wie sich ihre Motivation und Lebensplanung von der männlicher Jugendlicher unterscheidet? Wie verhalten sich Mädchen zur Gewalt? Was bringt uns die Koedukation? Wie geht die Gesellschaft – also wir – mit „Abweichlern" der Geschlechtsrolle (Homosexualität) um?

Interessanterweise entwickelte sich im Laufe dieses Seminars der Hunger nach noch breiterem Basiswissen in die gesellschaftlichen Bedingtheiten und so bot ich im nächsten Semester eine „Einführung in die Soziologie" an. Wir diskutierten über die Geschichte der Kleinfamilie, lernten primäre und sekundäre Sozialisation voneinander zu unterscheiden, bekamen Einblick in die Rollen- und Schichttheorien, schichtspezifischen Sprachgebrauch, die Funktion der Medien, der Politik, der Probleme zwischen der ersten und der dritten Welt und die Kapitalismus- und Patriarchatsdebatte. Das Stichwort „Patriarchat" hatte es in sich und sollte für meine weiteren Jahre bei dem IKD von ausschlaggebender Bedeutung werden.

Immer dringlicher drängte sich die Beschäftigung mit den noch tieferen Schichten und Ursprüngen unserer europäisch-christlichen Kultur auf. Wir wandten uns erst einmal der sogenannten Wiege europäischer Zivilisation zu: der griechischen (Männer-) Gesellschaft, der griechischen Kunst und besonders den griechischen Mythen, also der griechischen Religion. Auch hier möchte ich noch einmal die ausgesprochen tolerante, liberale und aufgeschlossene Haltung der IKD, insbesondere von Herrn Ruppel, erwähnen. Meine nun folgende Themenserie wie „Mythen der Welt und ihre Rezeption in der europäisch-christlichen Kultur", (jeweils pro Semester zwei Wochenenden umfassend), dürfte für kirchliche Kreise eine besondere Toleranzschwelle erfordern.

Ich lud also 1997 das erste mal zur „Einführung in die griechische Mythologie" ein, ein Themenkomplex, der auf Grund großer Nachfrage, wie alle späteren Mythenseminare, noch viele Male wiederholt werden sollte. Wir lernten die Hauptvertreter des griechischen Olymps, des Hades und der Erde kennen, basierend auf der ersten schriftlichen Fixierung im griechischen Raum, der Kosmo- und Theogonie des Hesiod aus dem 7. Jahrhundert v. Chr. sowie den Schriften Homers. Wir sahen, dass der griechische Schöpfungsmythos ein Versuch ist, die sich etablierenden patriarchalen Machtverschiebungen „argumentativ" zu untermauern und ideologisch zu überhöhen. Die Taten der Götter und Göttinnen, ihre Rangordnungen, ihre Zauberkräfte, ihre verwandtschaftlichen Beziehungen, ihre Liebeleien, Ränke und symbolischen Interaktionen erkannten wir als Widerspiegelungen gesellschaftlicher Machtkämpfe in einer sich patriarchalisierenden, bis dahin matriarchalen Gesellschaft. Hierin war einer der Schlüssel für die Entzifferung der spezifischen Bild- und Symbolsprache des Mythos zu finden. Wir lernten Mythensprache als Traumasprache der Sieger über die Besiegten kennen. Wir erarbeiteten uns das Wissen über die sozio-ökonomischen und politischen Machtverschiebungen matriarchaler, sesshafter und ackerbauender hin zu patriarchalen, expandierenden und nomadischen Kulturen. Wir wurden vertraut mit dem Zauber der Bild- und Symbolsprache aus den Bereichen der griechischen und römischen Kunst. Die Mysterienkulte, die großen griechischen Dramen wie die griechische Philosophie haben wir auch unter dem Aspekt eines sich langsam mentalisierenden menschheitlichen Bewusstseins untersucht. Ein von mir geleiteter Besuch im Pergamonmuseum rundete diese erste Begegnung mit der griechischen Kultur ab.

In dem darauf anschließenden Seminar wandten wir uns der „Rezeption griechischer Mythen in der europäischen Kultur aus religionshistorischer, kulturphilosophischer und psychoanalytischer Sicht" zu.

Trotz der Bekämpfung der antiken Götterwelt durch die christliche Kirche erfuhren die griechischen Mythen, spätestens seit der Renaissance eine triumphale Wiederauferstehung und hielten Einzug in die neuzeitliche Kultur- und Geistesgeschichte. Seitdem beggnen uns die griechischen Götter und Göttinnen in ständig sich wandelnder Gestalt – wie es scheint unsterblich und zeitlos – auf der modernen Bühne, in der Literatur, den Sagen und in den modernen wie den klassischen Märchen. Nicht zuletzt treffen wir sie auch in unseren Träumen an, bei deren Deutung die Psychoanalyse versucht, dem Geheimnis der menschlichen Seele auf die Spur zu kommen. Wir begriffen immer mehr, dass Mythenforschung Seelenforschung ist und deshalb die kollektiven „Ablagerungen" magisch-mythischen Bewusstseins in allen Formen des sogenannten „Aberglaubens" in ganz Europa zu unserem Thema gehören. Wir machten uns mit den Gestaltungskräften des magischen Bewusstseins vertraut. In diesem Zusammenhang beschäftigten wir uns mit dem Wissen über die Zentralsymbolik des Weiblichen aus der „Großen Mutter" von Erich Neumann, den Charakteristika lunarer, magischer Kulturen (Mircea Eliade), der Archetypenlehre von C. G. Jung, sowie dem Lebenswerk des Kulturphilosophen Jean Gebser mit seinem epochalen Werk: „Ursprung und Gegenwart". In letzterem werden die Entwicklungsbedingungen der drei menschheitsgeschichtlichen Bewusstseinsebenen: magisch, mythisch, mental, entfaltet, um den im Unbewussten wirksamen Implikationen unseres neuzeitlich-europäischen Bewusstseins auf die Spur zu kommen und die Perspektive eines „integralen" Bewusstseins zu entwickeln. Ergänzend wurden Märchen- und Sageninterpretationen mit besonderer Berücksichtigung ihrer „verborgenen Mythenreste" angeboten. Einen besonderen Schwerpunkt bildete die Christianisierung der griechischen Mythen und Mysterien verbunden mit der Frage, welche „heidnischen" Elemente sich im Christentum, sowie in unserer Festkultur und unserem Alltag verborgen halten. Auch haben wir uns mit Werken von Künstler/innen unterschiedlicher Epochen beschäftigt, die sich mit Mythenstoffen auseinandergesetzt haben – was der einen oder anderen Teilnehmerin auch zur Inspirationsquelle für eigene kreative Seiten und Umsetzungsmöglichkeiten für die Schule geriet.

Die nächste historische Schicht wollte bearbeitet werden. Was war vor den Griechen? Welche frühe Hochkultur hatte ähnlich einschneidende Auswirkungen auf die europäisch-christliche Kultur? Ich lud ein zu dem Seminar: „Einführung in die Ägyptische Mythologie". Bis heute bleibt das alte Ägypten ein Magnet für Touristen aus aller Welt. Wir fragten uns: was steckt hinter dem Geheimnis der magischen Geometrie der Pyramiden, der Kunst der Mumifizierung, dem „Fluch" der Pharaonen, den rätselhaften Grabbeilagen, den Bilderzyklen auf Tempel- und Sargwänden, auf denen gehörnte Götter, der heilige Skarabäus, Totenhunde, Sonnenscheiben in goldenen Barken und Pavianhorden für die Ewigkeit stehen? Mit Hilfe der uns überlieferten alten Texte aus den Toten-, Unterwelt- und Höhlenbüchern sowie Märchen- und Mythenstoffen haben wir uns mit dem Zeit- und Raumverständnis der Altägypter, sowie den historischen, sozialen und politischen Hintergründen der altägyptischen Kultur vertraut gemacht. Wir haben ihre Götterwelt, ihre Riten und Totenkulte, ihre Magie kennen gelernt, um uns dem Geheimnis des Pharaos und seiner Pyramiden zu nähern. Wir haben gelernt, die sozialen Schichten, ihre Privilegien und Pflichten, ihre gesellschaftspolitischen Funktionen einzuordnen, z. B. die des hoch angesehenen Schreibers, der Frauen, Bauern und Sklaven. In diesem Zusammenhang hat uns das einzigartige Ordnungs- und Gerechtigkeitsprinzip der ägyptischen Maat angesichts der Beliebigkeit gesellschaftlicher Werte von heute nachdenklich gestimmt. Auch haben wir den zentralen Unterschied eines ägyptischen Tempels zur christlichen Kirche kennen gelernt. Wir haben herausgearbeitet, warum der historisch erstmalige Sprengsatz des Versuches einer Monotheisierung von „oben" durch den Pharao Echnaton notwendig an der magisch-mythischen Bewusstseinsstufe der Menschheit dieser Epoche scheitern musste. Ein Besuch im Ägyptischen Museum hat uns geholfen, die Ikonographie der ägyptischen Grabinnenwände, Totenbücher und Plastiken in ihrer mehrschichtigen Symbolik zu entziffern.

Auch diesem Seminar folgte nun im bereits vertrauten und bewährten Muster die notwendige Fortsetzung: „Altägyptische Spuren in der Europäischen Kultur".

Wir entdeckten, dass gerade die ägyptische, beinahe noch mehr als die griechische Kultur, ihren Niederschlag besonders in den christlichen, aber auch nichtchristlichen Folgereligionen gefunden haben. Insbesondere war es die koptische Kirche, die sowohl in ihrem theologischen Bekenntnis, als auch in den Zeichen der Liturgie und Volksfrömmigkeit Elemente altägyptischer Religionen weitergetragen hat. Wir konnten Parallelen zwischen ägyptischen Götterkulten (der Verehrung des Pharaos als Sohn Gottes), dem Totengericht, u.a. und christlichen Riten, Bräuchen und Legenden sowie Textzeugnissen aus dem Alten und Neuen Testament aufzeigen. Auch haben wir die Auswirkungen der Herrschaft des Pharaos Echnaton auf die Identitätsbildung der jüdische Religion sowie auf den „Mose-Mythos" untersucht. Immer wieder interessierten sich Einzelne besonders für die Aufnahme altägyptischer Mythen in die psychoanalytische Arbeit und Traumdeutung von C.G. Jung und anderer moderner psychologischer Schulen.

Einen weiteren großen Schwerpunkt bildete die europäische Rezeption oder auch „Kreierung" eines Ägypten-Bildes im Laufe der Jahrhunderte. Diese beginnt mit dem Ägyptenbild der Griechen, dem Einfluss der mächtigen Präsenz der Isis-Mysterien auf die Gnosis, später auf mittelalterliche hermetische Ketzerbewegungen und neuzeitliche Geheimbünde, Bruderschaften, Logengründungen (Rosenkreuzer, Freimaurer, Theosophen) sowie die Symbole der Alchemie und gipfelte in der abendländischen Ägyptomanie der Europäer seit den napoleonischen Feldzügen in Ägypten – bis heute. Beispiele aus der Architektur, der bildenden Kunst, der modernen Literatur (Thomas Mann, die französischen Romantiker), aus dem Bereich der Oper (z.B. die „Zauberflöte" von Mozart) machten uns deutlich, aus welchen jeweiligen Inspirationsquellen der pharaonischen Mythenwelt sie entsprangen. Auch wurde die Integration altägyptischer Symbole in die aktuelle

New-Age-Bewegung beleuchtet, haben doch viele Lehrer mit diesen Auswirkungen in ihrer täglichen Schulpraxis zu schaffen. Hierbei beschäftigte uns insbesondere die Frage nach der magisch-mythischen Leerstelle, welche Ägyptens Mysterien in der Moderne zu füllen scheinen. Bei letzterer Problemstellung angelangt, drängte sich immer häufiger die Frage auf, warum es nicht die Kirchen sind, das Christentum ist, welches diese magisch-mythische Leerstelle füllen kann und warum es im Gegenteil, in sich häufendem Maße, neben ägyptischen, indianischen eben auch germanische Symbole sind, die in den Schulen kursieren und über deren Geschichte und Symbolfunktion man gar nichts weiß, vielleicht außer der Nibelungen-Sage für Wagner-Fans.

Wer waren eigentlich unsere direkten Vorfahren in Europa, was war ihr Schicksal, wie wurden Kelten und Germanen in das Christentum integriert und was ist germanisch am Christentum? Ich bot eine sich über vier Semester erstreckende Seminarreihe über die „Wirkungsgeschichte germanischer und keltischer Mythen in der europäischen Kultur von der Antike bis zum (Neo-)Faschismus" an.

Ich begann diese Seminarreihe mit einer „Einführung in die germanische und keltische Mythologie", in der wir uns erst einmal mit der germanischen mythologischen Quellenlage und den archäologischen Funden beschäftigt haben. Soziale, ökonomische und politische Entwicklungen der Kelten wie der Germanen haben wir in Zusammenhang gebracht mit ihren Gebräuchen, Sitten, Ritualen und Symbolen. Hierbei wurden auch vorgermanische und mutterrechtliche Einflüsse berücksichtigt. Bei den mythen- und bewusstseinsanalytischen Interpretationen keltischer wie germanischer Mythen haben wir wieder alle menschheitsgeschichtlichen Ebenen von der magischen über die mythische bis zur mentalen Bewusstseinswerdung einzogen.

In dem anschließenden Seminar „Transformation des germanisch-keltischen Erbes in das Christentum sowie sein Niederschlag in Sagen und Märchen" haben wir uns mit dem Jahrhunderte währenden Prozess der Christianisierung germanischer Stämme beschäftigt. Dabei sind wir Fragen nachgegangen wie: Welche christlichen Interpretationen finden sich bereits im germanischen Mythengut, z. B. in der „Edda"? Gegen welche Widerstände auf germanischer Seite wurde die Christianisierung mit welchen Mitteln und Folgen ausgeführt? Welche Elemente germanischen Glaubens haben das Christentum bis in Feste, Riten und Gebräuche hinein bis heute bestimmt? Wie schlagen sich die verdrängten und tabuisierten Elemente germanischer Mythen und Religion in einem sich hartnäckig erhaltenden sogenannten „Aberglauben" – besser „Volksglauben" – nieder, welcher seine lebendigsten Darstellungen in Sagen, Märchen und Legenden gefunden hat? Bischöfliche

Erlasse, Bußdekrete, kaiserliche und päpstliche Gesetze und Prozessakten haben uns als Quellen gedient sowie der reiche mittelalterliche Sagenschatz und die Märchensammlung der Gebrüder Grimm.

Besonders während dieses Seminars fiel den Teilnehmer/innen auf, wie sehr das Christentum bis in die Festlegung der Festtage, der Festanlässe, der Verehrung der Heiligen, des Seelen- und Dämonenglaubens von den Germanen geprägt ist, und dass das ganze Mittelalter mit seiner Inquisition und den Hexenverbrennungen nur vor dem Hintergrund der Bekämpfung „germanischer Reste" zu verstehen ist, die sich aber bis heute hartnäckig in vielen Sitten, Ritualen und Redewendungen als Volksglauben erhalten haben. Die Abgrenzung zwischen Magie, Wunder und Glaube wurde zu spannenden Schwerpunkt-Diskussionen unseres Seminars.

Das dritte Seminar in diesem Zusammenhang wird mit dem Titel: „Der deutsche Faschismus und sein Missbrauch germanischer und keltischer Mythenstoffe, Riten und Symbole" im Frühling 2005 von mir angeboten werden. Wir werden Fragen nachgehen wie: Warum suchte der SS-Führer Heinrich Himmler Spuren des Ahnenerbes in Tibet und ließ in seiner Walhallaburg germanische Treueide vor Totenschädeln und heiligen Odin-Speeren schwören? Wo sind mythenanalytische Zusammenhänge für die Entstehung von Symbolen, wie z. B. dem Hakenkreuz, der nationalsozialistischen Fahne oder der Riten wie Jugendweihe oder Sonnenwendfeier zu finden? Welche Rolle spielte die Rezeption germanischer Mythenstoffe des Antisemiten Richard Wagner? Welche missbrauchten germanischen Mythen sind Quellen für die im Nationalsozialismus emotional hoch besetzten Begriffe: Führer, Reich, Vaterland, (Herren)-Rasse, Blut und Boden, Gefolgstreue, Männerbund, Mutter, heldische Kriegs- und Todesbereitschaft, Körper- und Jugendkult? Was sind die sozio-kulturellen Bedingungen für die mythologischen Rezeptions- und Bewusstseinsebenen, die den Faschismus zu einer Art Ersatzreligion gemacht haben? Wir wollen untersuchen, wie und warum besonders in Krisenzeiten – bis heute – verdrängte Schatten einer bürgerlichen, auf Aufklärung und Vernunft setzenden Gesellschaft ihren „zeitlosen" Tanz von Hass und Gewalt im Kleide alter Mythen zeigen.

In meinem diesen Zyklus abschließenden Seminar im Wintersemester 2005/6, wollen wir uns dann genauer mit den aktuellen, heutigen neu-heidnischen Strömungen in der Gesellschaft und insbesondere den Schulen beschäftigen. Der Titel meines Seminars ist voraussichtlich: „Neugermanisches Heidentum zwischen New Age und Rechtsradikalismus".

Auch heutige Neo-Nazis bedienen sich weniger der Theorie als vielmehr großer mythischer Bilder, mit deren Hilfe sie archaische Schichten des Unterbewusstseins ansprechen. Schon deshalb ist es an der Zeit, dass das enorme geschichtsformende Potential von Mythen, ob konstruktiv oder destruktiv, nicht nur von der seriösen Geschichtsschreibung sondern insbesondere von Pädagogen wiederentdeckt wird. Wer es voreilig ignoriert, kann schnell zu seinem Opfer werden.

Und so scheint es mir in meiner weiteren Lehrtätigkeit von Bedeutung, konsequent meinem Forschungsschwerpunkt der „Mythengeschichte als Geschichte der Seele" nachzugehen, um gerade heutigen, aktuellen Mythenbildungen in den Medien, der Politik und den Religionen auf die Spur zu kommen. In diesem Zusammenhang scheinen mir z. B. solche Mega-Phänomene wie „Harry Potter" oder „Der Herr der Ringe" einer genaueren Untersuchung wert. Wir müssen aufspüren, welche verdrängten Bewusstseinslagen unser tägliches Leben – sei es auf privat-emotionaler, politisch-mentaler oder medial-kollektiver Ebene – prägen. Mit welchen Mythen müssen wir uns heute auseinandersetzen, weil sie verdrängt ihr gefährliches Schattengesicht zeigen, nicht nur im Neo-Faschismus, sondern auch in einer weltweiten, sich fanatisierenden Kriegsbereitschaft fundamentalistischer Kräfte im Christentum wie im Islam.

In diesem Zusammenhang habe ich im Rahmen der Mentorenausbildung des Pädagogisch-Theologischen-Instituts Brandenburg das Seminar: „Mythenanalytischer Zugang zum Islam" angeboten.

Seit zwei Jahren wird der Islam in der westlich-christlichen Welt vor allem in problematischen Zusammenhängen gesehen. Um aber der reichen, wenn auch eher inoffiziellen Vielschichtigkeit dieser Religion und Kultur gerecht zu werden, muss man sich mit ihren Wurzeln beschäftigen. Wir haben in der Mentorenausbildung darüber diskutiert, wie sich der monotheistische Islam in den ersten Jahrhunderten mit den in seinem Einflussbereich vorherrschenden pantheistischen und polytheistischen Strömungen auseinandergesetzt hat. Welche religiösen Strömungen beherrschen Mekka im 6. Jahrhundert vor der Etablierung des Islam? Wie hat sich Mohammed, und später andere Traditionen innerhalb des Islam zu diesen verhalten? Was finden wir darüber im Koran (z. B. in den sogenannten „Satanischen Versen")? Welche verdrängten, ja tabuisierten früheren, auch mutterkultisch dominierten Traditionen haben sich bis heute in Kulten, Riten, Gebräuchen und Geboten im Islam erhalten? Wie wurde aus der Schwarzen Göttin das größte Heiligtum des Islam, die Kaaba? Welche faszinierende Präsenz aller drei Bewusstseinsebenen – magisch, mythisch, mental – vermag gerade der Islam wie keine andere Religion in sich zu vereinen? Und welche Wirkung hat das in seinem Verhältnis zu den anderen Religionen? Wenn wir begriffen haben, dass die magisch-mythische Sprache, ihre Bilder, ihre Symbole, ihre Zeremonien und Rituale auf der ganzen Welt strukturell die gleichen sind, so liegt in diesem Wissen die Möglichkeit verborgen, diese „Seelensprache" bei uns wie bei anderen Völkern zu verstehen und jene vergangenen, verdrängten Bewusstseinsablagerungen in uns selbst wiederzuentdecken und sie neu, produktiv, dialogfähig und positiv in unser Leben zu integrieren.

Viele Studierende hat das reiche und vielfältige Vorlesungs- und Seminarangebot des IKD nicht nur begeistert, sondern auch geprägt und verändert. Viele ausgezeichnete schriftliche Hausarbeiten (A-Arbeiten) künden von ernsthafter Beschäftigung mit bis dato vollkommen unvertrautem Terrain. Ich denke da an die pädagogische Präsentation herausragender Arbeiten aus meinem Bereich wie: „Die Schlange in der Mosesgeschichte. Der Versuch einer symbolanalytischen, kulturgeschichtlichen und bewusstseinsanalytischen Betrachtung" oder „Halloween. Ein Thema für den Religionsunterricht! Ursprung, Entwicklung und Gegenwart des Festes und seiner Deutungen in bewusstseinsanalytischem und mythenanalytischem Kontext".

Auch uns Dozenten/innen wird die Auseinandersetzung mit derart hochmotivierten und wissensdurstigen Studenten/innen fehlen. Das IKD stellte auf besondere Weise die Plattform her, um „Lernen" in dem von mir skizziertem Sinne möglich zu machen. Es hat den „interreligiösen Diskurs" nicht nur ermöglicht, sondern – wie in meinem Fall – eine „Dialog"-Bereitschaft mit den Ursprüngen und Ausprägungen historischer Religionen geradezu gefördert, um die Erkenntnis für den Ursprung des christlichen Synkretismus zu ermöglichen und damit erst das eigene Profil zu schärfen. Dass dieser Vergegenwärtigung eigener Wurzeln ein „Erinnern" vorausgeht, in dem sich das Fremde im Vertrauten und das Vertraute im Fremden offenbaren kann, um den Blick für „neue Horizonte" in jeder Beziehung zu öffnen – diesen geschützten, inspirierenden Raum bot für einen langen, gut genutzten Zeitraum das IKD.

Hoffen wir auf neue Zeiten, in denen wir dieses bewährte Modell wieder erfolgversprechend einsetzen können …

Edna Brocke

Jüdische Frauenporträts

„Und Michal, Tochter des Saul, liebte ihn …" – Michal, die Tochter Sauls

Die jüdische Bibel, von Christen als „Altes" Testament bezeichnet, berichtet nur wenig von Michal. An Stelle ihrer älteren Schwester Meraw, die bereits dem Adriel aus Mechola versprochen war, wird Michal – die jüngere Tochter von König Scha-ul – dem rothaarigen David vermählt. „Und Michal, Tochter des Saul, liebte ihn", heißt es in der ersten Erwähnung von Michal. Sie kommt ein zweites Mal vor, nachdem sie David zur Flucht vor ihrem inzwischen depressiv und aggressiv gewordenen Vater Saul verholfen hatte. Deshalb wurde sie vom Vater an einen anderen, an Palti ben Lajisch, gegeben. Bei der dritten Nennung von Michal wird ein scharfer Wortwechsel zwischen ihr und David wiedergegeben, nachdem dieser vor der heiligen Lade – ein wenig betrunken – getanzt hatte. Mehr wird von ihr nicht berichtet. Isoliert gesehen, ergibt keine der genannten Situationen das Bild einer lebendigen Gestalt, doch im Zusammenspiel aller wirkt Michal grazil und eindrucksvoll. Michal trägt, wie ihr Vater König Scha-ul und wie der ganze Stamm Benjamin, aristokratische Züge – mit eleganten, feinen Seiten, aber auch mit der Blässe, den Schwächen und dem Unvermögen, sich in komplexe Situationen einzufinden. Ihr gegenüber wirkt David, der Hirte, der erdverbundene, der einfache Junge vom Lande, aus einem entlegenen Dorf als das sie ergänzende Pendant. Sie lässt mit sich geschehen und hat keinen Mut sich zu wehren, zu rebellieren, sondern sie fügt sich – wie es sich für Mitglieder des Königshauses ziemt. Nach außen hin wahrt sie die Form, ist jedoch innerlich ein gebrochener Mensch. Und so kommt es denn zu jener heftigen Auseinandersetzung mit David, der sich in ihren Augen bei seinem Tanzen vor der Lade selbst erniedrigt hat. Er, der stämmige, robuste David zieht sie an und stößt sie gleichzeitig ab.

„Zwei Völker sind in Deinem Leib" – Rebecca, die Mutter Esaus und Jakobs

„Zwei Völker sind in Deinem Leib …" so lautete die Mitteilung an Riwka, an Rebecca, als sie schwanger war. „Zwei Stämme scheiden sich aus deinem

Schoß, ein Stamm wird stärker als der andere sein, der Ältere dem Jüngeren dienen" hieß es weiterhin. So hatte Gott es der werdenden Mutter verkündet.

In der jüdischen Bibel – bei Christen das „Alte" Testament genannt – ist eine direkte Ansprache von Frauen durch Gott eher die Ausnahme. Gott oder seine Engel sprechen in der Regel mit den Männern, die häufig den Auftrag erhalten, den Inhalt an die Frau weiter zu geben. Zu Riwka, zu Rebecca – neben Sarah, Leah und Rachel – die jüngste unter den vier Müttern, spricht Gott direkt. Nicht einmal Sarah, die eine herausgehobene Position unter den Müttern einnimmt, erfährt direkt von den Engeln, dass sie dennoch und trotz ihres hohen Alters, einen Sohn bekommen wird. Riwka, Rebecca, hingegen erfährt unmittelbar von der bevorstehenden Geburt ihrer Zwillinge, mehr noch, von dem Zwist, der die beiden prägen wird. Dieses Vor-Wissen dürfte das Verhalten der Eltern zu den beiden Jungen mitgeprägt haben. Rebecca, bevorzugte den „jüngeren", den Ja-akow, Jakob, der milde und feinfühlig war, während ihr Mann Jitzchak, Isaak, dem „Erstgeborenen", dem rauhen Esaw, nahe stand. So gehörte Esaw, der als erster der Zwillinge die Welt erblickte, also der Erstgeborene war, der Segen des Vaters. Gleichwohl berichtet uns die Bibel von der List Rebeccas, damit Jakob – und nicht Esau – diesen Segen von Isaak erhält. Sie bereitete das Mahl vor, um das Isaak gebeten hatte und gab Jakob Felle auf seine Arme, damit sein blinder Vater, wenn er ihn abtastet, ihn für den behaarten Esau hält ... Und die List gelang. Isaak erkannte Jakob nicht und segnete ihn, so als wäre er der Erstgeborene. List diente hier als eine Waffe – gehört sie eher zu den Waffen von Frauen? Pflegen Männer sich anderer Waffen zu bedienen? Und welche sind stärker zu verwerfen?

„... sie, die dir mehr wert ist als sieben Söhne" – Ruth, die Moabiterin

„... sie, die dir mehr wert ist als sieben Söhne", sie, das ist Ruth, eine Moabiterin, und so wird die Beziehung zwischen Ruth und ihrer jüdischen Schwiegermutter No-omi umschrieben. Wer sind aber diese beiden Frauen, deren Beziehung so eindrucksvoll beschrieben wird? Das Buch Ruth erzählt von Elimäläch, einem Mann aus Judäa, der mit seiner Frau No-omi und seinen beiden Söhnen durch Wegzug ins Land Mo-aw einer Hungersnot entgehen wollte. Dort starb Elimäläch. Nach seinem Tod heirateten seine beiden Söhne moabitische Mädchen, Orpa und Ruth. Auch die beiden Söhne starben in Mo-aw. Einsam, verlassen und verarmt wollte No-omi in ihre Heimat zurückkehren. Von beiden Schwiegertöchtern begleitet sie nur

Ruth, die ihrer Schwiegermutter versicherte: „Dein Volk ist mein Volk und dein Gott ist mein Gott. Wo du sterben wirst, dort werde auch ich sterben und beerdigt werden". Die beiden Frauen kamen nach Judäa zur Zeit der Weizenernte. Bei der Ährenlese auf dem Feld des Judäers Boas gewann Ruth dessen Liebe. Später heiratete er sie. Bei der Ankunft in Judäa wird No-omi – die von früher noch gut bekannt ist – herzlich begrüßt und empfangen; doch stellt sie ihre Schwiegertochter, die ihr Volk und ihr Land verließ, um ihre Schwiegermutter zu versorgen, nicht vor. No-omi sieht nur sich selbst, ihre eigene Situation als „hoffnungslose Witwe" (1,21). Ruth, als die grundsätzlich Schwächere in dieser Beziehung, wird zwar zur biologischen Mutter des männlichen Nachkommen, doch lässt der Text keinen Zweifel aufkommen, dass No-omi sich selbst als seine Ziehmutter versteht. Ruth, die Moabiterin, eine Fremde, schloss sich aus freier Entscheidung der jüdischen Gesellschaft an. An ihrer Ehe mit dem Judäer Boas wird kein Anstoß genommen. Vom Brauch, fremde Frauen zu heiraten, berichtet die jüdische Bibel häufig. Die Frauen schlossen sich in der Regel den jüdischen Bräuchen an, weshalb dies positiv geschildert wird. Die zunehmenden fremden Einflüsse dieser Ehen auf die jüdische Gesellschaft führten jedoch dazu, dass das Volk vor solchen Eheschließungen gewarnt wurde. Ruth wird aber deshalb nicht als „Fremde" wahrgenommen weil ihre besondere Persönlichkeit alles andere überdeckt. Sie wird zum Symbol für bedingungslose Liebe und Hingabe. Ihre Treue und Zuneigung stehen so sehr im Vordergrund, dass die inneren Widersprüche der Handlung kaum mehr sichtbar sind.

„... denn ihr Haus war in der Mauer der Stadt" – Rachaw, die Prostituierte aus Jericho

Die Israeliten standen am Ostufer des Jordans, der Stadt Jericho gegenüber, bereit ins Land Israel zu ziehen. Josua, ihr Anführer und Nachfolger von Mose, plante den Einzug sorgfältig und sandte deshalb zunächst zwei Kundschafter aus, um die Lage in der Stadt zu erkunden. Als die Kundschafter entdeckten, dass sie verfolgt wurden, suchten sie Unterschlupf bei einer Prostituierten, bei Rachaw. Inzwischen wurden die Stadttore geschlossen, um so der „Eindringlinge" habhaft werden zu können. Rachaw entschied sich pragmatisch und war bereit, die beiden zu verstecken, da sie von den Erfolgen der Israeliten gehört hatte. So versteckte sie die beiden auf dem Dach ihres Hauses. Als die Gefahr vorüber war, verlangte sie von den versteckten Kundschaftern das Versprechen, dass die israelitischen Truppen bei der Einnahme der Stadt, sie und ihre Familie verschont würden – als Gegenleistung für ihren Dienst. Die Kundschafter gaben ihr dieses Versprechen, und als sie später Jericho einnahmen, erteilte Josua seinen Kämpfern den Befehl, Rachaw und ihre gesamte Familie zu schonen – was sie auch taten.

Die talmudische Auslegung greift die Hilfe von Rachaw sehr positiv auf und befindet: „Die Prostituierte Rachaw rettete zwei ... umfasste ihre Familie gar zweihundert Personen, die ihrerseits weitere zwei hundert Familien einbanden – sie alle hatten ihre Errettung Rachaw zu verdanken. Auch ihr Pragmatismus wird in der talmudischen Auslegung positiv, wie folgt, kommentiert: Staatsmännern von Innen erwies Rachaw ihre Dienste ebenso wie Räubern und Fremden von Außen, „... denn ihr Haus war in der Mauer der Stadt".

„Komm, dass ich Dir den Mann zeige, den Du suchst!", Ja-äl, die Keniterin

„Komm, dass ich Dir den Mann zeige, den Du suchst", mit diesen Worten begrüßt Ja-äl, die Keniterin, den Feldherrn Barak. Soeben hat sie seinen Gegner Ssissra in ihrem Zelt umgebracht. Ssissra, jener Feldherr aus Chatzor, einem nördlichen Feind Israels, lag tot im Zelt einer Frau, im Zelt einer Keniterin, gesucht von seinem Rivalen Barak. Ja-äl war Ssissra entgegengekommen, und lud ihn in ihr Zelt ein: „Kehr ein mein Herr, kehr ein bei mir, fürchte nichts." Und er kehrte zu ihr ins Zelt ein und sie zeigte große Gastfreundschaft. Ganz höflich bat er um ein wenig Wasser, sie aber gab ihm nicht Wasser, sondern Milch und deckte ihn mit einem Fell zu. Eine Geste, die den letzten Zweifel, den er womöglich noch hegte, ausgeräumt haben dürfte.

Sehr umständlich, behutsam und auch nicht ganz eindeutig berichtet der TaNaCh, die jüdische Bibel, von dem Hergang der Tat der Ja-äl. „Da ergriff Ja-äl, die Frau Chevers, einen Zeltpflock, nahm den Hammer in die Hand, trat leise an ihn heran und stieß ihm den Pflock in die Schläfe, dass er in der Erde eindrang. Er aber hatte geschlafen, da wurde er schwach und starb."

Deshalb ruft Ja-äl den Sieger Barak: Komm, dass ich Dir den Mann zeige, den Du suchst, und weist ihn damit nicht ohne Stolz darauf hin, dass der tote Ssissra in ihrem Zelt nicht Hand an sich legte, sondern dass sie, Ja-äl die Keniterin, an der Seite Israels kämpfte. Bewusst oder nicht wurden Ja-äl und Barak zu Gehilfen der Prophetin Deworah. Ohne diese beiden wäre Deworah nicht zu dem Ruhm gelangt, den sie im TaNaCh genießt.

In ihrem Lobgesang (im 5. Kapitel des Buches Richter) lobte Deworah jene Stämme Israels, die in den Krieg zogen, und tadelte die anderen Stämme und Familien, die sich entzogen hatten. Ja-äl wurde darin mit besonderem Lob bedacht: „Gesegnet vor den Frauen sei Ja-äl, die Frau des Chever, des Keniters, vor Frauen im Zelt sei sie gesegnet. Um Wasser bat er, Milch gab sie, in der Hirtenschüssel reicht sie Rahm, die Hand streckt nach dem Pflock sie aus, die rechte nach dem Arbeitshammer. Zu ihren Füßen brach er nieder, fiel da, wo er niederbrach, da lag er totgeschlagen." Wie unumgehbar Anwendung von Gewalt sein kann, weiß auch die Bibel, und dass auch Frauen zu ihr greifen ebenso. Die Augen vor beiden Realitäten zu verschließen wäre nicht nur naiv und weltfremd, sondern auch bibelfern.

„Womit muss man dich binden?" – Delila, die Philisterin

„Und nachher, da liebte er eine Frau im Tal Sorek, und ihr Name war Delila" (16,4) – er, das war Schimschon, Simson, der jüdische Richter, der Kraft seiner Haarmähne sich gegen die Philister durchsetzen konnte; sie, Delila, eine Philisterin, die dritte in der Reihe von Philister-Frauen, auf die sich Schimschon einließ, wie uns die jüdische Bibel erzählt.

Der Name Delila, abgeleitet von der Wurzel d,l,l, bedeutet etwa verwässern, verdünnen, entkräften.

Als die Fürsten der Philister von der Verbindung zwischen ihr und Schimschon erfuhren, versuchten sie – über Delila – das Geheimnis seiner Stärke zu entschlüsseln. „Womit muss man dich binden?" sollte sie wiederkehrend und quälend fragen, um sein Geheimnis zu lüften – wofür sie tausendeinhundert Silberstücke von jedem Fürsten erhalten sollte.

Hagida na li bamä kochacha gadol …? fragt sie, was in deutscher Übersetzung etwa so lautet: „Sag mir doch, wodurch deine Kraft so groß ist, und womit man dich binden muss, auf dass du gebeugt werdest?" Warum fragt sie auf diese Weise? Wollte sie ihn dadurch gewinnen, dass sie seine Kraft in den Vordergrund stellte und als erstes nannte? Oder wollte sie bei ihm den Eindruck hinterlassen, ihn vor einer möglichen Festnahme zu bewahren?

Vertrauen lag dieser Beziehung nicht zugrunde, denn er antwortete ihr: „Wenn man mich mit sieben frischen Sehnen bände, die noch nicht getrocknet sind, so würde ich schwach und würde wie einer der Menschen" (16,7). Daraufhin brachten die Philister-Fürsten der Delila sieben frische Sehnen – doch zerriss sie Schimschon wie dünne Fäden. Beim zweiten Mal verließ sie sich nicht mehr auf die Philister-Fürsten, sondern holte die neuen, ungebrauchten sieben Sehnen selbst – aber auch diese zerriss er wie Fäden. Und beim dritten Mal, als sie auf sein Geheiß hin die sieben „Flechtlocken seines Hauptes mit dem Gewebe verwebt hatte", riss er den Gewebepflock samt Gewebe aus. Auf ungeahnte Weise schwächte sie ihn schließlich doch, denn „als sie ihm mit ihren Reden alle Tage zusetzte und ihn quälte, da zog sich ihm die Seele zusammen zum Sterben" (16,16). Da „tat er ihr sein ganzes Herz kund" (16,17) und verriet ihr, dass seine Kraft in seiner Haarmähne lag. Dieses Mal lieferte er ihr – unaufgefordert – auch die Begründung: „Ein Scheermesser ist nicht auf mein Haupt gekommen, denn ein Geweihter Gottes bin ich vom Mutterleib an" (16,17). Nun wusste Delila, dass er ihr die Wahrheit sagte, nun wusste sie, womit man ihn binden muss, auf dass er gebeugt werde ...

Lorenz Wilkens

MAGNIFICAT

Der Psalm der Maria

Vorbemerkung: Vorliegende Studie widme ich der Erinnerung an die „EF" – die Erweiterte Fachausbildung für Religionslehrerinnen und Religionslehrer – und dem Dank an ihren Leiter, Helmut Ruppel. Die EF wird aufgegeben. Ich habe dort seit 1982 in fast jedem Semester bis heute mit zunehmender Freude unterrichtet. Die Freude hatte drei Gründe:

Erstens die immer konkretere Erfahrung, dass es möglich ist, die biblische Tradition vor der Langeweile der dogmatischen Korrektheit und der Zweideutigkeit des Bekenntniszwangs zu retten. Die Bibel ist nicht zu dem Zweck entstanden, eine voraus festliegende „religiöse" Haltung – ‚Glauben' – zu bestätigen, die in ihrer Statik irgendeiner Dynamik des Bewusstseins misstrauisch gegenüberstehen würde. Sie ist im Gegenteil eine Sammlung von intellektuellen Dokumenten des Volkes Israels, in der sich seine einzigartige Energie zeigt, die Geschichte zu bearbeiten – Gotteserfahrung, Politik und Recht, Enttäuschungen und Hoffnung: Kampf des Bewusstseins gegen die Gleichgültigkeit. Überträgt man diese Perspektive auf das Neue Testament, so wird auch es neu erschlossen: Seine Sinnzusammenhänge zeichnen sich, in der Kontinuität der jüdischen Tradition gesehen, zum ersten Mal zwanglos ab; und es wird von der babylonischen Gefangenschaft des quellenkritischen Pointillismus ebenso befreit wie von dogmatischer Kontrolle.

Zweitens die Kolleginnen und Kollegen, denen ich als Dozent gegenübersaß: Die katechetische Ausbildung war ein zweiter Bildungsweg; und wer sie begann, dem wurde, erfolgreiche Ausbildung vorausgesetzt, ein zukünftiger Arbeitsplatz zugesichert. Das ergab eine verlässliche Motivation der in sich heterogenen Lerngruppe. Die Kollegen kamen aus den verschiedensten gesellschaftlichen Bereichen. Für viele würde der künftige Beruf ihr zweiter sein: sie brachten die Erfahrungen des ersten mit; viele, besonders Frauen, brachten aus der Erziehung ihrer Kinder elementare pädagogische Erfahrungen mit. Man arbeitete jenseits der akademischen Initiationen; statt dessen waren biographische Brüche durchzuarbeiten. Die Gespräche waren bunt, voll von Überraschungen, hartnäckigen Blockaden und anmutigen Durchbrüchen. Und die Arbeit erfuhr dadurch ihre Anspannung, dass sie auf die Öffentlichkeit bezogen war – die Schule. Die Berliner Katechetik war und ist ein eigentümliches Feld kirchlichen Lebens, auf das man in einer Zeit, in der die Kirche an Öffentlichkeit verliert, das Augenmerk besonders richten sollte, anstatt, immer lieb- und zielloser, nur zu ‚kürzen'.

Drittens der Leiter, Helmut Ruppel, vielseitig erfahren ebenso wie engagiert, entschieden und nachgiebig, der Tautologie der Macht abgeneigt, immer empfänglich für Zwischentöne. Für ihn nimmt mich ein, dass Mut und Witz bei ihm kaum zu unterscheiden sind. Ein fesselnder Dozent, hat er immer die Fähigkeit gepflegt, Kollegen ins Bild zu setzen und zu vermitteln. Seine eigenen Worte machen ihn nur wacher für die Worte anderer. Die lähmenden und paranoiden Wirkungen der Konkurrenz hat er von der Zusammenarbeit immer ferngehalten. Mir wird zunehmend deutlicher, wie kostbar diese Erfahrung ist.

Das Magnificat ist eine Zusammenstellung von Zitaten aus der hebräischen Bibel – Thorah, Propheten und poetischen Büchern. Zitate aus der Genesis bilden den Rahmen – Anfang und Ende. Eingefügt sind Zitate aus den Büchern Samuel, verschiedenen Psalmen, vor-exilischen und exilischen Propheten; das Bild wird durch zwei Anspielungen an Stellen aus dem Buch Hiob vervollständigt. Bei den Zitaten handelt es sich nicht um ganze Sätze, sondern Satzteile, in einem Fall nur ein Wort: Das erste Wort des Hymnus – magnificat (griechisch *megalýnei*): ‚macht groß' – ist aus Gen 12,2; dort spricht Gott zu Abraham, nachdem er ihm den Auftrag gegeben, das Vaterland – *Chaldäa* – zu verlassen: „Und ich werde dich zu einem großen Volk machen und dich segnen und deinen Namen groß machen …" Gott machte Abraham groß; nun wird er selbst von Maria groß gemacht.

Die Sätze des Magnificat sind aus mehreren Zitaten gebildet, allein der erste Satz aus sechs. Ein Zitat steht dabei für den ganzen Text, dem es entnommen ist – mithin für die Zeit, von der er spricht. Das Magnificat soll danach als *synopsis* verschiedener Zeiten der Geschichte Israels gelesen werden – seiner patriarchalischen Urgeschichte, der frühen Zeit der Richter, der Blütezeit unter König David, der Krise, die mit der Katastrophe der beiden Reiche endete, und der Erlösung und Wiederherstellung Jerusalems. Der Hymnus formuliert als Fülle der Zeit den Sinn des Bundes zwischen Gott und seinem Volk, der durch die Katastrophe nicht verloren, sondern gegen sie erhalten und durch sie verdeutlicht wurde. Die Geistesgegenwart, mit der Maria die Erinnerungen versammelt, ist ihre Antwort auf die Messias-Erwartung des Täufers, der seine Freude schon vor seiner Geburt im Mutterleibe geäußert hat (Lk 1,44). In den Augen der Urkirche wird die Anwesenheit des Messias durch solche prophetische Geistesgegenwart verbürgt (cf. Jes 61,1–2).

Es folgt eine Übersicht über die Einzelheiten

Teil 1: Lc 1, 46–48
(1) *megalýnei* (macht groß) — Gen 12,2: Segen Abrahams des Patriarchen
(2) *he psyché mu tòn kýrion* (meine Seele den Herrn) — 1. Sam 2,1: Loblied der Hanna, Mutter Samuels
(3) *egallíasen* (freut sich) — Ps 35,9: David im Angesicht seiner Feinde
(4) *epì tô theô tô sotêrí mu* (Gottes meines Retters) — Hab 3,8: vorexilische Prophetie
(5) *epéblepsen epì tèn tapeínosin tês dulês autû* (hat angesehen die Erniedrigung seiner Magd) — 1. Sam 1,11: Loblied der Hanna
(6) *makariûsí me pâsai hai geneaí* — Gen 12,3: In Abraham alle Generationen gesegnet; (werden mich segnen alle Generationen) „… werden mich glücklich preisen die Töchter"[1] cf. Gen 30,13: Leas Jubel über ihren Sohn Ascher:

Teil 2: v. 49–50
(7) *hágion tò ónoma autû* — (des Ps 111,9: Die Bundestreue Gottes Name heilig ist)
(8) *tò éleos autû eis geneás & c.* — Ps 103,11. 13. 17: Gottes Erbarmen verbindet die Zeiten (sein Erbarmen währt von Generation zu Generation)

Teil 3: v. 51–53
(9) *en brachíoni autû* (mit seinem Arm) — Ps 89,11: Der Bund Gottes mit David
(10) *dieskórpisen hyperephánus* — 2. Sam 22,28: Sieg- und Danklied König Davids (zerstreut, die hoffärtig sind)
(11) *katheílen dynástas* — Ps 147,6: Restitution Jerusalems (cf. Job 12,19; 5,11) (stößt herab die Mächtigen)
(12) *hýpsosen tapeínus* — 1. Sam 2,7: Loblied der Hanna (cf. Ez 21, 31) (erhöht die Niedrigen)
(13) *peinôntas enéplesen agathôn* — Ps 107,9: Danklied der Erlösten (die Hungrigen füllt er mit Gutem)
(14) *plutûntas exapésteilen kenús* — 1. Sam 2,5: Loblied Hannas (cf. Ps 34,11) (entlässt die Reichen leer)

Teil 4: v. 54s.
(15a) *antelábeto Israél* — Jes 41,8s.; Ps 98,3: Heilsweissagung während des Exils; Ankunft der Erlösung (hat sich Israels, seines Knaben, angenommen)
(15 b) *mnesthênai éleus* — (zu gedenken seiner Barmherzigkeit)
(16a) *kathôs elálesen* (wie er geredet hat) — Micha 7,20; Gen 17,7; 18,18; 22,17: vorexilische Prophetie; Abrahams Bund und seine Erneuerung
(16b) *tô Abraàm kaì tô spérmati autû* — (Abraham und seinen Nachkommen)

Es zeigt sich ein kunstvoll regelmäßiger Aufbau: Teil 1 und 3 enthalten, zählt man die Anspielungen an Job und Ez nicht mit, je sechs Zitate; zusammen erreichen sie die Zahl der Patriarchen Israels. Der – auch thematisch – zentrale Teil 2 enthält zwei Zitate, der Zahl der beiden Hauptteile entsprechend. Der Schluss, Teil 4, enthält vier Zitate, die sich sinnfällig in zwei Gruppen fassen lassen.

Die Zitate des ersten Teils bilden eine Reihe, in der die Erinnerung an die Geschichte Israels auf ihre Krise hintreibt, an ihrem dunklen Zentrum zurückgetrieben wird und zum Anfang zurückkehrt:

Bund des Patriarchen – Hoffnung der Mutter des Richters – König gegenüber dem Propheten – Mutter des Richters – Segen des Patriarchen (nun als der der Mutter)

Diese Reflexion der Geschichtszeit darf nicht allein auf die Krise bezogen werden, die König und Prophet zu Antagonisten werden lässt; sie muss auch mit der Tatsache zusammenhängen, dass Maria, indem sie für Abraham in das Verhältnis des Bundes mit Gott eintritt, das *magnificare* (groß machen), die Handlung Gottes an Abraham, sich aneignet und Gott sozusagen zurückerstattet: auch hier eine eigentümliche Reflexion, die die Entdeckung des Spielraums mütterlichen Bewusstseins repräsentiert.

Der dritte Teil ist von dem prophetischen Motiv des Ausgleichs der gesellschaftlichen Unterschiede beherrscht. Auch hier sind die sechs Zitate um ein Zentrum angeordnet: die Wiederherstellung Jerusalems, die in Ps 147 gefeiert wird. Sie ist die Erlösung von der Krise, die das Zentrum des ersten Teils bildet: der gesellschaftlichen Krise, die von dem Antagonismus zwischen König und Prophet (David und Habakuk zitiert) bezeichnet wird. Symmetrisch stehen sich je zwei Zitate dies- und jenseits des zentralen Motivs gegenüber: zwei für die Integrität des Königs – DAVID – zwei für die Hoffnung auf den Richter – SAMUEL. Das erste davon wird durch ein Zitat aus Ps 107, einem allgemeinen Danklied, erweitert. Das meint: Auch der Gegensatz von König und Richter (nicht nur der in Teil 1 thematische Antagonismus von König und Prophet) ist gelöst, wenn Jerusalem wiederhergestellt worden sein wird. Die Mutter kann diese Aussicht fassen; es ist dieselbe, die eröffnet wird, wenn man anerkennt, dass ihre Würde Gott „groß macht".

Der zweite Teil des Magnificat stellt, in Distanz von der Geschichte, zwei Hauptwörter ihrer Deutung zusammen: den Namen Gottes und sein Erbarmen. Der Name bezeichnet die Seinsmacht als Bundesmacht. Gott hat sich mit seinem Namen offenbart und an sein Volk gebunden. Wenn es ihn bei seinem Namen ruft, wird er sich ihm zuwenden und seinen Bestand (nach *Tillich* „Mut zu sein") erneuern. Das Volk hofft, dass, auch wenn es den

Bund gebrochen hat, die Zuwendung Gottes ihm erhalten bleibt – sein Erbarmen (*eleos*). Die Kontinuität der Geschichte steht für diese Hoffnung. Sie ist der Empfindung der Mutter besonders nahe.

Die Bedeutung des Hymnus im ganzen beruht nicht unwesentlich auf dem Verhältnis des dritten zum ersten Teil. Beide geben Figuren, in denen die Geschichtlichkeit des Bundes reflektiert werden kann. Er hat die Geschichte eröffnet; er ist durch sie in die Krise geraten. Gedankenlose Selbstbehauptung der Institutionen kann sich nicht auf ihn berufen. Sie kann nur von Wachheit der Geschichte gegenüber erkannt werden. Die Tautologie der Macht ruft den kritischen Geist der Propheten auf den Plan. Das kritische Verhältnis zwischen König und Prophet macht das unausgesprochene Zentrum des ersten Teils des Magnificat aus. Ihm steht im dritten Teil, mit dem Zitat aus Ps 147 als Zentrum, der Verweis auf die paradigmatische Lösung der Krise die Wiederherstellung Jerusalems gegenüber. Denn dort heißt es V. 2: „Der Herr baut Jerusalem auf, er versammelt die Versprengten Israels, der da heilt, die gebrochenen Herzens sind, und ihre Wunden verbindet; der den Sternen die Zahl bestimmt und sie alle mit Namen ruft."[2] König und Richter sind, wie gezeigt, um dies Zentrum symmetrisch angeordnet: Wenn Jerusalem wiederhergestellt ist, wird man des Königs- und des Richter-Amtes in demselben Atemzuge gedenken können. Ihr Verhältnis ist zum Frieden gekommen; die Unruhe, die Frage, die von der Ablösung des Richter-Amtes durch das königliche hervorgerufen wurde (cf. 1. Sam, 8), ist beantwortet. Die endlich für Jerusalem erreichte Integrität erlaubt den geschichtlichen Erinnerungen ein Nebeneinander in Gelöstheit. Nichts wird dann vergessen sein, kein Schmerz und keine Freude, kein Elend und kein Glück. Die Verantwortung für die Integrität ist endlich in der Klarheit der Erinnerung aufgehoben: זכור <*sachor*> – gedenke!

Entsprechend bringt der vierte Teil des Hymnus die *synopsis* der Zeiten zum Abschluss. Er geht von der Zeit des Exils über ein Erlösungslied und die vorexilische Zeit zurück zur Genesis, zu dem Bund, den der Herr mit Abraham geschlossen hat und der sich gegen den dämonischen Schein der Forderung, den einzigen Sohn zu opfern, behaupten musste (Gen 22,17). Und hier, am Schluss, wird auch der Name des Patriarchen genannt. In seinem Namen, durch ihn, wird alle Erinnerung versammelt; er war es, der dem Herrn den Bund abgewann – zur Begründung der Geschichte. Die Brücke zu seinem Namen aber gab das zweite im Zentrum des Hymnus vorgestellte Hauptwort der Geschichtsdeutung: *eleos*, das göttliche Erbarmen. Es steht für die lösende Macht in Gott, der sonst Macht des Namens ist: die Macht der Dinge, da zu sein und zu bestehen, verstanden als moralische Autorität – Verlässlichkeit.

Wir haben uns zum Schluss darüber zu verständigen, in welchem Sinne das Magnificat die Antwort auf die Messias-Erwartung ist, die Maria von Elisabeth und ihrem ungeborenen Kind, Johannes, entgegengebracht wurde Lk 1,44.

Das Magnificat ist das deutlichste überlieferte Modell urchristlicher Prophetie. Maria, die den Namen der Schwester des Mose trägt, *Mirjam*[3], der sonst in der hebräischen Bibel nicht vorkommt, steht für diesen prophetischen Geist und namentlich seine weibliche Qualität. Die Mutter Jesu beantwortet dessen Erwartung, als die des Messias, mit der hier beschriebenen Zusammenschau der Zeiten. Ihre Möglichkeit bezeichnet den Anfang der messianischen Zeit: Der Messias wird alle Erinnerungen wiederbringen. Er benötigt sie, um die Gerechtigkeit wiederherzustellen. Wenn sie geschaffen ist, kommen alle Erinnerungen zum Ausgleich. Keine muss fortan verleugnet werden. Sie sind alle dem Bewusstsein gleich nahe. Es verknüpft sie ohne Mühe miteinander, unwillkürlich wie die Assoziation. Der Gegensatz zwischen Assoziation und logischer Synthese ist aufgehoben (wie hernach in der Musik Bachs). Diesem Geist wird endlich die Erlösung Jerusalems gelingen, die schon lange aussteht: seine Befreiung von den Schatten der römischen Fremdherrschaft.

Anmerkungen

1   So nach der hebräischen Formulierung: *banoth*. Unter der Einwirkung von Gen 30,13 wird die Vorstellung des Abraham-Segens umgekehrt: In Abraham sollen alle Generationen gesegnet werden – alle Generationen werden Maria segnen. Diese Umkehrung knüpft an die vorige an und bekräftigt sie: Abraham wurde von Gott groß gemacht – Maria macht Gott groß. Dem Jubel Leas hatte der Name ihres Sohnes, *Ascher*, aufgeholfen: Er bedeutet ‚glücklich', als Verbum ‚glücklich preisen', und spielt an den Namen der Muttergöttin – *Aschera* – an.
2   Cf. Gen 15,5: „Und er (sc. der Herr) führte ihn (d.i. den Abraham) hinaus und sprach: Schau gen Himmel und zähle die Sterne – ob du sie zählen kannst? Und er verhieß ihm: So sollen deine Nachkommen sein."
3   Auf sie wird das vermutlich älteste Stück der Bibel zurückgeführt: das Siegeslied Israels nach dem Durchzug durch das Schilfmeer Ex 15,19s.

Avitall Gerstetter

Das jüdische Jahr –
vieles fremd und doch so vertraut

Martin Buber sagte einmal: „Alle Menschen haben Zugang zu Gott, aber jeder einen anderen. Gerade in der Verschiedenheit der Menschen, in der Verschiedenheit ihrer Eigenschaft und ihrer Meinung liegt die große Chance des Menschengeschlechts." (Weg des Menschen, S. 18). Diesem Ausspruch Bubers streng folgend, sollte ein tolerantes Miteinander gelingen. Gerade in einer Zeit, in der über die unterschiedlichen Glaubensüberzeugungen sehr konträr diskutiert wird, ist das Interesse am Anderen und Fremden Grundlage für Respekt und Verständnis. Meine Intention war es, Gemeinsamkeiten und Trennendes im Dialog zu erörtern und somit die Basis für ein besseres Verständnis zu schaffen. Im Mittelpunkt meiner Seminare am Theologischen Institut der EKiBB stand das Jüdische Jahr mit seinem liturgischen Zyklus. Als Kantorin habe ich die Musik zum Schwerpunkt meiner Tätigkeit gemacht. Musik, als transzendentales Medium, schafft Verbindungen, baut Brücken. Innerhalb der jüdischen Kultur hat die Musik schon immer eine wichtige Funktion gehabt. Sei es in Gestalt des wieder in Mode gekommenen Klezmers, der sich vorwiegend in Osteuropa entwickelt hat, seien es die jiddischen Lieder, die im Alltag ihren Platz fanden, oder auch die Synagogalmusik, die bereits zu Tempelzeiten erklang und eine der ersten Formen von musikalischen Notationen aufwies.

In der Hoffnung auf diesem Wege vielleicht auch Barrieren gegenüber der jüdischen Kultur abbauen zu können, möchte ich einen kurzen Blick auf die jahrhundertealte jüdische Musiktradition werfen, die in manchen nicht-jüdischen Ohren vielleicht so seltsam fremd und vertraut zugleich klingt.

Verschiedene Richtungen in der jüdischen Tradition

Die Synagogalmusik hat sich von der Zeit des Zweiten Tempels bis in die Gegenwart weiterentwickelt, verändert und im deutschsprachigen Raum ausgebreitet.

Es existieren drei Haupttraditionen, die wiederum verschiedene Regionalüberlieferungen hervorgerufen haben. Diese Stammtraditionen weichen voneinander sowohl im Text der Gebetbücher, als auch in der liturgischen Musik ganz erheblich ab, obwohl sie alle das Hebräische behalten und vielleicht auf eine gemeinsame Urtradition zurückgehen:
1. Jemenitisch (Äthiopisch, Babylonisch)
2. Aschkenasisch
3. Sephardisch

Als Aschkenas (nach 1. Mose 10,3) galt Deutschland, Sepharad (vgl. Obadja 20) waren Spanien und Portugal. Beide Namen übertrugen sich auf die dort lebenden Juden. Im modernen Sprachgebrauch gelten als Aschkenasim Juden des „westlichen", europäischen Kulturkreises, Sephardim sind „östliche, nordafrikanisch-vorderasiatische Juden" (Ortag 1997, 13).

Hier in Deutschland wird in den Synagogen vorwiegend der aschkenasische Ritus praktiziert. Dabei unterscheiden sich west- und ostaschkenasische Musiktraditionen. Als Folge von Pogromen und Vertreibungen kam es zu gegenseitigen Beeinflussungen der west- und ostaschkenasischen Riten. Der Begriff „aschkenasisch" ist ein biblischer Ausdruck. Er hat bereits „im frühen Mittelalter die Bedeutung ‚mitteleuropäisch' angenommen" (Werner 1983, VII) und umfasste etwa seit dem Jahre 1000 jenes Gebiet, in welchem man Mittelhochdeutsch oder Jiddisch[1] sprach. Ursprünglich entwickelte sich der aschkenasische Ritus zwischen 900 und 1450 im Rheinland und Ostfrankreich. Von hier aus verbreitete er sich weiter nach Osten und in den Norden, wo der aschkenasische Ritus einige Änderungen erfuhr und darauf in österreichische, polnische, böhmische und andere Riten aufgespalten wurde (vgl. Idelsohn 1932, Bd. VII, VIII). Somit erstreckt sich das aschkenasische Gebiet auch auf Länder, deren Amtssprache nicht Deutsch ist. Die weltweite Ausbreitung der Aschkenasim hängt mit den Vertreibungen der Juden aus Deutschland zusammen, die bereits während des Mittelalters flüchten mussten, um ihr Leben zu retten. Die im Westen verbliebenen Juden entwickelten ihre Kultur weiter. Im Laufe der Zeit entwickelte sich die aschkenasische Kultur in zwei Richtungen, die wir heute als Ost- und Westaschkenasim kennen. Innerhalb Deutschlands bildete die Donau die natürliche Grenze der beiden aschkenasischen Kulturkreise (vgl. Idelsohn 1932, Bd. VII, XII).

Die markanten Formen der Musiktradition der Aschkenasim lassen sich bis in das 11. Jahrhundert zurückverfolgen. In Städten wie Worms, Mainz, Köln, Speyer und Straßburg siedelten sich Rabbiner- und Vorbeterfamilien aus Italien an (vgl. Idelsohn 1932, Bd. VII, XII). Mit den Kreuzzügen (ca.

1100–1450) begann die reichste und produktivste Epoche der aschkenasischen Musiktradition (vgl. Werner 1976, VII). Die sogenannten „Missinai-Weisen"[2] sind jene Melodien, die speziell die aschkenasische Musiktradition ausmachen. Typisch ist ihre ausdrucksstarke Melodik. Die meisten notierten Gesänge findet man in der Gruppe der Aschkenasim. Mit dem Tod des bedeutenden Mainzer Rabbiners Jakob Levi, dem Maharil, ging im Jahr 1427 die Ära des aschkenasischen Synagogalgesanges mit seinen ursprünglichen orientalischen Klängen zu Ende. Es waren nun häufig deutsche Volkslieder, die in der Synagoge Einzug hielten und die Liturgie zu einem großen Anteil mitbestimmten. Die Volkslieder wurden von fahrenden Spielleuten von Ort zu Ort getragen und den Kantoren vorgestellt, beziehungsweise an diese verkauft. Die Melodien wurden von den Kantoren an die traditionellen Tonarten und Modi angepasst. Dabei fügten sie oft eigene Koloraturen und ähnliche Verzierungen hinzu, womit die ursprünglichen Melodien kaum wiederzuerkennen waren.

Im 18. Jahrhundert war die alte orientalische Tradition in den deutschen Synagogalgesängen fast gänzlich verschwunden. Wandernde Kantoren hatten sich mittlerweile zu Konzertmeistern entwickelt, die jeden Schabbat in einer anderen Synagoge sangen. In ihre „Auftritte" schlossen sie Tanzmusik und populäre Volksmelodien mit ein, die sie im Ghetto[3] gehört und imitiert hatten. Zu Beginn des 19. Jahrhunderts konnten die westaschkenasischen Juden mit dieser Kunst nicht mehr viel anfangen. Sie verstanden die Texte der hebräischen Gebete kaum noch und waren äußerst empfänglich für die Reformation des jüdischen Gottesdienstes, die im 19. Jahrhundert erfolgte. Komponisten wie *Salomon Sulzer* und *Louis Lewandowski*, die auch Kantoren waren, brachten ästhetische Klänge im Stil der Wiener Klassik in die Gebetshäuser. Der Besuch der Synagoge wurde so für viele Menschen wieder attraktiv, wodurch sie vermehrt zum Beten in die Synagogen gingen.

Einfühlung in die Klänge der Synagogalen Musik:

So wie es in der christlichen Liturgie Kirchentonarten gibt, hat auch die jüdische Musik verschiedene Modi, die je nach Feiertag eingesetzt werden. Die Kantillationsweise des Pentateuch, der fünf Bücher Moses, die ursprünglich einem natürlichen Moll am nächsten kam, erfuhr eine Verrückung in das parallele Dur, allerdings ohne Leitton und mit der Kadenzformel, die sich auch im Gregorianischen Gesang findet:

Synagoge

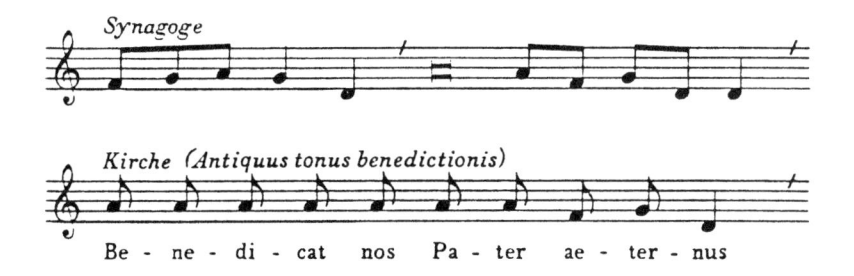

Kirche (Antiquus tonus benedictionis)

Be - ne - di - cat nos Pa - ter ae - ter - nus

Der so genannte Magen Avot[4] Modus, auch „Steiger" genannt, wird in der westaschkenasischen Tradition am häufigsten verwendet und geht auf die orientalischen Vorbilder zurück (vgl. Gradenwitz 1961, 147). Er ähnelt in seiner Struktur sehr der westlichen Moll – Skala sowie der äolischen Kirchentonart und besteht aus den Tetrachorden (d-e-f-g) und (a-b-c-d).

Magen Avot:

Das „Schma Israel" (zentrales Gebet im Judentum: Höre Israel, der Ewige unser Gott, der Ewige ist einzig) beispielsweise wird zu den Hohen Feiertagen auch in diesem Modus gesungen.

Zwischen dem 6. und 11. Jahrhundert entwickelte sich der Ahava Rabbah[5] Nussach. Dieser Steiger leitet sich vom Prophetennussach ab (vgl. Gradenwitz 1961, 147). Er ist der jüngste Modus und basiert auf den Tetrachorden (e-f-gis-a) und (h-c-d-e), wobei die Tonabstände beliebig auf andere Tonarten übertragbar sind. Was den Ahava Rabbah Steiger von den biblischen Skalen unterscheidet ist der übermäßige Sekundschritt (zweite Stufe). Man kann ihn mit keiner der westlichen Skalen vergleichen.

Ahava Rabbah:

Der Ahava Rabbah Modus ist in den Gemeinden in Kleinasien, Ägypten, Palästina, Syrien, Balkan, Ungarn, Rumänien und in der Ukraine vertreten, wo ihn die Mongolen und Tataren im 13. Jahrhundert eingeführt haben, was darauf schließen lässt, dass der Modus in den alten Gemeinden im Nahen Osten unbekannt gewesen sein muss. Interessanterweise ist es gerade dieser Modus, den die Juden benutzten, um ihre Gefühle in Zeiten der Verfolgung auszudrücken.

Erst im 17. Jahrhundert wurde dieser Steiger durch die Kantoren, die aus dem Osten kamen, nach Deutschland und Mitteleuropa eingeführt (vgl. Idelsohn 1992, 147). Da er aber einen eher exotischen Klang aufweist, wurde er als typisch polnischer oder russischer Traditionsnussach betrachtet. Die polnischen Kantoren wurden auf Grund dessen sehr von den mitteleuropäischen Gemeinden verehrt und ins Herz geschlossen (vgl. Werner 1976, 53). Heutzutage wird dieser Steiger am häufigsten verwendet. 85% der Kompositionen sind darin verfasst. Ferner hat man nicht mehr die ursprünglichen Assoziationen der demütigen Bitten und leidvollen Gefühle wie es zu Zeiten der Verfolgungen der Fall war.

Berlin war das Zentrum der Emigranten. Die Neueinwanderer benutzten die ihnen vertrauten traditionellen Tonarten im Gottesdienst; den Magen-Avot- und den Ahava-Rabba-Steiger (vgl. ebd., 54), der immer mehr Einzug in die deutschen Vorbeterschulen hielt.

Einige wichtige Formtypen der hebräischen Musik haben sich von der Tempelzeit bis in die Synagoge getragen: Psalmodie, Responsorium, die antiphonische Vortragsweise, die melismatischen, oft textlosen Gesänge und die Kantillation der Heiligen Schrift. Dagegen stammt die Hymnenform nicht aus dem Judentum, sondern ist nach syrischen und byzantinischen Mustern seit dem 7. Jahrhundert nachgebildet worden. Die sogenannten *Pijutim* (Gedichte) sind ein Bestandteil derer.

Gesangsformen, die sich besonders gut für den „Laien" eignen:

Der Niggun
Der Niggun ist ursprünglich ein Lied ohne Worte und hat eine besondere Eigenschaft: Er soll „den zaddik[6] in die Lage versetzen, die Geheimnisse der

Velvel Pasternak (Hg.),
The International Jewish Songbook.
Tara publications, New York 1994

menschlichen Seele zu erkunden, sie zu reinigen und zu höheren Sphären der Existenz zu erheben" (Ottens, Rubin, Jüdische Musiktraditionen, Kassel 1997, 38). Man singt den Niggun auf bedeutungslosen Silben wie: ba, boh, bam, trei, die, jaj, dai, oy etc. Die Chassidim, die diese Form von Gesang wieder aufblühen ließen, haben den Niggun nicht in seiner ursprünglichen Form belassen. Die chassidischen Niggunim[7] sind zwar weiterhin einstimmige religiöse Volksmelodien geblieben, erhielten jedoch zusätzlich bedeutungsvolle Texte.

NIGUN

Attributed to the chassidim of Bobov, this melody is often used as a processional during the traditional Jewish wedding ceremony.

Hassidic

ADON OLAM

Music: U. Hitman Lyrics: Liturgy

Uzi Hitman entered this melody in an Israel Chassidic Song Festival competition. It has became popular throughout the Jewish community world-wide.

Ein Niggun, wie ich ihn kenne, fängt langsam im *piano* an, meistens auf dem geschlossenen Vokal „u" und wird so lange im *piano* gesungen, bis der Großteil der Gemeinde ihn verinnerlicht hat. Dann wird er allmählich ins *mezzoforte* bis *forte* auf einer Silbe zum Beispiel „daj" gesteigert. Nach einer Verweildauer auf der Silbe „daj" decrescendiert man und geht zur Ausgangsform zurück. So ein Niggun kann bis zu 20 Minuten andauern.

Der Niggun gewinnt innerhalb der progressiven Bewegung in Deutschland immer mehr an Bedeutung. In den amerikanischen jüdischen Gottesdiensten hat er bereits in allen religiösen Richtungen im Judentum Einzug gehalten, was neben einem Großteil der Gebete eine Gemeinsamkeit unter den religiösen Strömungen (orthodox, konservativ, liberal etc.) darstellt.

Eine weitere Form, die sich gut eignet, ist der Hymnengesang. Wie bereits erwähnt beinhaltet die jüdische Liturgie Hymnen. Im 11. Jahrhundert begann eine große Ära in der Geschichte der hebräischen Gedichte, sowohl säkularer wie auch geistlicher Art. Damals war es üblich, religiöse Gedichte zum Rhythmus und zur Melodie populärer säkularer Lieder zu schreiben und ihren Klang auf hebräisch zu imitieren. Aus ihnen entstanden wiederum Gesänge, die sich aus den traditionellen Elementen des Synagogengesanges entwickelten. Statt des Textes wurden fortan die musikalischen Aspekte wie zum Beispiel die Melismen, Verzierungen und Koloraturen bevorzugt.

Mit der Hymne „Adon Olam" (Herr der Welt, siehe Notenbeispiel) wird der Gottesdienst in der Regel abgeschlossen.

Text „Adon Olam":

Herr der Welt, der schon regierte,
bevor noch ein Geschöpf erschaffen.
Zur Zeit als durch seinen Willen alles entstand,
seither wird er König genannt.
Und nachdem alles endet, wird der Ehrfurchtgebietende allein regieren.
Er war, und Er ist, Er wird sein in Herrlichkeit.

Literaturangabe

Avitall Gerstetter, CD „Die jüdische Stimme". Synagogale Gesänge und jiddische Lieder. Berlin 2003
Martin Buber, Der Weg des Menschen nach der chassidischen Lehre, Verlag Lambert Schneider, 11. Aufl. 1994
Peter Gradenwitz, Die Musikgeschichte Israels. Von den biblischen Anfängen bis zum modernen Staat, Kassel, u.a. 1961
Abraham Z. Idelsohn, Jewish music. Its historical development, New York 1992
Ders.: Hebräisch – orientalischer Melodienschatz. Die traditionellen Gesänge der Süddeutschen Juden, Bd VII. Leipzig 1932
Ronald H. Isaac, Jewish Music. It's history, people, and song, Northvale (New Jersey), u.a. 1997
Peter Ortag, Jüdische Kultur und Geschichte. Ein Überblick, Potsdam, 3., aktualisierte Aufl. 1997 (= Brandenburgische Landeszentrale für politische Bildung)
Velvel Pasternak (Hg.), The International Jewish Songbook, New York 1994
Eric Werner (Hg.), A Voice Still Heard. The Sacred Songs of the Ashkenazic Jews, The Pennsylvanian State University 1976
Ders. in Gustav Feller, Das Musikwerk. Hebräische Musik, Köln 1961

Anmerkungen

1 Jiddisch entstand im 12. Jahrhundert auf der Grundlage von Mittelhochdeutsch, durchsetzt mit hebräischen, lateinischen und französischen Begriffen. Nach den Vertreibungen in die östlichen Gebiete kamen noch slawische Elemente hinzu. Ursprünglich wird Jiddisch mit hebräischen Lettern geschrieben.
2 Mi Sinai (hebr.) „Vom Berg Sinai". Aus dem Namen geht bereits hervor, was für einen hohen Stellenwert diese Weisen haben. Auch die Tora hat Mose am Berg Sinai empfangen.
3 Eigene Wohngebiete. In Köln oder Prag waren es kleine Städte in der Stadt. Im Mittelalter wurden die Siedlungen abgeriegelt und von den übrigen Einwohnern isoliert. Damit wollte man verhindern, dass die Juden sich vollkommen assimilierten und mit den übrigen Einwohnern verschmelzen würden. Bei Pogromen wurde das Ghetto zu einer tödlichen Falle.
4 Übersetzung: Schutzschild des Vaters.
5 Übersetzung: Mit viel Liebe.
6 Übersetzung: der Gerechte/Gelehrte.
7 Mehrzahl von Niggun.

Wenn Sie sich für den jüdischen Gottesdienst interessieren und gerne einmal teilnehmen möchten, sind sie herzlich willkommen zu einem unserer Freitagabend-Gottesdienste in den liberalen Synagogen, Synagoge Oranienburger Straße, Synagoge Pestalozzistraße, Synagoge Hüttenweg. (Beginn 18.00 Uhr/19.00 Uhr) Gruppen werden gebeten sich vorher anzumelden.

Ingrid Schmidt

„Dass die Glaubenden gemeinsam Berge versetzen können ..."

Heilung der blutflüssigen Frau und der Tochter des Jairus

Markus 5,21–43

*21 Als Jesus mit dem Boot ans andere Ufer übersetzte, versammelte sich sofort eine Menschenmenge um ihn, und er blieb dicht am See stehen. 22 Da kam Jairus, vom Vorstand der Synagoge, sah Jesus und fiel vor seinen Füßen nieder. 23 Jairus bat ihn eindringlich: „Meine Tochter liegt im Sterben. Komm doch und lege die Hände auf sie, dann wird sie gesund werden und bleibt am Leben." 24 Da ging Jesus mit ihm. 24 Eine große Menschenmenge folgte Jesus nach und drängte sich um ihn. 25 Da gab es eine Frau, die seit 12 Jahren an Blutungen litt 26 und von vielen Ärzten vieles erlitten hatte. Sie hatte ihr ganzes Hab und Gut eingesetzt und ihr war doch nicht geholfen worden. Stattdessen wurde ihre Krankheit immer schlimmer. 27 Die hörte von Jesus, näherte sich in der Menschenmenge und berührte von hinten seinen Mantel. 28 Denn sie sagte sich: „Wenn ich ihn berühre, und sei es nur seinen Mantel, werde ich gesund werden." 29 Im gleichen Augeblick hörte ihre Blut auf zu fließen, und sie spürte an ihrem Körper, dass sie von ihrem Leid befreit war. 30 Gleichzeitig spürte auch Jesus an sich, wie die Kraft aus ihm herausfloss, drehte sich in der Menschenmenge um und fragte: „Wer hat mich am Mantel berührt?" 31 Da sagten seine Jüngerinnen und Jünger zu ihm: „Du siehst doch, wie die Menschenmenge sich um dich drängt, und du fragst: Wer hat mich berührt?" 32 Jesus blickte sich weiter nach der um, die dies getan hatte. 33 Die Frau fürchtete sich und zitterte, denn sie hatte begriffen, was mit ihr geschehen war. Sie trat vor, warf sich vor ihm nieder und sprach zu ihm von der Fülle der Wahrheit Gottes. 34 Da antwortete er ihr: „Tochter Israels, dein Zutrauen, dein Glaube hat dir geholfen. Gehe hin in Frieden und sei dauerhaft geheilt von deinem Leiden."
35 Unterwegs kamen ihnen Bedienstete aus dem Haus des Synagogenvorstehers entgegen und riefen: „Deine Tochter ist gestorben. Was behelligst du den Lehrer noch?" 36 Jesus hörte das Gesagte und sprach zu Jairus: „Fürchte dich nicht, hab nur Vertrauen!" 37 Und niemand durfte ihm folgen außer Petrus, Jakobus und dessen Bruder Johannes. 38 Sie kamen ins Haus des Synagogenvorstehers, und Jesus bemerkte große Aufregung, hörte lautes Weinen und Klagen.*

39 Da ging er hinein und sagte zu ihnen: „Warum regt ihr euch auf und warum weint ihr? Das Kind ist nicht gestorben, es schläft nur." 40 Da lachten sie Jesus aus. Er aber warf alle hinaus, nahm den Vater und die Mutter des Mädchens und die bei ihm waren und trat ins Zimmer, wo das Kind lag. 41 Jesus ergriff die Hand des Mädchens und sagte zu ihr: „Talitha kumi!", das heißt übersetzt: „Junge Frau, ich sage dir, steh auf!" 42 Sogleich stand die junge Frau auf und ging umher – sie war nämlich schon zwölf Jahre alt. Die Menschen gerieten völlig außer sich vor Begeisterung und Entsetzen. 43 Doch Jesus trug ihnen eindringlich auf: „Niemand soll von meinem Tun erfahren. – Und gebt der jungen Frau gleich etwas zu essen."

(der gottesdienst. Liturgische Texte in gerechter Sprache, Bd. 4, Gütersloh 2001)

Das Berliner Kupferstichkabinett hütet viele Schätze, darunter Zeichnungen und Radierungen Rembrandts zur Bibel. Angeregt durch die Druckgraphik aus dem 15., 16. und 17. Jahrhundert entwickelte sich Rembrandt (1606–1669) früh zu einem herausragenden Maler-Zeichner, dem es vor allem durch seine graphischen Arbeiten gelang, Christen ganz unmittelbar mit den Erzählungen des Alten und Neuen Testaments in Berührung zu bringen. Er illustrierte die Bibel nicht, er legte sie aus. Zu den anrührendsten Blättern gehört „Die Auferweckung von Jairus' Tochter": Der leicht geneigte Kopf der jungen Frau sowie die mit einem Tuch bedeckten Schultern ruhen auf einem Kissen, mit geschlossenen Augen, zu Tode erschöpft liegt sie da. Unter einer Decke zeichnet sich der schmale Körper ab, das rechte Bein leicht angewinkelt. Das Bett mit hoher Rückwand ist so ins Bild gerückt, dass das Elend unmittelbar offenbar wird. Der durchsichtige Vorhang links und ein durch Parallelschraffuren skizzierter Fußboden charakterisieren den Raum als einen Alkoven. Die Heilung des Mädchens liegt „in Jesu Hand", segnend hält er sie über den Kopf der jungen Frau. In einer Diagonalen ist sie mit den gefalteten Händen der Mutter verbunden. Die Eltern – zur Linken und Rechten Jesu – sind dem Geschehen ganz nahe, drei (oder vier?) Männer unterschiedlichen Alters im Hintergrund werden – aufmerksam, in stiller Konzentration – ebenfalls Zeugen der Auferweckung der Sterbenden. Eltern und Jünger sind diejenigen, die mit Jesus glauben, dass das Mädchen leben wird.

Das Bild spricht eine leise Sprache. „Die leise Sprache der Gesten. Die leise Sprache der Gesichter ... Bei Rembrandt ist alles zum Schweigen gebracht" (Werner Schmalenbach). Als er diese Hoffnungsgeschichte zeichnete, lebte er selbst in äußerster Bedrängnis. Er war hoch verschuldet, musste Konkurs beantragen, verlor seinen Besitz einschließlich einer äußerst wertvollen Kunstsammlung. Er musste sein Haus verlassen und durfte seine

Rembrandt
Die Auferweckung von Jairus' Tochter
Rohrfederzeichnung, laviert, stellenweise mit Weiß überdeckt, 198 x 198 mm, um 1660–62

eigenen Werke nicht mehr verkaufen. Sein Sohn Titus und Hendrickje Stoffels, seine Lebensgefährtin nach Saskias Tod, gründeten 1660 eine Kunsthandlung, in der Rembrandt als Angestellter mitarbeitete. Titus war sein einzig überlebendes Kind (1641–1668). Der erste Sohn und zwei Töchter starben im frühen Kindesalter. In der von Rembrandt mit energischen, unterschiedlich zarten und kräftigen Linien gezeichneten Atmosphäre des Sterbezimmers spiegeln sich gewiss auch des Künstlers eigene Erfahrungen mit Tod und Sterben wider.

Aber Rembrandt legt die Bibel aus. Er nimmt Jesu Wort gegen das vermeintliche Wissen der Trauernden ernst: „Das Kind ist nicht tot, es schläft." Nicht die Überwindung von naturwissenschaftlichen Gesetzen wird hier erzählt, sondern „die Durchbrechung von Resignation und Gottferne" (Luise Schottroff). Die erstaunliche Aufforderung Jesu am Ende: „Gebt der jungen Frau gleich etwas zu essen" macht auf den sozialgeschichtlichen Hintergrund der Erzählung aufmerksam: Hunger, Krankheit, früher Tod als ständige Bedrohungen und zerstörerische Mächte in Palästina unter der Herrschaft Roms. Immer wieder aber erzählen die Evangelisten voller Trotzenergie Geschichten vom Brot, vom Essen und Sattwerden in Jesu Nähe.

In die Erzählung vom Gesundwerden der behüteten Tochter des Jairus hat Markus die Heilung der unheilbar kranken, namenlosen Frau eingebunden. Aus dieser Zusammenschau erwächst eine über die Einzelerfahrung hinaus reichende Hoffnung: „Dass die Glaubenden gemeinsam Berge versetzen können" (Luise Schottroff).

Die blutflüssige Frau
(Predigt in der Lutherkirche Spandau, 26. September 2004 (leicht gekürzt), Predigtreihe 2004: „Sehen, handeln, kämpfen, heilen")

Liebe Gemeinde, viele herzbewegende Heilungsgeschichten werden in der Bibel erzählt. Diese Erzählung aber, von der Heilung einer blutflüssigen Frau, hat etwas Peinliches an sich. „Schockierend körperhaft" nannte sie ein Neutestamentler (Eduard Schweizer). Eine Frauenkrankheit. In welchen Kreisen sprechen Frauen über ihre ausbleibende „Periode", über Unregelmäßigkeiten ihrer „Tage", ihrer „Regel", über Menstruationsschmerzen? Wann reden wir von „Blutungen"? Bei der Ärztin, ja, im Kreis von Freundinnen, aber in der Öffentlichkeit? Denn diese Erzählung ist doch zum Weitererzählen in der Öffentlichkeit aufgeschrieben worden. Von wem? Vielleicht ist sie lange Zeit in Frauenkreisen weitererzählt worden, dann von Markus in sein Evangelium aufgenommen und mit der Geschichte von der Tochter des Jairus verbunden worden. Zwei Frauengeschichten, verbunden durch das Wort „Tochter". Denn Jesus nennt die namenlose Frau mit der schweren Erkrankung „Tochter". Das ist mehr als eine Stichwortverknüpfung. Wenn wir dem griechischen Text folgen, sagt Jesus übrigens nicht in diesem väterlichen Ton – vermutlich ist er doch jünger als sie – „meine Tochter". Er sagt „Tochter" im Sinne von „Tochter Israels", du bist eine von uns, du gehörst zu uns, ich gehöre zu dir, eine Gemeinschaft sind wir von Juden und Jüdinnen. Und das bedeutet entschieden mehr als eine besorgte momentane zärtliche Zuwendung.

Schauen wir uns die Geschichte noch einmal an. Seit zwölf Jahren leidet die Frau am Blutfluss. Zwölf Jahre, das ist im Leben eines Menschen eine lange Zeit. Mit zwölf feiert ein jüdisches Mädchen ihre Bat Mitzvah, wird sie Tochter des Gebotes, in die Gemeinde der Erwachsenen aufgenommen. Zwölf Jahre – ein ganzer Lebensabschnitt. Zwölf Jahre krank sein, das geht nicht schnell vorbei, das ist ein ganzer Lebensabschnitt, zunehmend bestimmt von Schmerzen, Isolation, Einsamkeit und wie der Text berichtet von Ausbeutung und Verarmung, denn alles, was sie besaß, hatte sie für die

Rechnungen der Ärzte aufgewandt, aber nichts hatte geholfen, im Gegenteil! Nun hört diese Frau in aussichtsloser Situation von dem Arzt und Heiler Jesus. Das Wunder ihrer Auferstehung nimmt seinen Anfang. Sie entscheidet sich aufzustehen und zu ihm zu gehen. Wir hören von niemandem, der sie begleitet. Familie? Freundinnen? Ist sie inzwischen von allen verlassen? Sie wagt nicht, diesen Menschen, von dem sie gehört hat, dass er Menschen gesund machen kann, inmitten der Menge direkt anzusprechen, ihm ihr Leid zu klagen, ihn um Hilfe zu bitten. Vielleicht hätten die Umstehenden sie auch nicht vorlassen können oder ihr nicht Platz machen wollen inmitten der bedrängenden Enge. Auf zwei Wörtern ruht der weitere Erzählverlauf: „spüren" (zweimal) und „berühren" (viermal). Die vorsichtige Berührung des Mantels wird für die Kranke eine sie ganz und gar verwandelnde Erfahrung. Sie öffnet sich, sie traut sich, sie spürt – wie Jesus auch – die Gegenseitigkeit einer ungewöhnlichen Erfahrung. Sich anzusehen ist in diesem Augenblick nicht möglich, nicht wichtig. Sich berühren und berühren lassen, bedarf manchmal anderer Sinneserfahrungen als Sehen und Gesehenwerden. Das ‚Ansehen' ist vielleicht einer solchen gemeinsamen Erfahrung gar nicht förderlich.

„Gehe hin in Frieden." Jesus, der Arzt, auch der Seelsorger, der sich vom Schmerz der Frau berühren lässt, ohne Ansehen der Person, sagt Schalom: Leben ist wieder möglich, Leben das sinnvoll ist. „Gehe hin in Frieden und sei dauerhaft geheilt von deinem Leiden." Ist sie wieder gesund? Was heißt das, gesund sein? Gesundheit ist m. E. eine sehr individuelle Kategorie. Eine Siebzehnjährige beschreibt ihre Gesundheit anders als eine Siebzigjährige. Und die Gesundheit einer Frau, die zwölf Jahre ihres Lebens Schlimmstes durchgemacht hat, ist nur vor dem Hintergrund dieser Lebenserfahrung zu umschreiben. Aber die Geschichte endet mit diesem Zuspruch und Anspruch: „Sei dauerhaft geheilt von deinem Leiden." Markus beschreibt die Erfahrung der Frau so: Sie „fürchtete sich und zitterte, denn sie hatte begriffen, was mit ihr geschehen war." Vielleicht kennen einige von uns auch solche Erfahrungen: von Emotionen überwältigt, gefühlsmäßig und leibhaftig, begleitet von Momenten der Hellsichtigkeit, einer unbedingten Gewissheit, dass alles gut wird. Wie heißt es im Markustext: „Sie sprach zu ihm (zu Jesus) von der Fülle der Wahrheit Gottes."

Diese biblische Erzählung ermutigte mich, den „historischen Graben" zu überspringen und eine „entsprechende" Erzählung heranzuziehen. Käme folgende biografische Skizze von Maria Lorcencova dem Heilungswunder aus dem Markus-Evangelium nahe?

Ich, geborene Kostyrja Maria Ivanowna, bin am 17.7.1924 in der Stadt Gradishskie Gebiet Poltawa (Ukraine) geboren. Im Jahre 1942 wurde ich von den deutschen Faschisten verhaftet und nach Deutschland gebracht. Vom 28.11.1942 an war ich in der Stadt Fulda in einer Luftwaffenfabrik. Dort schloss ich mich einer Untergrundgruppe an, wo mir vorgeschlagen wurde, sowohl mit verschleppten Menschen als auch mit Deutschen antifaschistisch zu agitieren. Ich verbreitete Flugblätter und habe die Arbeiter zur Sabotage aufgerufen – für dieses Werk, das für Hitler-Deutschland gearbeitet hat. Etwas später wurde ich zusammen mit zwei weiteren jungen Frauen von einem Mitglied unserer Gruppe verraten. Wir wurden in das Gefängnis von Fulda gebracht. Später war ich in Einzelhaft, in den Gefängnissen Kassel, Halle, Hannover, Berlin-Alexanderplatz. 1943 wurde ich in das KZ Ravensbrück überführt. Nr. 23206, und später kam ich in eine Filiale von Ravensbrück – Militärwerk – wo ich bis zum Ende des Krieges gearbeitet habe. Am 30. April 1945 wurde ich von den Sowjets befreit. Im Juli 1945 wurde ich in meine Heimat G. zurückgebracht. Dann Lehre, Eheleben, mein bereits verstorbener Mann war ein Militär, dann Kindererziehung. Mein Mann starb am 21.8.2003. Jetzt bin ich Rentnerin, lebe in Chisinau.

Maria Lorcencova war 14 Tage in Berlin, zusammen mit neun anderen ehemaligen ZwangsarbeiterInnen aus Moldawien, eingeladen vom Maximilian-Kolbe-Werk zu einem Erholungs- und Begegnungsaufenthalt. Gestern sind sie zurückgeflogen. Ich traf die Gruppe im Kloster Karmel Regina Martyrum am vergangenen Montag. „Abendessen, Begegnung und Gespräche mit SchülerInnen und LehrerInnen des Canisius-Kollegs" stand auf ihrem Programm. Das Thema „Zwangsarbeit" gehört in die furchtbarste Geschichte Deutschlands. Zwölf Jahre NS-Herrschaft – hier begegnet uns die Zahl wieder – eine unvorstellbar lange Zeit für Verfolgte, Gefolterte, im Versteck Überlebende, für Flüchtlinge, Zwangsarbeiter, KZ-Häftlinge. Im nächsten Jahr werden wir durch das Datum 8./9. Mai 2005 an das Ende, an die Befreiung vor 60 Jahren erinnert. Schon jetzt beginnt der Streit um eine angemessene Form der Erinnerung. Darf Bundeskanzler Schröder an diesem Datum in Moskau weilen? Werden wir uns erinnern, noch einmal berühren lassen?

Ich will Ihnen keine Einzelheiten aus Marias Leidensgeschichte zumuten. Nur so viel zum Frauen-Konzentrationslager Ravensbrück: Marias Erzählung unterschied sich von der der Männer vor allem durch die traumatischen Erfahrungen, die die Verletzungen ihrer körperlichen Integrität verursachten. Wie drückte es doch der Neutestamentler im Hinblick auf die biblische Erzählung aus? „Schockierend körperhaft!"

Eine Erfahrung, der Asyl suchende Frauen auch heute massiv ausgesetzt sind. „Kriegsort Frauenkörper" war die Titelseite der Evangelischen Wochen-

zeitung die Kirche vom 5. Sept. 2004 überschrieben. Ich zitiere einige Zeilen aus dem Artikel:
Die Mehrheit aller Flüchtlinge weltweit sind Frauen. Doch nur ein Prozent von ihnen erreicht als Asylbewerberin eines der europäischen Aufnahmeländer ... Woran liegt das? Haben Frauen weniger Gründe zu fliehen? Im Gegenteil: Frauen sind auf der ganzen Welt die ersten Opfer von bewaffneten Konflikten ... Vergewaltigungen (werden) als Kriegswaffe eingesetzt ... Oftmals weigern sich die Regierungen, die Täter zur Rechenschaft zu ziehen ... Ohne männliche Begleitung drohen ihnen sexualisierte Übergriffe durch Schlepper und feindliche, bewaffnete Gruppen. Aber auch Grenzposten, Polizei, militärische und zivile Mitarbeiter und Amtspersonen ... nutzen die Wehrlosigkeit der Frauen und ihre Abhängigkeit auf der Flucht skrupellos aus ... Auch im Aufnahmeland ist Gewalt gegen Frauen keine politische Kategorie ... Eine Frau, die in Deutschland Asyl beantragt, weil ihr Zwangsverheiratung oder Genitalverstümmelung drohen, bekommt – wenn überhaupt – nur eine Duldung.

Was mich in dem Gesprächskreis zwischen den Frauen und Männern aus Moldawien und den SchülerInnen berührte: Die ehemaligen ZwangsarbeiterInnen und KZ-Häftlinge wollten unbedingt ihre Geschichte erzählen. Viele hatten ihr Leben lang nicht erzählt, hatten ein Leben lang geschwiegen, waren einsam, isoliert mit ihren Erfahrungen, arm waren sie sowieso. Wer in der Sowjetunion nach dem Krieg erzählte, dass er für die Deutschen gearbeitet hatte – arbeiten musste! – musste erneut um sein Leben fürchten, galt als Verräter, verbrachte oft Jahre in sowjetischen Straflagern. Nun hörten ihnen, vielleicht das erste Mal ohne Vorbehalt, andere zu. Sie erfuhren Aufmerksamkeit, spürten Anteilnahme und Sympathie. In diesem Kreis wurde etwas spürbar vom Schalom der biblischen Geschichte. Es gab so etwas wie Gegenseitigkeit, ein Sich-berühren-lassen. Für mich liegt u.a. darin das für die Gegenwart Bleibende der Geschichte von der blutflüssigen Frau: Die Tugend der Aufmerksamkeit lernen und einüben und spüren, wie ich mich – auch sehr konkret – von den Leiderfahrungen anderer berühren lasse.

Lassen Sie mich noch einmal zu der biblischen Geschichte von der Frau, die zwölf Jahre an schweren Blutungen litt, zurückkehren. Soweit ich weiß, war sie nie empfohlener Predigttext. Ausgelegt wurde sie immer wieder von christlichen Theologen. Aber nicht der Anbruch einer heilen Zeit ist von zentralem Interesse gewesen, sondern der angebliche Tabubruch einer Jüdin, die trotz ihrer kultischen Unreinheit einen Mann berührt. Und Jesus der Frauenfreund im Gegensatz zur Frauenverachtung des Judentums – das waren bevorzugte Themen der Auslegung: „Er befreit eine Frau von der

Unterdrückung durch jüdische Unreinheitsgesetze und Unreinheitspraxis" (L. Schottroff, Vorwort zu U. Metternich). Diese kleine Erzählung von dem Lebensmut einer Frau wurde zum „Beweisstück für die Notwendigkeit des christlichen Antijudaismus". Christliche Nächstenliebe gegen jüdisches Gesetz – so entwickelte sich die Argumentation und bestimmte uns bald 2000 Jahre. Erst neuere Arbeiten christlicher Theologinnen (die jüdische Überlieferung haben wir ganz selten nur zur Kenntnis genommen) haben unseren Blick dafür geschärft, wie viel antijüdische Polemik sich mit christlicher Theologie verband. – Lassen Sie uns die Geschichte hören als eine Mutmachgeschichte von Frauen, die sich trauen, eine Aufstehgeschichte gegen Apathie und Vorurteile. Erzählen wir sie weiter …

Zum Weiterarbeiten in Schule und Gemeinde

Ingo Baldermann u.a., „Erinnert euch doch: Talitha kumi", in: Religion 5/6 – Hoffnung lernen, S. 152 f

КОНТАКТЫ/KONTAKTE. Verein für Kontakte zu Ländern der ehemaligen Sowjetunion, Feurigstr. 19, 10827 Berlin, Tel. (030) 78 70 52 88; Spendenkonto: Berliner Volksbank / BLZ 100 900 00 / Kto 306 55 99 006 / Kennwort: „Zwangsarbeit"

КОНТАКТЫ/KONTAKTE hat 2004 die Initiative „Bürger-Engagement für ZwangsarbeiterInnen und andere NS-Opfer in Osteuropa" ins Leben gerufen, eine humanitäre Hilfe für diejenigen, die keine Leistungen von der Bundesstiftung „Erinnerung, Verantwortung und Zukunft" erhalten konnten

Maria Kreutzer, Rembrandt und die Bibel. Radierungen, Zeichnungen, Kommentare, Stuttgart 2003

Ulrike Metternich, Sie sagte ihm die ganze Wahrheit. Die Erzählung von der „Blutflüssigen" – feministisch gedeutet, Mainz 2000

Luise Schottroff, „Dem Tod nicht glauben, Markus 5,21–43", in: Exegetische Skizzen. Einführung in die Texte der Bibelarbeiten und Gottesdienste zum 29. Deutschen Evangelischen Kirchentag Frankfurt a.M. 2001, S. 52–61

Wolfgang Wippermann

Diabolischer Antisemitismus
Luther, der Teufel und die Juden

„Der späte Fremdkörper des Antijudaismus lässt sich unbeschadet der Theologie Luthers als an diese nur angehängte zeitbedingte Abirrung wieder ablösen"[1]. Dieser Satz Martin Bienerts enthält drei Behauptungen: Erstens, dass es sich bei Luthers Judenfeindschaft „nur" um „Antijudaismus" und keineswegs um Antisemitismus gehandelt hat. Zweitens, dass dieser „Antijudaismus" nur im Spätwerk Luthers zu finden sei, während der junge Luther noch judenfreundlich und ihnen gegenüber tolerant gewesen sei. Drittens, dass dieser „Antijudaismus" des alten und, wie von Bienert und anderen Apologeten[2] immer wieder kolportiert wird, von Krankheiten geplagten und von den bekehrungsunwilligen Juden enttäuschten Luther kein zentraler Bestandteil seiner Theologie, sondern nur eine „zeitbedingte Abirrung" gewesen sei, die man folglich leicht überwinden und vom ansonsten guten Luther „ablösen" könne. Alle drei Behauptungen Bienerts sind falsch.

Falsch ist einmal und vor allem die letzte: Luthers Judenfeindschaft war keine akzidentielle und von seiner „Theologie" leicht ablösbare „Abirrung", sondern die notwendige Folge seines Teufelsglaubens. Luther war ein „Mensch zwischen Gott und Teufel".[3] Er glaubte fest an die leibliche Existenz des Teufels und fühlte sich von ihm verfolgt und persönlich – so bei seinen Verdauungsproblemen – geplagt. Man kann in diesem Zusammenhang durchaus von einem „Verfolgungswahn"[4] sprechen, der psychotische Züge trug. E. H. Erikson hat Luther eine „Teufels-Phobie" attestiert.[5] Doch dies ist nicht alles. Auch für den Theologen Luther war der Teufel existent und von zentraler Bedeutung. Jedenfalls für das Verständnis des Neuen Testaments. Denn hier hat sich die im Alten Testament nur angedeutete Satansidee vollständig durchgesetzt. Der Teufel ist hier der „quasi gottgleiche (...) Inbegriff des Bösen"[6] und der Widersacher Jesu. Durch die Menschwerdung Jesu wurde der Teufel auf den Plan gerufen. „Evangelium vocat Satanam"[7] – meint Luther und die Nichtanerkennung des Evangeliums gerade durch die Juden ist für ihn der Beweis sowohl für die Existenz des Teufels wie für die biblische Verteufelung der Juden, die eben „Teufelskinder" (Johannes 8,44) und des „Satans Synagoge" (Offenbarung, 2,9 und

3,9) sind, bzw. sein sollen. Luthers Judenfeindschaft ist die logische Konsequenz seines Teufelsglaubens. Daher war Luther von Anfang an und nicht erst im Alter judenfeindlich eingestellt. Schon in seiner Psalmenvorlesung aus den Jahren 1513 bis 1515 rechnete Luther die Juden zu der in der Offenbarung erwähnten „Synagoge des Satans", weil sie für die Kreuzigung Jesu verantwortlich seien und weil sie wegen ihrer „Bosheit und Treulosigkeit (...) die sie gegen Christus geübt haben", aus dem „... Ölbaum ausgebrochen" seien.[8] Auf das hier erwähnte Ölbaum-Gleichnis des Apostels Paulus (Römer 11) rekurrierte Luther auch in seiner 1523 verfassten Schrift „Dass Jesus Christus ein geborener Jude sei".[9]

Hier betonte Luther die Notwendigkeit, die Juden zu bekehren. Allerdings solle dies „freundlich" und nicht so geschehen, wie es die von Luther noch nicht reformierte Kirche getan habe. Ist dieses Angebot wirklich „judenfreundlich" oder gar „tolerant", wie Bienert und andere Apologeten meinen? Wohl kaum! Luther sah in den Juden allenfalls Objekte seiner Mission und betrachtete sie als sein-sollende-Christen, aber eben nicht als Juden, die auf ihre jüdische Identität nicht verzichten wollten.[10] Die Alternative zu der von Luther nicht erbetenen, sondern energisch und kompromisslos geforderten Aufgabe ihres Glaubens und ihrer Identität war ihre Verteufelung und Vernichtung, die von Luther fortan gefordert wurde.

Dies begann bereits drei Jahre später in den 1526 veröffentlichten „Vier tröstlichen Psalmen an die Königin zu Ungarn"[11], in denen die Juden als vom „Satan", der „zu ihren Rechten" stehe, „verstockt" und „verblendet" dargestellt werden; setzte sich in der 1537 gehaltenen Genesisvorlesung[12] fort, wo sich der Spionagevorwurf findet; und erreichte ein Jahr später, 1538, in der Schrift „Wider die Sabbather an einen guten Freund"[13] einen weiteren Höhepunkt. Ob Luther hier wirklich das vom Grafen Schlick von Falkenau (dies ist der „gute Freund") kolportierte Gerücht, wonach die Juden missionieren würden, was völlig unwahrscheinlich ist, glaubte, ist unerheblich, auf jeden Fall keine Rechtfertigung für seine judenfeindlichen Ausfälle. Überschätzt wird m. E. auch der Einfluss der judenfeindlichen Schrift des Konvertiten Antonius Margarita „Der gantz Jüdisch glaub"[14] aus dem Jahr 1530, weil Luthers Judenfeindschaft zu diesem Zeitpunkt bereits fest verwurzelt und, wie erwähnt, mit seinem Teufelsglauben verbunden war.

Diese Verteufelung der Juden hat Luther dann in dem 1543 veröffentlichten extrem judenfeindlichen Pamphlet „Von den Juden und ihren Lügen"[15] noch weiter ausgewalzt und radikalisiert: Die Juden seien „leibhaftige Teufel", „die Brunnen vergiftet, Kinder gestohlen und gepfrimet (= durchbohrt) hätten. Die Juden seien „voll Hoffart, Neid, Wucher[16], Geiz und aller Bosheit" und nur daran interessiert, die Christen auszubeuten.

„Sie (= die Juden) sind auf das Gold und Silber der Heiden erpicht. Kein Volk unter der Sonne ist geiziger als sie sind und weiterhin bleiben, wie man an ihrem verfluchten Wucher sieht." Durch ihren Reichtum und Wucher hätten sie sich zu Herren der Christen aufgeschwungen. „Jawohl, sie halten uns Christen in unserem eigenen Land gefangen, sie lassen uns arbeiten im Schweiß der Nasen (und) Geld und Gut gewinnen, während sie (= die Juden) derweil hinter dem Ofen sitzen, faulenzen, pompen (= feiern) und Birnen braten, fressen, saufen und von unserem erarbeiteten Gut leben. Sie haben uns und unsere Güter durch ihren verfluchten Wucher in ihre Gewalt gebracht. Sie sind unsere Herren, wir ihre Knechte."

In der ebenfalls 1543 veröffentlichten Schrift „Vom Schem Hamphoras und vom Geschlecht Christi" hat sich Luther noch hasserfüllter über die Juden geäußert.[17] Sie seien eine „grundsuppe", bzw. eine Bande von vaterlandslosen Verbrechern, die sich „wie die Zigeuner" aus allen Ländern zusammengerottet hätten, um den guten und rechtschaffenen christlichen Völkern zu schaden, indem sie sie ausspionieren und an die Türken verraten würden. Außerdem wiederholte er den Vorwurf, dass die Juden die Brunnen vergiften und Ritualmorde an kleinen Kindern begehen würden. Darüber hinaus entwickelte Luther hier eine schon fast modern wirkende Verschwörungshypothese. Die Juden würden nämlich wie die (muslimische) Mördersekte der Assassinen Meuchelmorde an „weltlichen Herren" begehen, um dann die so herrenlos gewordenen Länder einzunehmen.[18]

Mit der These von der Verschwörung der teuflischen Juden wurde ihre Vernichtung begründet. In ganz radikaler und programmatischer Form findet man sie bereits in „Von den Juden und ihren Lügen". Hier forderte Luther dazu auf,[19] den Juden ihre religiösen Schriften wegzunehmen, ihre Synagogen zu verbrennen und ihren Rabbinern „bei Leib und Leben verbieten, hinfort zu lehren". Doch nicht nur das Judentum als Religion sollte liquidiert werden. Auch die Juden als Menschen sollten nicht mehr als Mitmenschen geduldet werden. Schlug Luther doch vor, ihnen die Ausübung ihrer traditionellen Berufe als Händler und Geldverleiher zu verbieten. Außerdem sollten sie enteignet werden. Schließlich hätten sie ja ihr ganzes Eigentum „uns gestohlen und geraubt durch ihren Wucher". Die völlig ausgeraubten und mit einem Berufsverbot belegten Juden sollten zur Zwangsarbeit eingesetzt werden: „Zum siebenten, daß man den jungen starken Juden und Jüdinnen in die Hand gebe Flegel, Axt, Karst, Rocken, Spindel und lasse sie ihr Brot verdienen im Schweiß der Nasen".

Doch auch dies war Luther nicht genug. Man solle sich am Beispiel anderer Nationen wie England, Frankreich und Spanien orientieren, wo man die Juden „zum Land ausgetrieben" habe. Daher gebe es nur eins: „Drum immer weg mit ihnen."[20] Und mit diesem „immer weg mit ihnen" war keineswegs nur die Vertreibung, sondern ganz offensichtlich auch die Vernichtung gemeint. Forderte Luther doch dazu auf, die Juden „wie die Zigeuner" zu behandeln, die bereits seit 1498 „vogelfrei" waren, d. h. von jedermann straflos getötet werden konnten.

Es gibt keinen Zweifel: Luthers verschwörungshypothetisch begründete und auf dem Teufelsglauben basierende Judenfeindschaft hatte einen exterminatorischen Charakter. Schon deshalb sollte man sie nicht als „nur" antijudaistisch bezeichnen. Generell liegt der Differenzierung zwischen Antijudaismus und Antisemitismus eine das Christentum exkulpierende Tendenz zugrunde.[21] Daher sollte man dem Sprachgebrauch von Forschern wie Alex Bein, Jacob Katz, Leon Poliakov[22] und anderen folgen und alle Formen und Varianten der Judenfeindschaft als Antisemitismus bezeichnen. Was Luther angeht, schlage ich vor, von einem „diabolischen Antisemitismus" zu sprechen.

Eine andere Frage ist, ob eine direkte Linie von Luthers diabolischem zum rassenideologischen Vernichtungsantisemitismus der Nationalsozialisten führt.[23] Gibt es eine derartige Kontinuität von Luther bis Hitler und kann man Luther für die Verbrechen Hitlers verantwortlich machen? Nein! Denn solche Vorwürfe sind nicht nur unhistorisch[24], sondern auch apologetisch, weil sie von der Mitschuld und Mitverantwortung derjenigen ablenken, die sich am Holocaust beteiligt oder ihm tatenlos zugesehen haben.

Doch ebenso abzulehnen, weil ebenso apologetisch sind alle Versuche, Luthers Judenfeindschaft zu entschuldigen und zu rechtfertigen.[25] Wenn heutige Theologen dies mit dem Hinweis auf irgendwelche „Altersregressionen" (Kurt Bernd Sucher) oder andere „Alterserscheinungen" (Heiko A. Oberman) des Reformators zu erklären suchen, die sich auf seine „ungelenke Ausdrucksform" (Walther Bienert) ausgewirkt hätten, dann äußern sie damit ein ebenso bemerkens- wie beklagenswertes Verständnis für Luthers diabolischen Antisemitismus. Zum Scheitern verurteilt ist auch der Versuch, zwischen dem angeblich judenfreundlichen jungen und dem alten sowie zwischen dem (guten) Theologen und dem (antijüdischen) Publizisten Luther zu differenzieren (Johannes Brosseder). Geradezu unredlich ist schließlich die Behauptung, Luther habe sich deshalb so über die Juden erregt, weil er ihre Missionstätigkeit fürchtete und auch fürchten musste. Hier wird der Täter Luther zum Opfer gemacht. Einige Autoren streben generell eine Täter-Opfer-Umkehrung an. Deutlich wird dies an einem Buch von Heiko A. Oberman, das den wirklich alles sagenden Titel „Christenangst und Judenplage" trägt.

Die Verteidigung des Antisemiten Luther schlägt vollends in Antisemitismus um, wenn seine Verteufelung der Juden mit dem Hinweis gerechtfertigt wird, dass die Juden im Neuen Testament (Johannes 8,44) nun mal als „Kinder des Teufels" bezeichnet werden. So hat der Heidelberger Neutestamentler Klaus Berger im „Tagesspiegel" vom 16.3.04 behauptet, dass diese Verteufelung zu Recht geschehe, weil die Juden Jesus nach dem Leben getrachtet hätten. Dieser Theologieprofessor, der übrigens fest an den Teufel glaubt und über ihn verschiedene Bücher geschrieben hat,[26] meint, „wenn irgendetwas teuflisch ist, dann das Ermorden unschuldiger Menschen." Immerhin räumt Berger ein, dass nicht „alle Juden zu allen Zeiten" „Teufelskinder" gewesen seien.[27] Genau das hatte auch der junge Luther behauptet, was ihn jedoch schließlich nicht gehindert hat, alle Juden zu verteufeln und ihre Vertreibung und Vernichtung zu fordern.

Beispiele[28] wie diese zeigen, dass die Kirche(n) und wir eine doppelte unbewältigte Vergangenheit haben: Einmal Martin Luthers diabolischen Antisemitismus und zum anderen den nicht weniger antisemitischen Teufelsglauben im Neuen Testament. Beides ist nicht von einander zu trennen und macht ein radikales, d. h. an die Wurzeln gehendes Vorgehen notwendig. Luthers diabolischer Antisemitismus ist ohne Wenn und Aber zu verurteilen und der ihm zugrunde liegende Teufelsglauben ist zu überwinden.[29] Sonst werden alle Distanzierungen vom Antisemitismus und vom angeblich nicht „so schlimmen" Antijudaismus unglaubwürdig. Dies gilt auch für die Kritik am Fundamentalismus der „anderen", etwa der Muslime. Wird doch dabei allzu leicht übersehen, dass es eben auch einen christlichen und nicht immer, aber häufig mit dem Antisemitismus verbundenen Fundamentalismus[30] gibt. Und Luther war ein solcher fundamentalistischer und antisemitischer Christ.

Anmerkungen

1 Walther Bienert, Martin Luther und die Juden. Ein Quellenbuch mit zeitgenössischen Illustrationen, mit Einführungen und Erläuterungen, Frankfurt a. M. 1982, S. 188.
2 Kritik dieser insgesamt apologetischen Literatur bei: Peter von der Osten-Sacken, Martin Luther und die Juden. Neu untersucht anhand von Anton Margarithas „Der gantz Jüdisch glaub" (1530/1531), Stuttgart 2002, S. 15 ff. Die folgenden Ausführungen basieren wesentlich auf diesem Buch, setzen aber einige Akzente, so vor allem die zentrale Bedeutung des Teufelsglaubens für Luthers Antisemitismus anders. Daher unterscheiden sich auch meine Schlussfolgerungen von denen von der Osten-Sackens.
3 Heiko A. Oberman, Luther. Mensch zwischen Gott und Teufel, Berlin 1987.

4 Herbert Haag, Teufelsglaube, Tübingen 1980, S. 56 ff. Vgl. auch: Peter Stanford, Der Teufel. Eine Biographie, Frankfurt a. M. 2000, S. 197 ff.
5 E. H. Erikson, Der junge Mann Luther. Eine psychoanalytische und historische Studie, München 1958, S. 162.
6 Stanford, Der Teufel, S. 80.
7 In: Luthers Werke. Weimarer Ausgabe (im folgenden: WA) Bd. 15, S. 459.
8 Martin Luther, Dictata super Psalterium, in: WA 55, 1. Auf diese Schrift hat von der Osten-Sacken, Martin Luther und die Juden, S. 50 ff aufmerksam gemacht.
9 Martin Luther, Daß Jesus Christus ein geborener Jude sei, in: WA 11, S. 314–336.
10 Nur an einer einzigen Stelle seines Werkes scheint Luther dies akzeptiert zu haben, nämlich im „Magnificat verdeutscht und ausgelegt" (WA 7, S. 544–604) aus dem Jahr 1520, wo es heißt: „Man sage ihnen (= den Juden) die Wahrheit, wollen sie nicht, laß sie fahren." (S. 601) Doch ob Luther damit wirklich auf die Anwendung des Missionsbefehls auch auf die Juden verzichtet hat, scheint mehr als fraglich zu sein. Auf jeden Fall hat er diesen Vorschlag nie wiederholt.
11 Martin Luther, Vier tröstliche Psalmen an die Königin zu Ungarn, in: WA 19, S. 595–613.
12 Lateinischer Text in: WA 42, S. 447–451. Die Mitte des 18. Jahrhunderts von Johann Georg Walch angefertigte deutsche Übersetzung findet man in: Dr. Martin Luthers sämtliche Schriften, Bd. 1, St. Louis 1880–1910.
13 Martin Luther, Wider die Sabbather an einen guten Freund, in: WA 50, S. 312–337.
14 Ausführlich dazu: von der Osten-Sacken, Martin Luther und die Juden, S. 162–208.
15 Martin Luther, Von den Juden und ihren Lügen, in: WA 53, S. 417–552. Luther bezieht sich hier zu Beginn (S. 417) auf ein Schreiben der Juden an ihn, das leider nicht erhalten ist. Auch wenn es Angriffe gegen Luther enthalten haben soll, was ziemlich unwahrscheinlich ist, ist dies kein Grund und keine Rechtfertigung für Luthers geifernden Judenhass, der die gesamte Schrift kennzeichnet.
16 Der Wucher-Vorwurf war zwar im Mittelalter weit verbreitet, hatte aber bei Luther eine gewisse moderne Komponente, weil Luther gegen die jüdische Geldgier den christlichen Arbeitseifer ins Feld führt. Vgl. dazu: Gerhard Scheit, Verborgener Staat, lebendiges Geld. Zur Dramaturgie des Antisemitismus, Freiburg 1999, S. 65 f.
17 Martin Luther, Vom Schem Hamphoras und vom Geschlecht Christi, in: WA 53, S. 579–648. Das im folgenden referierte Zitat lautet vollständig: „Diese itzigen Juden müßten sein ein grundsuppe aller losen, bösen Buben, aus aller Welt zusammen geflossen, die sich gerottet und mit dem Lender hin und her zerstrewt hatten, wie die Tattern oder Zigeuner und dergleichen, die leute zu beschweren mit wucher, die Lender zu verkundschaffen und zu verrathen, wasser zu vergiften, zu brennen, kinder zu stelen und allerley meuchel schaden zu thun." (S. 613).
18 Ich halte diese, wenig zitierte, Stelle für wichtiger und aussagekräftiger als Luthers viel erwähnte wirklich schweinische Ausführungen zur „Judensau", bei der es sich übrigens auch um ein Teufelssymbol handelt.
19 Adressat dieses Forderungskatalogs waren die protestantischen Fürsten seiner Zeit. Angesprochen gefühlt konnten und haben sich jedoch auch andere, und zwar bis in die jüngste Vergangenheit.
20 Diese Forderung findet man auch in Luthers letzter Predigt, die er wegen eines Schwächeanfalls nicht mehr beenden konnte. In: WA 51, S. 195.
21 Deutlich wird dies an der „Reflexion über die Shoah" der Päpstlichen Kommission für die religiösen Beziehungen zu den Juden vom 16. März 1998, in der es heißt: „Man darf also nicht übersehen, dass es einen Unterschied gibt zwischen dem Antisemitismus, der sich auf Theorien stützt, die im Widerspruch zur beständigen Lehre

der Kirche über die Einheit des Menschengeschlechts und über die gleiche Würde aller Rassen und Völker stehen, und den althergebrachten Gefühlen des Misstrauens und der Feindseligkeit, die wir Antijudaismus nennen und der sich leider auch Christen schuldig gemacht haben." In: http://www.stjosev.at/dokumente/shoahreflexion.htm.
22 Alex Bein, Die Judenfrage. Biographie eines Weltproblems, Bd. 1–2, Stuttgart 1980; Jacob Katz, Vom Vorurteil zur Vernichtung. Der Antisemitismus 1700–1933, München 1988; Leon Poliakov, Geschichte des Antisemitismus, Bd. 1–8, Worms 1979, bes. Bd. 1, S. XI.
23 Dezidierter Vertreter einer Kontinuität dieses, wie er es nennt, „exterminatorischen Antisemitismus" ist Daniel Jonah Goldhagen. Vgl.: Daniel Jonah Goldhagen, Hitlers willige Vollstrecker. Ganz gewöhnliche Deutsche und der Holocaust, Berlin 1996; ders., Die katholische Kirche und der Holocaust. Eine Untersuchung über Schuld und Sühne, Berlin 2002.
24 Allerdings liegt eine umfassende Rezeptionsgeschichte der judenfeindlichen Schriften Luthers bisher nicht vor. Sie würde jedoch zeigen, dass Luthers Antisemitismus allenfalls verschwiegen, aber bis in die unmittelbare Gegenwart hinein nicht energisch zurückgewiesen worden ist.
25 Vgl. auch die sehr scharfe, aber m. E. berechtigte Kritik von: Martin Stöhr, „Luther und die Juden", in: Evangelische Theologie 20, 1960, S. 157–182; S. 175: „Keine noch so beachtliche Virtuosität, mit theologischen Begriffen oder frommen Vokabeln umzugehen, machen aus Luthers ‚scharffer Barmherzigkeit', d. h. aus seinen Kristallnachtvorschlägen Barmherzigkeit.".
26 Zum Beispiel: Klaus Berger, Wozu ist der Teufel da?, Stuttgart 1998. Der Teufel ist nach Berger in seiner „radikalen Gestalt geradezu der Kern und die letzte theologische Grundvoraussetzung eines dualistischen Denkens".
27 Tagesspiegel, 16.3.04.
28 Hinzuweisen wäre in diesem Zusammenhang auch auf Mel Gibsons Film „Die Passion Christi" und seine Rezeption. Vgl. dazu: Karlheinz Horn und Helmut Ruppel, „Die Passion Christi" von Mel Gibson, in: Resssourcen für Gemeinden und den Evangelischen Religionsunterricht.
29 Auch deshalb, weil der Teufelsglauben strukturelle Ähnlichkeiten und genetische Bezüge mit dem Rassenwahn aufweist. Dazu in Kürze: Wolfgang Wippermann, Leibhaftig. Rassenwahn und Teufelsglaube, Berlin 2005.
30 Mit Fundamentalismus ist hier die unhistorische und völlig unkritische wörtliche Bibelauslegung gemeint. Dies gilt vor allem für die erwähnten judenfeindlichen Passagen im Neuen Testament.

Albert H. Friedlander, Helmut Ruppel

„Ein Streifen Gold"

Einst, nach der Zerstörung des Tempels, wanderten die Jünger der Rabbiner mit ihren Lehrern in die Nähe des Tempels. Und weinten. „Wann kommt die Erlösung?", fragten sie. Ihre Lehrer antworteten: „Die Frage kommt immer in der dunklen Nacht, wenn Erlösung unmöglich erscheint – nie wird es wieder hell werden. Aber dann kommt das Morgengrauen, erst langsam, ein weißer Strich am Horizont, und dann, plötzlich, ein Streifen Gold. Und mit dem ersten Sonnenstrahl ist die Dunkelheit gebannt.
So ist es mit der Erlösung. Es fängt langsam an, fast unmerklich, aber dann kommt sie schneller und schneller, und plötzlich ist die ganze Welt in hellem Licht.

Albert H. Friedlander, Ein Streifen Gold, München 1989

Als Albert Hoschander Friedlander am 6. Juli 2004 verstarb, war die angelsächsische Welt des liberalen Judentums von großer Klage erfüllt. Der Rabbiner der Westminster Synagoge, der Dekan des Leo Baeck College, war eine unverkennbare und unüberhörbare Stimme im interreligiösen Gespräch. Als Präsident der Weltkonferenz der „Religionen für den Frieden", als Gastprofessor und Gesprächspartner an deutschen Universitäten und auf vielen Kirchentagen, als Bibelausleger und leidenschaftlicher Advokat des Dialoges zwischen den religiösen Traditionen des Monotheismus brachte er eine herzbewegende, brückenbildende, *horizonteröffnende* Gabe mit, die Gabe der Freundschaft! Sie verband ihn mit Elie Wiesel und Paul Celan, mit Dorothee Sölle und Johannes Rau, mit Paul Oestreicher und Friedrich-Wilhelm Marquardt und so vielen anderen.

Im Briefwechsel zur Vorbereitung der gemeinsamen „Advents"-Meditationen für Radio Berlin-Brandenburg im Dezember 2003 schloss er jeweils mit „Euer aller Freund Albert" – und hatte doch dieser Stadt Berlin, in der er am 10. Mai 1927 zur Welt gekommen war, rasch nach der Pogromnacht 1938 den Rücken gekehrt. „Berlin, eine Stadt mit großem Charakter, mit einer Individualität, die mich ansprach, der ich aber noch nicht geantwortet hatte", schrieb er 50 Jahre danach. Er besuchte Berlin zu vielen Anlässen und brachte eindrückliche Porträts aus dem damaligen Ost-Berlin mit. Die „Mauer" versperrte seinen geistigen Horizont nicht.

Der großen Bedeutung Friedlanders als eines Anregers und unermüdbaren Anfängers im Gespräch der religiösen Traditionen entsprachen die Nachrufe im deutschsprachigen Raum kaum[1]. Aber ist es mit Leo Baeck, der leitenden Stimme des deutschen Judentums im 20. Jahrhundert, als dessen Nachfolger er sich verstand und dessen Werke er herausgab (5 Bde. Gütersloh 2002), anders gewesen? Baeck, Buber und Friedlander – wer wird sie lesen? Zum Beispiel Friedlanders Dialog mit Martin Luther, nachdem sie im finsteren Keller des Judenhasses sich endlich begegnen:
„So sitzen wir uns gegenüber, da im dunklen Keller, und Bruder Martin kann mich gar nicht sehen. Was er sieht, ist eine Zerrfigur, eine höllische Maske. Und das tut mir weh. Ach, Martin! Hier im Dunklen will ich nicht Abschied nehmen. Wir müssen nach oben gehen, wo du mich wieder als Einen des Volkes Gottes erkennen kannst. Wir sind beide Kinder Abrahams. Wir haben gemeinsame Hoffnungen für die Endzeit. Aber um eins muss ich dich im Moment des Abschieds bitten. Verschließ die Folterkammer! Lass sie nie wieder öffnen! Und lehre deine Nachkommen, dass es Zeiten gibt, wo die Mitmenschlichkeit die Dogmen besiegen muss!"[2]
Es gibt ein Bild vom Protestzug der Bürgerrechtskämpfer von Selma nach Montgomery mit Reverend King und Rabbiner Heschel in der ersten und Albert Friedlander in der dritten Reihe; er lernte und lehrte in Cincinnati und New York, ab 1961 in London und von dort aus wirkte er bis zu seinem Tode in vielen Projekten. Bei der Einführung unserer verehrten Gastdozentin, Eveline Goodman-Thau, zur Rabbinerin von Wien, stand er ihr zur Seite ... Er nannte Elie Wiesel seinen „Rebben" und Leo Baeck seinen „Meister", er gewann Johannes Rau (den Ministerpräsidenten von NRW) für den Plan, Lehrstühle für Judaistik in Bonn und Wuppertal zu errichten, unwilliges Dekangemurmel ließ die Sache scheitern.
Das hat ihn nicht resignieren lassen, wie es der Titel seiner Fest-Schrift zum 70. Geburtstag sagt: „Das Leben leise wieder lernen", Jüdisches und christliches Selbstverständnis nach der Schoah; mit einer Titelzeile der von ihm verehrten Freundin Nelly Sachs, die bald nach ihm 1940 mit dem letzten Flugzeug unter Schutz und Schirm von Selma Lagerlöf Berlin in Richtung Stockholm verließ.[3] Und ebenso sagt es der Untertitel seines „Streifen Golds": „Auf Wegen der Versöhnung". Er will nicht das Wort für den anderen führen, aber will ihm entgegenkommen, ihn ins Gespräch einladen, gemeinsam mit ihm hören und lernen. Die Wahrheit des Verses aus „Sprüchen der Väter" (Pirque Awot) erlebten viele: „Suche einen Lehrer und finde einen Studienkameraden".
Im vollen Sinne ist es bei unseren gemeinsamen „Andachten" dazu nicht gekommen. Albert Friedlander nahm meine Textvorschläge mit großer Lie-

benswürdigkeit auf, wählte aus und schrieb viel mehr als er aufgrund unserer Verabredungen schreiben sollte. Seine herzliche und humorvolle Erzählfreude hielt sich nicht an Zeilen und Minuten. Manuskriptbearbeitungen gingen zwischen London und Berlin hin und her und er nahm sein Manuskript (unter abenteuerlichen Umständen) bei der BBC auf. Mit dem großen Glück dessen, der auf eine „Überlieferung" antworten kann, kamen meine Texte hinzu. Nicht, dass es „einstimmig" gewesen wäre, aber in großem „Einklang". Unnötig, länger auszuführen, dass seine Stimme mit den berlinisch-englisch-jüdisch-biblischen Sprachmelodien von großem Charme war.

Montag, 1.12.2003, Albert Friedlander

Dann wohnt der Wolf bei dem Lamm und lagert der Panther bei dem Böcklein. Kalb und Löwenjunges lagern gemeinsam; ein kleiner Knabe kann sie hüten. Die Kuh wird sich der Bär zugesellen, und ihre Jungen liegen beieinander. Der Löwe nährt sich wie das Rind vom Stroh. Der Säugling spielt am Schlupfloch der Otter, und in die Höhle der Natter streckt das entwöhnte Kind seine Hand. (aus Jesaja 11,6–8)

Ach, das wäre so schön. Die Urzeit wird die Endzeit. Das Paradies kommt wieder, und jede Gewalt verschwindet. Es ist eigentlich merkwürdig, wie man die Gewalt nur in der Umwelt sieht, bei den Tieren. Waren es wirklich der Löwe, der Panther, und die Schlange, die unsere Kinder bedrohten? Homo homini lupus – es ist der Mensch, der sich wie ein reißender Wolf auf seine Nachbarn stürzt. So lange der Mensch allein regiert, wird Ungerechtigkeit die Welt beherrschen. Wenn wir die Gewalt nur in den Tieren sehen, verstecken wir uns vor uns selbst, wie Adam und Eva sich im Paradies versteckten. Dort herrschte Gott, und alles lebte zusammen in Frieden. Heute ist die Welt noch ein Schlachtfeld. Die Religionen, das Judentum und das Christentum, sind sich einig, dass die Welt des Friedens und der Gerechtigkeit nur als Gottes Königreich einst bestehen wird, in der messianischen Endzeit.

Aber wie? Der Mensch in diesem Bild von Jesaja wird nur durch die nächste Generation vertreten: der Säugling, der kleine Knabe, das entwöhnte Kind erscheint in dieser friedlichen Welt. Ist dies ein Zeichen? Darüber müssten wir noch viel nachdenken. Wie und wann wird diese messianische Zeit erscheinen? Der Dichter Franz Kafka schrieb einst: „Der Messias wird nicht am letzten Tage erscheinen. Er kommt am Tag danach."

Sicher ist dies ein ironisches Wort, aber es bringt die große Einsicht, dass wir dieser Rettung der Welt keinen festen Termin setzen können. Es bleibt in Gottes Hand als die große Offenbarung. Trotzdem liegt etwas in unserer Hand: wir können uns und die Welt vorbereiten. Die Aufgabe des Lebens ist das ethische Handeln, der Versuch, die Welt zu verbessern und selbst gute Arbeit zu leisten. Wir sind Gottes Knechte. Eine rabbinische Geschichte: Ein Mann pflanzte gerade einen Baum, als sein Freund ihn störte: „Komm sofort, der Messias steht auf dem Markt!" Der Mann erwiderte: „Lass mich erst diese Arbeit vollenden. Dann komme ich mit dir!" Ja, man muss doch die eigene Arbeit erst zu Ende bringen. Amen

Dienstag, 2.12.2003, Helmut Ruppel

Adventszeit ist Erwartungszeit. Im Wort „Advent" schwingen zwei Bedeutungen mit: Einmal meint „Advent" das Entgegenkommen und einmal das Abenteuer. So stehen im englischen Wörterbuch „advent" und „adventure" nebeneinander. Was mir entgegenkommt, kann überraschend, unvorgesehen und abenteuerlich werden. Man könnte im Advent nachdenken über das „Abenteuer unseres Lebens und das Entgegenkommen Gottes".

Advent ist Erwartungszeit. Das betrifft uns alle, wir warten alle. Worauf warten wir? Dass es weiter geht. Dass es gut wird. Dass es schnell zu Ende geht. Dass die Schmerzen nachlassen. Dass die Trauer aufhört. Dass wir Glück haben. Dass wir einen Menschen finden, der in allen Schwierigkeiten bei uns bleibt. Wer holt uns heraus aus dieser unendlichen Warterei?

Advent ist Erwartungszeit. Die Bibel wird im Advent zu einem Lehr- und Lesebuch der Erwartung. Da gibt es Augenblicke, die einen selig machen. Wie mit einem entgegenkommenden Menschen: Ein gutes Wort, ein liebevoller Blick, eine behutsame Berührung, das kann uns die Fülle des Lebens schenken. Dann ist alles schon da. Das Reich und die Kraft und die Herrlichkeit. „Ach", sagte gestern Morgen Rabbiner Albert Friedlander, „das wäre so schön. Das Paradies kommt wieder, und jede Gewalt verschwindet." Er las die wunderschönen Bilder vom Frieden zwischen den Tieren im messianischen Reich: „Da wird Gast sein der Wolf beim Lamm, der Panther wird beim Böcklein lagern, Kuh und Bärin werden zusammen weiden. Der Säugling wird vergnügt am Schlupfloch der Otter spielen ..." Der Löwe wird nicht ausgerottet, er wird verwandelt. Die Erbfeindschaft zwischen Mensch und Schlange seit dem Paradies wird aufgehoben, die Bärin wird die Kuh nicht mehr reißen, sie lagern zusammen. Das Böse, das Räuberische wird nicht ausgerottet, sondern umgewandelt. Ach, das wäre so schön! Damit es so schön wird, fragen wir mit Albert Friedlander nach der Lebenspraxis, die aus dieser Friedenshoffnung hervorbricht. „Heut' schließt er wieder auf die Tür zum schönen Paradeis!" singen wir im christlichen Gesangbuch. Verstehen Christen den Advent recht, dann lassen sie den Messias nicht nur in der Zukunft und im Jenseits. Dann gehen wir hoffend auf ihn zu und holen ihn in unser jetziges Leben. Das ist ein triftiger Grund zur Freude. Das wird ein Abenteuer.

Mittwoch, 3.12.2003, Albert Friedlander

Dann werden die Augen der Blinden aufgetan und die Ohren der Tauben geöffnet werden. Dann werden die Lahmen springen wie ein Hirsch und die Zunge der Stummen wird frohlocken. Denn es werden Wasser in der Wüste hervorbrechen und Ströme im dürren Land. Und es wird dort eine Bahn sein, die der heilige Weg heißen wird. (aus Jesaja 35,6–10)

Also: so werden wir in das messianische Reich eintreten. Die Blinden, die Tauben, die Lahmen und die Stummen müssen erst geheilt werden. Sind wir nicht alle jetzt genannt? Wir haben die Botschaft nicht vollständig gehört, waren blind, taub, lahm und stumm. Aber einmal werden wir erweckt werden, werden wir geheilt. Was sehen wir dann? Eine gesegnete Erde, auf der das Wasser durch die Wüste strömt. Wir hatten die Quellen gar nicht gesehen, hatten den richtigen Weg noch nicht gefunden.

Der Segen Gottes war schon immer da, und der Weg war vorbereitet. Wie finden wir diesen Weg, wer wird ihn uns zeigen? In der Bibel ist es der König, der kommen wird. In vielen jüdischen Legenden gibt es aber den Messias, der unbekannt durch die Welt reist und wartet, bis sich die Augen und Ohren öffnen. So wird erzählt: Ein Schüler kommt zu seinem chassidischen Lehrer und fragt: „Wo bleibt der Messias? Wann kommt er?" „Frag ihn doch selbst," sagt der Lehrer. „Er sitzt als Bettler vor den Toren Roms". So reist der Schüler nach Rom und findet wirklich den Messias. „Wann kommst du?", fragt er ihn. „Heute", sagt der Messias. Der Schüler reist zurück und sagt traurig zu seinem Lehrer: „Er versprach mir ‚heute', aber er kam nicht." „Du hast ihn nicht richtig verstanden", antwortet der Lehrer, „‚heute'" – falls ihr bereit seid."

Sind wir bereit? Oder sind wir noch blind, taub und stumm? Beten wir, dass wir uns selbst und die Welt für die messianische Zeit bald vorbereitet haben. Amen.

Donnerstag, 4.12.2003, Helmut Ruppel

Juden und Christen erwarten gemeinsam den Messias. Die Christen sagen: Wir kennen ihn. Es ist Jesus von Nazareth. Man sollte das nicht zu schnell sagen. Die Juden sagen es nicht, und ihre weitergehende Erwartung sollte uns jede Selbstgewissheit rauben. Gewiss, das Neue Testament lebt von dem Bekenntnis, dass Jesus der Messias ist und eine neue Welt angefangen hat. Und doch bleibt das fraglich. Da war ein großer, klarer Geist, der messerscharfe Worte werfen konnte, ein gewaltiger Prophet namens Johannes. Er ließ durch seine Schüler Jesus von Nazareth fragen: „Bist du der, der da kommen soll, oder sollen wir auf einen anderen warten?" Das war die Messiasfrage, Jesus antwortet nicht „Jawohl, ich bin's, ihr braucht nicht mehr zu warten, die Messiasfrage hat sich gelöst". Er gibt die Frage zurück: „Sagt Johannes, was ihr hört und seht: Blinde werden sehend und Lahme gehen, Aussätzige werden rein und Taube beginnen zu hören. Tote werden auferweckt und den Armen wird die frohe Botschaft gebracht und selig, wer an mir keinen Anstoß nimmt." Die Schüler des Johannes sollen ihre eigenen Ohren aufsperren und ihren eigenen Augen trauen, ihr Urteilsvermögen ist gefragt. Sie werden aus der Mühe des Fragens und Erkennens nicht entlassen. Nicht Autoritätsglaube, sondern Ohren- und Augenzeugenschaft sind das Mittel zur Beantwortung der Messiasfrage.

Zuerst sollen sie hören auf das Wort Gottes, wie sie es gelernt haben beim Propheten Jesaja und wir gestern Morgen bei Albert Friedlander. Da heißt es: „Dann werden die Augen der Blinden aufgetan und die Ohren der Tauben geöffnet, dann werden die Lahmen springen wie ein Hirsch und die Zunge der Stummen wird frohlocken." Daran sollen sie sich erinnern, das sollen sie nun verknüpfen mit dem, was sie sehen. Diese Bilder aus dem Propheten Jesaja nehmen im Handeln des Jesus von Nazareth sozusagen leibliche Gestalt an. Die Prophetenworte und das Jesushandeln werden zu einer Einheit, man könnte sogar sagen, er verkörpert diese Verheißungen. So werden diese Schüler und viele andere einmal davon erzählen, was sie „gehört und gesehen haben". Ob Jesus der ist, der da kommen soll, beantwortet er mit dem Hinweis auf seine Werke. Sind wir Zeugen dessen, was er getan hat?

Freitag, 5.12.2003, Albert Friedlander

Und es wird dort eine Bahn sein, die der heilige Weg heißen wird. Kein Unreiner kann ihn betreten; nur sie – die Erlösten – werden auf ihm gehen, auch die Toren dürfen nicht darauf umherirren. Es wird da kein Löwe sein und kein reißendes

Tier darauf gehen; sie sind dort nicht zu finden, sondern die Erlösten werden darauf gehen. (aus Jesaja 35)

Es gibt den Weg, der zum messianischen Reich geht. Die Propheten sagen, dass verschiedene parallele Wege zum Heiligen Berg gehen. Gott offenbart sich auf viele Weise. Und so können wir den Nachbarn ehren, der schon in seinem festen Glauben an die Messiasfigur auf dem heiligen Weg steht, der ihm schon im Glauben und Leben begegnet ist. Als Juden warten wir noch. Der Messias ist eine Hoffnungsgestalt in der Zukunft, ein Licht, das noch vorne vor uns leuchtet. Unser großer Lehrer Maimonides schrieb ein Glaubensbekenntnis, das nun in unserem Gebetbuch steht. Da hören wir: „Ani maamin b'emuna sh'lema b'viat ha mashiach. V'af al pi shey-yitmahmeaah, al kol zeh achakay lo b'chol yom, shea-yavoh" – Ich glaube daran und bin fest überzeugt, dass er kommt, der Messias. Selbst wenn sein Kommen sich verzögert, warte ich auf ihn und mache mich für ihn bereit." In liberalen Gottesdiensten verändert sich das zur Erwartung der messianischen Zeit, aber in den meisten Gebeten besteht der Glaube an den kommenden Messias. In einigen christlichen Mythen erscheint er den Menschen auf dem Wege – und er wird verleugnet und misshandelt. Auch im Judentum gibt es solche Geschichten – aber dann wird es klar, dass die begegnende Gestalt der Prophet Elia war. Er ist der Verkünder der guten Botschaft, dass der Messias und die goldene Zeit einmal erscheinen wird, nein: bald! Das Lied „ani maamin" wurde auch im KZ, in Auschwitz gesungen. Dort streiften ja die Löwen und die reißenden Tiere im Lager herum – wie konnte man aber den gequälten, sterbenden Menschen die Messiashoffnung nehmen? In der dunkelsten Zeit wuchs der Messiasglaube von Tag zu Tag. Selbst wenn sein Kommen sich verzögerte, wartete man auf ihn und machte sich bereit. Der Messias lebt im Judentum als ein Hoffnungsbild, vielleicht als Umschreibung der göttlichen Gnade, denn wie kann die Welt erlöst werden ohne die Gnade Gottes? Und können wir genau ermessen, wie sich diese Gnade gestalten wird? Der König der Welt könnte so zu uns kommen. Es ist eine berechtigte Hoffnung. Amen

Sonnabend, 6.12. 2003, Helmut Ruppel

Rabbiner Friedlander hat gestern morgen mit brüderlicher Liebenswürdigkeit gesagt: „Wir können den Nachbarn ehren, der schon in seinem festen Glauben an die Messiasfigur auf dem heiligen Weg steht, der ihm schon im Glauben und Leben begegnet ist. Als Juden warten wir noch." Und weil diese Nachbarschaft für unser gemeinsames Leben und Hoffen so wichtig ist, will ich dazu etwas erzählen: Wie oft zeigt uns das Neue Testament Jesus Christus in einer Synagoge: in Nazareth, in Kapernaum, in Galiläa, in Judäa und auch auf dem Tempelberg. Von dort her hat er seine Lehre. Dort lehrt er auch. Die Juden bitten ihn um Hilfe für den todkranken Knecht des römischen Hauptmanns von Kapernaum mit den Worten: „Er hat unser Volk lieb, er hat unsere Synagoge gebaut". Die Juden bitten ihren Landsmann für den Knecht des Heiden. Und er tut es.

Auch der Zeltmacher und Jesusprediger Paulus ging am Schabbat in die Synagoge von Korinth und versuchte die jüdische Gemeinde für seinen Jesus zu gewinnen. Das schaffte er nicht. Nun kommt das Wichtigste: Er verfluchte sie nicht und erging sich nicht Vernichtungsphantasien. Den Schluss dieser Geschichte erzählt der Berliner Theologe Friedrich-Wilhelm Marquardt, der die Nachbarschaft von Juden und Christen geliebt hat bis zu seinem Tode. „Es heißt, er siedelte von dort fort – von der Synagoge – über und ging in ein anderes Haus, in ein nichtjüdisches Haus, das einem Mann namens Titius Justus gehörte, seinem Namen nach einem Römer. Dort fing Paulus von vorne an zu predigen. Aber, so lesen wir, das Haus des Titius Justus ‚stieß an die Synagoge' an, d. h. es grenzte an die Synagoge. Also: Die Christen leben Wand an Wand mit der Synagoge. Näher geht's nicht: Wand an Wand, wenn auch nicht unter einem Dach. Juden und Christen – Grenznachbarn, einander die Nächsten. Also: Gute Grenznachbarschaft!" Ich wünsche einen guten 2. Advent für uns alle, denn Juden und Christen erhoffen das Entgegenkommen Gottes.

Einige Nachgedanken zum Thema „Messiaserwartung"

Der eben erwähnte Friedrich-Wilhelm Marquardt hat in einer Meditation zum Zeugnis des Simeon (Lk 2,22–24) geschrieben: *„Geschichtlich* müssen wir Abschied nehmen von der Vorstellung, das damalige jüdische Volk strotze nur so von Messiaserwartung. Fast nichts lässt sich zugunsten dieses Bildes belegen; es ist rückwärts gemalt ... oft böse-antijüdisch gemeint: Nun haben sie ihn so erwartet und haben ihn trotzdem nicht erkannt, diese Blinden, Verblendeten! Freilich manchmal auch freundlich gemeint, wie in unserer Simeon-Geschichte: Welch ein Glücksgefühl, welche Sinnerfüllung kann doch der Messias in einem jüdischen Leben erwecken, wenn er endlich kommt ..."[4]. Marquardt schärft noch einmal ein, dass der Messias für das Judentum nie so wie für das Christentum das Wichtigste war: „Wir haben mit dem jüdischen Volk viel echter zu tun über das „Gesetz" als über den Messias". Es geht also um das Tun, die Praxis, die Konkretion. Da haben wir die Juden bisher nicht mit sehr viel Erfolg vom Messias überzeugen können. Es geht um die alltägliche Arbeit im Angesicht Gottes, mit Friedlanders Worten: „Ja, man muss doch die eigene Arbeit erst zu Ende bringen!"

Anmerkungen

1 Im „Materialdienst – Ev. Arbeitskreis Kirche und Israel in Hessen und Nassau" schreibt im Heft 06/2004 der Freund und Kollege Bertold Klappert sehr Persönliches; die „Konferenz landeskirchlicher Arbeitskreise ‚Christen und Juden' (klak) und die Internetseite der „Jüdisch-Christlichen Beziehungen" (jcrelations.net) bleiben beide äußerst knapp.
2 In: Heinz Kremers, Die Juden und Martin Luther, Neukirchen 1985, S. 296–298, vgl. Helmut Ruppel, Göttinger Predigtmeditationen, 60. Jg., 2005, S. 376–39, Göttingen.
3 Herausgegeben von Ekkehard W. Stegemann und Marcel Marcus, Stuttgart, Berlin, Köln 1997, große Bibliographie Friedlanders, zusammengestellt von seiner Frau Evelyn Friedlander. Über beide sehr schön der autobiographische Text aus 1988 in „Ein Streifen Gold".
4 In: Pastoraltheologie – Göttinger Predigtmeditationen, 79. Jg., 1990/11, S. 56–61, 57 f, vgl. auch die gemeinsame Veröffentlichung: Fr.-W. Marquardt / A. H. Friedlander, Das Schweigen der Christen und die Menschlichkeit Gottes, Gläubige Existenz nach Auschwitz, München 1980.

Emel Topcu-Brestrich

Muslimische Frauen in Deutschland

Zuerst waren es in der Regel Männer, die als Gastarbeiter nach Deutschland kamen. Ihre Absicht war es, Geld zu verdienen und zu sparen, um dann wieder in ihre Heimatländer zurückzukehren. Einige von ihnen wollten nur das Geld für einen Kühlschrank verdienen. Nichts wurde gekauft, was nicht notwendig war. Entsprechend waren auch die Wohnverhältnisse nicht unbedingt optimal sondern eher ungesund. Aber die Zeit sollte zeigen, dass die Rückkehr nur eine Wunschvorstellung war. Es hat eine Entwicklung stattgefunden, mit der keiner gerechnet hatte: Die Gastarbeiter blieben.

Dies brachte es mit sich, dass in den 70er Jahren im Rahmen der Familienzusammenführung auch Ehegatten und Kinder nach Deutschland geholt wurden. Es hatte sich eine völlig neue Situation ergeben, mit der sowohl die Zuwanderer als auch die Aufnahmeländer lernen mussten umzugehen. Dennoch blieb der wirtschaftliche Wohlstand und damit ein besseres Leben in der Heimat als Hauptziel erhalten und stellte sich in vielen Fällen gar vor die traditionellen Vorstellungen von Familie, Sozialisation und Erziehung. So sahen sich viele Frauen nicht mehr nur in der traditionellen Rolle der Frau als Hausfrau, Mutter oder bei der Arbeit auf dem Felde, sondern jetzt auch in einer modernen kapitalistischen Arbeitswelt. Auch wenn die Erwerbstätigkeit von Frauen in einem auch noch fremden Land vielen türkischen Männern nicht passte, war mit dem angesetzten ökonomischen Hauptziel das Festhalten an traditionellen Strukturen nicht mehr möglich. Es stellte sich also ein Wandel ein, der die traditionellen Vorstellungen in Frage stellte. Die Reaktion darauf sollte nun das ganze Leben bestimmen und sich auch auf die Erziehungsvorstellungen und -haltungen der Frauen auswirken.

In einer Gesellschaft, in der sie die niedersten Arbeiten verrichteten, hatten Eltern in der Regel wenig Zugang zu den sie betreffenden Schulmaßnahmen und kulturellen Angeboten. Niedriger Sozialstatus, Sprachbarrieren und eigene Bildungsdefizite machten es den Eltern unmöglich, ihre Kinder schulisch zu unterstützen. So gab es niemanden, der den Kindern bei Hausaufgaben oder in Konfliktsituationen behilflich sein konnte. Teilweise wurde in der Aufnahmegesellschaft gar nicht damit gerechnet, dass vor allem die Frauen Probleme haben könnten, da sie sehr isoliert lebten, insbesondere wenn sie nicht erwerbstätig waren. Insgesamt schienen die MigrantInnen kein Problem für die Gesellschaft darzustellen. Das Aufnahmeland ging davon aus, dass Bildung den Eltern sowieso relativ gleichgültig war und türkische Mütter nur das Ziel hatten, dass ihre Töchter möglichst schnell heiraten und die Söhne möglichst schnell eine Arbeit finden. Bildungsmaßnahmen des Aufnahmelandes entwickelten sich ausschließlich aus solchen Vorstellungen beziehungsweise Vorurteilen heraus. Wenn muslimische Frauen es nicht selbst wagten, hat auch sonst niemand den Versuch unternommen, sie die Sprache des Aufnahmelandes zu lehren oder sich mit ihren eigentlichen Problemen auseinander zu setzen. Die ausländischen Frauen waren übersehen und unterdrückt worden. Die Probleme waren damit aber nur unter den Teppich gekehrt. Heute leben muslimische Frauen seit zirka 40 Jahren – begleitet von der chronischen Kopftuchproblematik – in Deutschland und immer noch hat keiner die Stimme erhoben, um die Menschenrechte in ihrem Namen einzuklagen.

Die Probleme um die muslimische Frau sind erst realisiert worden, als die Frauen der zweiten Generation angefangen haben, sich zu bilden und konvertierte gebildete Frauen ihre Position in der Gesellschaft sichern wollten. Besonders in den letzten drei Jahren werden viele Spekulationen über die muslimischen Frauen verbreitet. Um die Situation der muslimischen Frauen zu erforschen, habe ich Gespräche mit Frauen, die sich als religiös bezeichnen, aufgezeichnet und ihre Lebensweise mehrere Jahre lang beobachtet. Ich habe dreizehn Frauen interviewt, die in verschiedenen Gemeinden in Berlin tätig sind. Ich habe die Gemeinden besucht, die Aktivitäten der Frauen begleitet und bin zu ihren häuslichen Treffen gegangen. Die Interviews habe ich entweder in den Gemeinden oder bei den Frauen zu Hause geführt. Die folgende Darstellung ist das Produkt dieser Aufzeichnungen.

Muslimische Frauen leben seit drei Generationen in Deutschland. Einen großen Teil davon bilden die Türken. Die zweitgrößte Gruppe kommt aus dem ehemaligen Jugoslawien und außerdem gibt es die Araber und die Iraner. Obwohl diese Gruppen alle islamisch geprägt sind, gibt es große kulturelle Unterschiede zwischen ihnen. Der Alltag von muslimischen Frauen zeichnet sich als eine Mischung aus traditionellen Vorstellungen und modernem Lebensstil aus. Oft lässt sich erkennen, dass traditionelle Wertvorstellungen in die Kategorien der Moderne übersetzt werden, so zum Beispiel wenn Frauen sich auf Wissenschaft und Bildung berufen und ihre traditionellen Vorstellungen damit rechtfertigen wollen. Deswegen werde ich sie eher nach ihrer Generation und ihrem Bildungsgrad untersuchen als sie zu kategorisieren.

Die Frauen, die ich beobachtet habe, werde ich im Folgenden in Bezug auf ihr Verhältnis zu Kultur, zu ihren Aktivitäten in den Gemeinden und in der Gesellschaft, Konflikten im Aufnahmeland, Lebensart, Bildung und Dialog darstellen, da ich der Meinung bin, dass diese Aspekte das Leben der muslimischen Frauen besser reflektieren.

Kultur

Natürlich ist Kultur ein sehr schwer erklärbarer Begriff, da jeder etwas anderes unter Kultur versteht. Luhmann definiert Kultur als alles, was man unter verbaler und nonverbaler Kommunikation versteht (Luhmann 1987, S. 244). Die Kommunikation unter Menschen bestimmter Kulturkreise erfolgt selbstverständlicher, da die Anschlussfähigkeit unter diesen Personen besser gewährleistet werden kann. Die Untersuchung dieser Frauen unter diesem Rahmen ermöglicht folgende Feststellungen.

Entgegen der Annahme, dass viele Frauen aus Dörfern nach Deutschland gekommen sind, ohne vorher eine andere Großstadt gesehen zu haben, soll gesagt sein, dass viele Frauen bereits eine Migration in der Türkei hinter sich haben. Auch wenn sie dort ebenfalls in dorfähnlichen Verhältnissen gelebt haben, sprich, ihre Dorfkultur in die Stadt mitgebracht haben, wurden sie auch von der Großstadtkultur beeinflusst. Traditionelle Vorstellungen – in diesem Zusammenhang insbesondere auch Vorstellungen über die schulische Erziehung der Kinder – waren damals schon in Frage gestellt und begannen zu zerbröckeln.

Ihr religiöses Wissen hatten Frauen – oft selber Analphabetinnen – vom Hörensagen und ohne zu hinterfragen aufgenommen. Folglich waren sie sehr traditionell. Als sie in die hiesige Gesellschaft eingewandert sind, haben sie wie alle anderen Migranten zusammengehalten und einander geholfen. Die Frauen versammelten und versammeln sich meist zu Hause, etwa um den Koran zu lesen (in arabischer Sprache). Dies tun sie nicht ausschließlich, um religiöse Rituale zu befolgen wie in der Herkunftskultur, sondern in der Migration bekommt die religiöse Praxis aus dem Dorf eine andere Dimension. Sie wird bewusster und oft auch mit politischem Inhalt gefüllt. Die Religion bekommt eine neue Funktion. Das Ziehen von Grenzen zu Andersgläubigen ist hier als Beispiel zu nennen.

Die muslimischen Frauen der ersten Generation zeigen im Großen und Ganzen eine kollektivische Kultur, eine Identifikation mit den Normen, Rollen und Werten der eigenen Gruppe. Sie bleiben in ihrem Milieu. Sie gestalten ihre Umgebung. Diese Frauen haben generell nur Kontakt mit

Leuten, die aus demselben Land oder sogar aus derselben Region kommen. Die Sprache spielt dabei eine große Rolle. Hinzu kommt, dass sie ihren Lebensstil als den besten empfinden. Obwohl sie die Gefahr sehen, dass ihre Töchter da draußen in der Schule von etwas beeinflusst werden könnten, das den eigenen Normen nicht entspricht, wollen sie, dass ihre Töchter anders leben als sie, nämlich eine schulische Bildung haben. Sie sollen die Sprache des Landes, in dem sie leben, beherrschen, dort studieren und einen Job finden. Das Wichtigste ist jedoch, dass sie die Werte der Familie anerkennen und einhalten.

Die konvertierten Frauen zusammen mit den Frauen der zweiten und dritten Generation haben eine tendenziell individuelle Kultur herausgebildet. Sie verfügen über mehr Kompetenzen in ihrem Beruf und über fundierteres religiöses Wissen und können deshalb sicherer Entscheidungen treffen und mit Konfliktsituationen in der Schule, im Job oder im Bezirk gelassener umgehen. Als sie angefangen haben, sich für den Islam zu interessieren, hatten sie Kontakt mit verschiedenen Religionen. Sie hatten die Wahl und haben sich für den Islam entschieden. Sie sind sehr motiviert, sich zu verändern, um sich ihrem Glauben anzupassen. Zum Beispiel lernen sie die Sprache, die Quelle ihrer Religion ist.

Konflikte in der Aufnahmegesellschaft:
(beziehungsweise – für die konvertierten Frauen – in der Mehrheitsgesellschaft)

Die oben genannte Kulturanalyse zeigt, dass sogar unter muslimischen Frauen immense Kulturunterschiede existieren. Diese Unterschiede rufen folgende Konflikte hervor:

Die Konflikte, die die traditionellen muslimischen Frauen erleben, bleiben meistens auf ihre eigenen Kreise begrenzt. In der Tendenz leben sie versöhnt mit ihrer Rolle als traditionelle Frau, aber manchmal vermissen sie es, gebildet zu sein. Wegen dieser Rollenaufteilung sind sie nicht über ihren Eigenwert gegenüber Männern aufgeklärt. Die Rolle als Mutter hat eine große Bedeutung im Islam. Die muslimischen Frauen gewinnen immer mehr an Status, je älter sie werden. Das hat damit zu tun, dass die Kinder sie zunehmend mehr respektieren, je älter sie werden. Manchmal haben sie in der Familie sogar eine mächtigere Position als die Männer. Im Allgemeinen ist der Einfluss der Mutter auf ihr Kind größer als der des Vaters. Diese traditionelle Rollenaufteilung sorgt dafür, dass die Frau besonders in der Familie und in der Gemeinde eine dominante Position gewinnt. Aber diese Position darf nicht feministisch verstanden werden, denn sie dient nur dazu, die alten Traditionen an die neue Generation weiterzugeben. Die dominante Position der Frau kann zu Konflikten führen, wenn die Männer ihre Position als führende Macht in der Familie nicht aufgeben wollen.

Die muslimischen Frauen der zweiten und dritten Generationen und konvertierte Frauen hingegen gerieten in Konflikt aufgrund einer wahrgenommenen Spannung zwischen ihrer religiösen Identität und den Anforderungen der Aufnahmegesellschaft sowie zwischen ihrer Emanzipation und den Normen der traditionellen Gesellschaft, wie sie die Familie vermittelt.

Diese Frauen kritisieren die Gesellschaft, in der sie leben, dafür, eine Spaßgesellschaft zu sein und keine verantwortungsbewussten Individuen zu erziehen. Nach Meinung der befragten Frauen wird die Mehrheitsgesellschaft immer anonymer. Die Anonymität verführe die Menschen zum Egoismus. Im Islam beginnt die Verantwortung einer Person in der Pubertät. Diese Verantwortung richtet sich zunächst auf Gott, dann auf die Eltern und letztendlich auf die Gesellschaft. In den traditionellen muslimischen Familien wird die Verantwortung jedoch – ohne hinterfragt zu werden – den Kindern aufgezwungen. Die Verantwortung gegenüber der Familie, und besonders den Eltern gegenüber, ist in den meisten Fällen blinder Gehorsam.

Das fehlende Verantwortungsbewusstsein der muslimischen Jugendlichen führen die Frauen auf die Ignoranz, die Unwissenheit und die Ziel- und Verantwortungslosigkeit der Gesellschaft zurück. Ihren Familien werfen sie vor, dass sie die Religion, die sie praktizieren, nicht richtig kennen und kennen lernen wollen und dass sie manchmal die Tradition höher halten als die Religion.

Bildung

Wie bereits erwähnt, hat die erste Generation nur sehr selten eine systematische Erziehung genossen. Ihre religiöse Bildung beruht auf Hörensagen. Manche der Frauen sind in die Dorfmoscheen gegangen, bevor sie nach Deutschland kamen, um den Koran lesen zu lernen. Jedoch haben sie auch dort nicht viel lernen können, da es in den Moscheen fast nur männliche Lehrer gab, die sehr wenig Zeit für die Frauen hatten. Jetzt im Aufnahmeland gibt es in jeder Moschee mindestens eine Frau, die unterrichtet. Aber in den ersten Jahren gab es nur eine Moschee in Berlin, die eine Lehrerin hatte, und sie war die Frau des Imams. Schon das ist den Frauen revolutionär vorgekommen. Die bildungshungrigen Frauen haben dort etwas gelernt, um später selbst in anderen Moscheen zu unterrichten. Die Aktivitäten der Frauen sind immer parallel zu denjenigen der Männer gelaufen.

Die Frauen, außer denen der ersten Generation, haben fast alle ihren Hauptschulabschluss, viele von ihnen haben Abitur und studieren. Deswegen begnügen sie sich nicht mit dogmatischen traditionellen Lehren. Sie haben eine kritische Sicht entwickelt und filtern Informationen, die sie bekommen. Sie analysieren und interpretieren und geben ihr Wissen an die Frauen der zweiten und dritten Generation weiter. Leider erfolgt das nicht immer wie gewünscht, da die meisten der älteren Frauen behaupten, dass sie ihr Leben nicht mehr verändern können.

Die neue Generation reagiert sehr empfindlich auf Fragen der Religion und Tradition. Sie analysieren die Umsetzung des Islams in jedem Land und versuchen hier in Deutschland ihren eigenen Weg zu finden. Da sie keine großen sprachlichen Probleme haben, sind sie immer in Kontakt mit Muslimen aus anderen Ländern. Dies macht sie bewusster für Kulturunterschiede. Den Koran lesen sie in ihrer eigenen Sprache, um ihn zu verstehen und zu deuten. Viele von ihnen lernen sogar Arabisch, um den Koran besser zu verstehen. Sie sind auch im Hinblick auf die Hadithe (Aussagen des Propheten) sehr kritisch, weil sie wissen, dass einige Hadithe nicht authentisch sind.

Die dritte Quelle des Islams ist der Ictihad (Interpretation der Gelehrten). Falls die Muslime keine Antwort auf ihre Fragen im Koran oder in den Hadithen finden, können sie sich an die Aussprüche der Gelehrten wenden. Diese Interpretationen sind in den ersten drei Jahrhunderten des Islams gemacht worden. Danach dachte man, dass keine weitere Interpretation nötig wäre. Aber in den Jahren nach 1800 haben einige Gemeinden festgestellt, dass eine Neuinterpretation der Quellen doch nötig wäre. Diese Frage der Interpretation bestimmt die Linie zwischen traditionellen und modernen Muslimen. Während die traditionellen Muslime über die Kritik an der religiösen Praxis oder den Quellen des Islams nicht orientiert sind, da sie aufgrund ihrer geringen Bildung in der Diaspora keinen Zugang zu solchen Diskussionen haben, haben die modernen Frauen leichter Zugang. Doch auch ihre Möglichkeit, an der innermuslimischen Auseinandersetzung zu partizipieren, bleibt äußerst begrenzt, da solche Diskussionen allemal in der Türkei und fast ausschließlich in akademischen Kreisen geführt werden und in der breiten Masse kaum Gehör finden. Die Frauen, außer in der ersten Generation, versuchen höchstens, das Traditionelle in die moderne Sprache zu übersetzen, aber von Erneuerung im Sinne einer theologischen Auseinandersetzung kann für sie nur in Ausnahmefällen gesprochen werden.

Lebensstil

Im folgenden Abschnitt wird untersucht, auf was für ein Leben die Frauen Wert legen.

Da das Familienleben ein wesentlicher Teil des Islams ist, wollen alle Musliminnen ein Familienleben führen. Dazu muss gesagt werden, dass das Familienleben keineswegs nur die Kernfamilie betrifft. Die Frauen der ersten Generation sind meistens Hausfrauen – auch wenn sie erwerbstätig sind – und haben im Durchschnitt drei oder vier Kinder. Den zentralen Aspekt ihres Lebens bilden die Familie und die Gastfreundschaft. Ihre Wohnungen sind immer ordentlich und sauber und sie sind immer bereit, Gäste zu empfangen. Der Besuch untereinander ist eine sehr wichtige Tradition. Familien treffen sich sehr oft, und manchmal treffen sich die Frauen alleine mit ihren Kindern. Diese Besuche sind besonders wichtig für die Sozialisation der Kinder. Sie lernen auf diese Weise die gewünschten Verhaltensweisen kennen: Respekt und Gastfreundschaft.

Da die meisten konvertierten Frauen und die Frauen der zweiten und dritten Generation arbeiten oder noch zur Schule gehen, fallen die permanenten gegenseitigen Besuche bei ihnen aus. In ihrer Freizeit arbeiten sie entweder in zivilen islamischen Organisationen oder vertiefen ihr islamisches Wissen in Moscheen oder Vereinen.

Aktivitäten

Neben dem Familienleben legen die Frauen, die ich beobachtet habe, auch auf Aktivitäten außerhalb ihres Hauses Wert.

Die Frauen der ersten Generation gehen meistens in die Moscheen oder versammeln sich zu Hause, um den Koran zu lernen. In den Moscheen gibt es oft Seminare für Frauen, die von weiblichen Lehrern organisiert sind. In den Moscheen haben die Frauen ihre eigenen Bereiche und dürfen nicht mit den Männern in Kontakt treten. Sie organisieren von Zeit zu Zeit Wohltätigkeitsbasare, um den bedürftigen Menschen in anderen Ländern zu helfen. Die Dinge, die sie dort verkaufen, sind meistens Handarbeiten. Oft sammeln sie auch Gelder innerhalb ihrer Gemeinde und schicken diese an Hilfe Suchende. Ihre Kontakte zu Männern beschränken sich auf Familienbeziehungen und auf seltene Fragen an die männlichen Prediger in den Moscheen. Die Frauen der ersten Generation bleiben meistens passiv. Die genannten Aktivitäten werden meistens von den Frauen der zweiten Generation organisiert.

Im Gegensatz zu den Frauen der ersten Generation nehmen die modernen Frauen meistens aktiv an den Geschehnissen in ihren Gemeinden teil und arbeiten mit den Männern zusammen. Sie gründen Bibliotheken in den Moscheen und organisieren Kurse, um den Islam und den Koran zu lernen. Für die Kinder haben sie Computer- und Sprachkursangebote. Außerdem werden die Familien in pädagogischen und gesundheitlichen Fragen unterrichtet. Manche Frauen haben ihre eigenen Frauenorganisationen und bieten dort Dienste an und wollen sogar Kindergärten gründen. Manche geben wöchentliche oder monatliche Zeitungen heraus und haben eigene Internetseiten. Alle diese Aktivitäten sind Ergebnis ihrer eigenen unabhängigen Initiative. Leider gibt es außer dem Kindergartenprojekt keine Initiative in Berlin, die vom Senat finanziell unterstützt wird.

Dialog

Der Dialog ist eine neue Methode für die Integration der Kulturen. Diese Methode ermöglicht in Europa das friedliche Zusammenleben von Minderheits- und Mehrheitsgesellschaft. Der Dialogprozess wird auf verschiedenen Ebenen realisiert. Dabei unterscheidet man zwischen kulturellem, politischem und religiösem Dialog. Ich möchte in diesem Abschnitt die Beiträge der muslimischen Frauen für den Dialogprozess darstellen.

Wegen der Sprachbarriere treten die Frauen der ersten Generation fast nie in Kontakt mit Nichtmuslimen oder Muslimen aus anderen Ländern. Aber auch sie verspüren zunehmend die Notwendigkeit des Dialogs. Frauen der zweiten und dritten Generation arbeiten zusammen mit anderen religiösen Gemeinden und haben gemeinsame Projekte. Nach ihrer Meinung gibt es keine Probleme, mit anderen Gemeinden in Kontakt zu treten. Allerdings haben sie es schwer, politisch geprägte Dialoge zu führen, da sie denken, dass die Politiker sie nicht verstehen können und dass sie ihnen etwas weismachen wollen. Die Politiker bleiben meistens uninteressiert gegenüber dem Dialogwunsch dieser Frauen oder reagieren sehr arrogant.

Es gibt mehrere Projekte in Berlin, an denen muslimische Frauen aktiv teilnehmen. Das eine, „Sarah Hagar", ist ein Dialogprojekt von Frauen aus drei monotheistischen Religionen, das Politik und Religion verbindet. Ein zweites Projekt, an dem muslimische Frauen teilnehmen, ist „EPIL". Das „European Project for Interreligious Learning" fördert den christlich-islamischen Dialog. Zwei der fünf Teilnehmerinnen der deutschen Gruppe waren Musliminnen. In Berlin wurden parallel zu diesem Projekt andere Workshops organisiert. Besonders die Dialogrunden bestehen meistens aus muslimischen Frauen. Ein weiteres Projekt, an dem muslimische Frauen beteiligt sind, ist die „Werkstatt der Religionen". Sie wird von verschiedenen Religionen und Weltanschauungen geprägt. Die Vertreter der Religionen und Weltanschauungen kommen einmal im Monat zusammen, um ein bestimmtes Thema im Rahmen des Dialogs zu besprechen. Die befragten muslimischen Frauen haben sehr gute Erfahrungen mit Dialogprojekten und zeigen ihre Bereitschaft, an weiteren Projekten teilzunehmen.

Fazit

Meine Untersuchung in bezug auf Kultur, Aktivitäten in den Gemeinden und in der Gesellschaft, Konflikten im Aufnahmeland, Lebensart, Bildung und Dialog zeigt folgendes Ergebnis: Während man die Frauen der ersten Generation und einen Teil der zweiten Generation als traditionell einordnen kann, da sie in dieser Gesellschaft leben ohne ihren Lebensstil zu ändern, den sie von ihren Familien gelernt haben, gehören die konvertierten Frauen, die Frauen der dritten Generation und die meisten Frauen der zweiten Generation in die Kategorie der modernen Frauen, da sie die Traditionen hinterfragen, sie mit anderen Kulturen vergleichen und versuchen ihren eigenen Lebensweg zu finden.

Traditionelle Frauen pflegen in der Tendenz Kontakte innerhalb ihres eigenen Kreises. Ihre religiöse Haltung wird von traditionellen Mustern geprägt, ihr Bildungsstatus ist relativ niedrig. Auch wenn sie in die Arbeitswelt integriert sind, versuchen sie, fremde Beeinflussung so gering wie möglich zu halten. Dennoch können sie sich gegen den Modernisierungsdruck im Aufnahmeland nicht wehren und wollen dies auch teilweise gar nicht. So sehen sie es als notwendig an, dass ihre Kinder eine moderne Bildung erhalten und einen Platz in der hiesigen Gesellschaft finden.

Moderne muslimische Frauen haben dagegen relativ gute Kontakte sowohl zu Gleichgesinnten als auch zu Andersgläubigen und Andersdenkenden. Durch den höheren Bildungsstatus erhalten sie eher Zugang zu den kulturellen Angeboten des Aufnahmelandes, können sich an Dialoggesprächen beteiligen und politisch aktiv werden. Auch können sie sich ihre eigene Religion im Lichte ihrer modernen Bildung bis zu einem bestimmten Grad reflexiv aneignen. Dadurch öffnen sich ihnen Wege, traditionelle Vorstellungen in die Sprache der Moderne zu übersetzen und Konflikten entgegenzuwirken. Es bleibt ihnen aber nicht erspart, sich gegenüber den Vorwürfen und Vorurteilen sowohl des Aufnahmelandes als auch aus den eigenen Reihen zu rechtfertigen.

Gregory Baum

Gespräche mit Muslimen in Montreal

In Montreal treffen sich monatlich muslimische Intellektuelle in der Vereinigung „Présence musulmane." In den Versammlungen geht es immer um die Frage, wie Muslime ihrem Glauben treu bleiben können und zugleich aktive Bürger Quebecs und Kanadas werden. Als katholischer Theologe bin ich bei diesen Gesprächen willkommen. Der Rat, den weltlich gesinnte Freunde den Muslimen geben, ist, den alten Glauben nicht ganz so ernst zu nehmen, sich auf Kompromisse einzulassen, und sich so schnell wie möglich an die herrschende Kultur anzupassen. Dieser gut gemeinte Rat wird jedoch lächelnd hingenommen. Die Mitglieder von „Présence musulmane" sind ja gläubige Menschen, die der göttlichen Offenbarung, so wie sie sie verstehen, unter allen Umständen treu bleiben wollen. Als Christ verstehe ich diesen Standpunkt recht gut.

Manchmal treffe ich altmodische Katholiken in den Pfarreien, die mich fragen, was ich eigentlich in diesen Versammlungen anstelle. Sollte ich nicht für die Bekehrung dieser Menschen zum christlichen Glauben beten? Ich antworte darauf, dass es seit Jahrzehnten neues Denken über den kirchlichen Missionsauftrag innerhalb der Kirche gibt, dass es bis jetzt noch zu keiner einheitlichen Lösung dieser Frage gekommen ist, dass aber besonders Papst Johannes Paul II, wenn auch konservativ in vielen Fragen, sich mit Nachdruck für den Dialog mit Juden und mit Muslimen ausgesprochen hat. Hier ist ein Absatz aus der Rede des Papstes in der Grossen Omayyad Moschee von Damaskus am 6. Mai 2001.

Christen und Muslime sind sich darüber einig: Die Begegnung mit Gott im Gebet ist die notwendige Nahrung für unsere Seelen, denn ohne sie verdorren unsere Herzen, und unser Wille strebt nicht mehr nach dem Guten, sondern gibt dem Bösen nach. Sowohl Muslime als auch Christen schätzen ihre Gebetsstätten als Oasen, wo sie den barmherzigen Gott auf ihrem Weg zum ewigen Leben treffen und wo sie auch ihren Brüdern und Schwestern, mit denen sie durch die Religion verbunden sind, begegnen ... In Moscheen und Kirchen bilden die muslimischen und christlichen Gemeinschaften ihre religiöse Identität heran, und dort erhalten die Jugendlichen einen bedeutenden Teil ihrer religiösen Erziehung. Welches Bewusstsein ihrer Identität wird den jungen Christen und jungen Muslimen in unseren Kirchen und

Moscheen eingeflößt? Es ist meine sehnliche Hoffnung, dass die muslimischen und christlichen Religionsführer und Lehrer unsere beiden großen Gemeinschaften als Gemeinschaften in respektvollem Dialog darstellen und niemals mehr als im Konflikt stehende Gemeinschaften.

Als katholischer Theologe habe ich viel Verständnis für das Anliegen der Muslime, verantwortlich in der demokratischen und pluralistischen Gesellschaft mitzuwirken und dabei ihrem ererbten Glauben treu zu bleiben. Um dies zu verwirklichen, benutzen die Muslime eine theologische Methode, die mir gut bekannt ist, nämlich das Wiederlesen oder Neulesen (französisch: la relecture) der heiligen Texte mit neuen, in der heutigen Gesellschaft entstandenen, Fragen und Sorgen im Kopf. Sie lesen die Texte neu aus einer anderen Situation heraus und werden so von einer Botschaft angesprochen, die die Vorfahren in ihrer Situation nicht hören konnten.

Heilige Schriften enthalten ja Botschaften für verschiedene Lebenssituationen, Botschaften also, die sich zu widersprechen scheinen und nicht leicht harmonisierbar sind. So gibt es Stellen, nach denen Gottes Liebe auf die gläubige Gemeinde begrenzt ist, und Stellen, nach denen Gottes Liebe allen Menschen der Welt gilt. Es gibt Verse, die die Gläubigen vor dem Einfluss der umliegenden Kulturen warnen, und Verse, die die Gläubigen anleiten, alles was wahr und gut an anderen Kulturen ist, dankbar als von Gott kommend aufzunehmen. Es gibt Passagen, die von der Unterordnung der Frauen sprechen, und andere, die die Gleichheit von Mann und Frau besagen. Die Frage, welchen Texten man den Vorrang zugesteht, hängt, jedenfalls zum Teil, von der geschichtlichen Situation der Leser ab.

Treue zu heiligen Schriften ist nicht ein Werk der Wiederholung, sondern eine Arbeit der Interpretation. Im französisch sprechenden Kulturraum, also auch in Quebec, wird der in der Schweiz geborene muslimische Theologe Tariq Ramadan sehr geschätzt, da er sich bewusst als westlicher Muslim (musulman d'Orient) bezeichnet und als westlicher Bürger die heiligen Texte neu lesen will. Eine zentrale Botschaft des Koran ist, nach Ramadan, die Einheit Gottes und der Widerschein dieser Einheit in der Ausrichtung der ganzen Schöpfung auf friedliche Vereinigung. Der Hauch Gottes, der die Menschen geschaffen hat, bleibt bei ihnen, begleitet sie, ermöglicht ihnen das Finden Gottes und treibt sie an, den Widerschein der Einheit Gottes in der Menschheit zu verwirklichen. Nach Ramadan begründet diese koranische Lehre die Hochachtung des Islams für alle Menschen, was immer ihre Herkunft oder Religion, und den Einsatz der Muslime für Gerechtigkeit und Frieden.

Inwieweit diese Deutung berechtigt ist, kann ich nicht beurteilen. Doch was ich gut verstehe, ist die Methode der „relecture," die ja auch in der katholischen Theologie eine große Rolle spielt. Hier ist ein Beispiel, das meine muslimischen Freunde interessant finden.

Da die katholische Kirche im 19. Jahrhundert noch ganz in die feudalaristokratische Gesellschaftsordnung eingebettet war, wehrte sie sich heftig gegen den aufsteigenden Liberalismus. Die Päpste verurteilten wiederholt das sich verbreitende Verlangen nach Demokratie, die Trennung von Kirche und Staat, die Menschenrechte und besonders die Religionsfreiheit. Zwar sollten Katholiken in Ländern, in denen sie Minorität waren, die Religionsfreiheit verlangen, um so den wahren Glauben fördern, doch in Ländern, in denen Katholiken die Mehrheit darstellten, sollten sie vom Staat verlangen, die einzig wahre Kirche zu schützen und die Freiheit der Andersgläubigen zu beschränken. Die Päpste meinten, dass Christus von ihnen verlange, die Gläubigen in der Wahrheit zu erhalten und sie von fremden Einflüssen zu beschützen.

Dies war offizielle kirchliche Lehre bis zur Zeit Johannes XXIII und des II. Vatikanischen Konzils. Nach den furchtbaren Untaten des Zweiten Weltkrieges waren viele Katholiken und auch der künftige Papst Johannes XXIII tief beeindruckt von der, von den Vereinten Nationen im Jahre 1948 erlassenen, Menschenrechtserklärung. War diese Erklärung mit dem katholischen Glauben vereinbar? Katholiken und auch der Papst entschieden sich für ein Neulesen (la relecture) der heiligen Schrift. In der Enzyklika *Pacem in terris* (1963) gibt der Papst zwei biblischen Aussagen den Vorrang, die Schöpfung der Menschen im *imago dei* und die in Jesus offenbarte, jeden Menschen ansprechende *vocatio divina*. Diese biblischen Aussagen, so die Enzyklika, begründen die hohe Würde aller Menschen, was auch immer ihre Herkunft oder Religion, und liefern damit ein theologisches Fundament für die Anerkennung der Menschenrechte, inklusive der Religionsfreiheit. Nach Johannes XXIII und dem II. Vatikanischen Konzil änderte die Kirche ihre offizielle Lehre über die liberale Devise *liberté, égalité et fraternité*, nicht als taktische Konzession oder billige Anpassung, sondern aus Glaubensgehorsam gegenüber der Schriftoffenbarung, jetzt neugelesen aus der heutigen geschichtlichen Situation heraus.

In seinem Buch *Les musulmans d'Orients et l'avenir de l'Islam* fordert Tariq Ramadan die westlichen Muslime zu einer relecture ihrer heiligen Schriften auf und formuliert die hermeneutischen Prinzipien, die sie in dieser Neulesung anwenden sollen. Es gelingt ihm vom Koran her, die Allgemeingültigkeit der islamischen Werte in den Mittelpunkt zu stellen und so den Einsatz von Muslimen für Gerechtigkeit und Frieden, im Einklang mit Anderen, als

Glaubenspflicht darzustellen. Muslime freuen sich über ihren Eigenweg und danken Gott für die islamischen Einrichtungen, die es ihnen erlauben, diesem Eigenweg treu zu bleiben, doch sollen sie dabei die Solidarität mit Anderen, vor allem mit denen, die Ungerechtigkeit erleiden, nicht als zweitrangig ansehen.

Neben Tariq Ramadan und Présence musulmane gibt es natürlich auch andere, oft problematische, Bewegungen im Islam. Ich kenne das ja gut aus der Kirche: Als Linkskatholik jammere ich gerne über erzkonservative Bischöfe und rechtskatholische Gruppen. Christen, die öffentlich den solidarischen Islam unterstützen und ihn in der Gesellschaft sichtbarer machen wollen, finden bei Muslimen Gehör. Es gibt dafür viele Beispiele aus Kanada und den USA. Kürzlich wurde ich von dem, in Bangladesh im Dezember 2004 gehaltenen, Internationalen Muslimischen Kongress für den Frieden gebeten, einen Aufsatz für ein von ihm geplantes Buch zu schreiben. Im selben Monat fand ein großes Friedenstreffen in Davao (Philippinen) statt, an dem Christen und Muslime gemeinsam teilnahmen. Obwohl eingeladen, konnte ich leider nicht hinfliegen. Gewiss bin ich mir sehr bewusst, dass jede Religion, so auch der Islam, eine dunkle Seite hat. Am besten kenne ich natürlich die dunkle Seite des Christentums. Ich glaube aber trotzdem, dass wir alle von gütigen Mächten umgeben und von der *vocatio divina* angehalten sind, Gottes Solidarität mit der Menschheit in der historischen Wirklichkeit Ausdruck zu geben. Obwohl ich nicht in allem mit dem Papst übereinstimme, teile ich ganz seine oben zitierte sehnliche Hoffnung, „dass die muslimischen und christlichen Religionsführer und Lehrer unsere beiden großen Gemeinschaften als Gemeinschaften in respektvollem Dialog darstellen und niemals mehr als im Konflikt stehende Gemeinschaften".

Michael Juschka

Vom Gegenspieler zum Haushalter Gottes

Soziale Verantwortung der Kinder Abrahams

Beobachtung

Geld zu haben, Taschengeld, verdientes Geld, Geldgeschenke zu besonderen Anlässen, ist für Kinder wichtig. Geld spielt eine enorme Rolle im Sich-Vergleichen, im Einschätzen von Werten und in Form von Statusobjekten. Selbst wenn Erziehende vorhaben, bestimmte Bereiche des Erwachsenenlebens noch nicht zu thematisieren, beim Geld gelingt ihnen das nicht. Die Kinder entdecken, dass Geld viele Entscheidungen der Eltern bestimmt und eigene Wünsche vom Geld abhängig sind. Bekannte Redensarten zum Geld sind nicht ungültig geworden, wie z. B. „Geld regiert die Welt" und „Ohne Moos nichts los". Erstaunlich ist, wie das Thema „Umgang mit Geld" im schulischen Kontext vernachlässigt wird. Die aus der Werbung bekannte Verbindung von Geld und Glück ist mit der Alltagsweisheit „Geld allein macht nicht glücklich" nicht zur Deckung zu bringen. In der Zuspitzung hieße die Allmacht des Geldes eine Kampfansage an das monotheistische Bekenntnis: „Ich bin der Herr, dein Gott, der ich dich aus Ägyptenland, aus der Knechtschaft, geführt habe. Du sollst keine anderen Götter haben neben mir." (Ex 20,2 f)

Nun will ich keine falschen Alternativen vorlegen, als könnten und wollten wir im Religionsunterricht den Kindern einen Ausstieg aus der Machtsphäre des Mammons vorspielen, indem wir auf Jesu Armut und Besitzlosigkeit verwiesen.

Spätestens bei der Frage des eigenen Kindes „Was verdienst du?" wird deutlich, dass wir in das Geldsystem, Marktsystem und Weltwirtschaftssystem verstrickt sind.

Der Umgang mit Geld darf gerade deswegen kein Tabu bleiben, auch nicht in der Grundschule.[1]

Einstieg

Im Unterrichtswerk von Hubertus Halbfas taucht das Märchen vom „Sterntaler" in vielen Bildelementen im ersten Schuljahr auf. Ein Mädchen verschenkt von dem Wenigen, was es hat, alles und wird vom Himmel vielfältig belohnt. Die Sterne, die vom Himmel fallen, stehen für mehr als nur die Geldmünzen im Originalmärchen der Brüder Grimm, sie sind symbolhaltig. Die symbolische Erweiterung ist mit der biblischen Aussage vergleichbar: „Warum zählt ihr Geld dar für das, was kein Brot ist, und sauren Verdienst für das, was nicht satt macht? Hört doch auf mich, so werdet ihr Gutes essen und euch am Köstlichen laben. Neigt eure Ohren her und kommt her zu mir! Höret, so werdet ihr leben!"(Jes 55,2.3a). Halbfas greift die Dämonie des Geldes in mehreren Bildern auf. Dabei dient der höllische Drache mit einem Leib aus Geld, wie ihn Relindes Agethen gemalt hat, als Symbol des Bösen, der den Menschen bzw. dessen Herz zu verschlingen sucht. Die diesem Symbol zugeordneten Märchen und Legenden erzählen vom Fluch der Geldgier und des Besitzes und vom Heil durch Verschenken des Eigentums und durch Verlieren der eigenen Existenzsicherheit. Diese radikale Wertevermittlung wird in Bild und Erzählung den Erstklässlern vorgelegt und findet, so meine eigene Erfahrung, Gehör und Akzeptanz. Zwei Momente bleiben aber für die kommenden Schuljahre unbefriedigend: Ist die Stigmatisierung des Geldes und des Reichtums tatsächlich auch biblisch begründet, und gehörten nicht zu einer didaktischen Erschließung der Gültigkeit solcher Radikalität auch die lebenspraktischen Erfahrungen und die kritischen Zweifel der Kinder?

Biblische Voraussetzungen

„Es ist leichter, dass ein Kamel durch ein Nadelöhr gehe, als dass ein Reicher ins Reich Gottes komme" (Mk 10,25). Ein solcher Schlüsselsatz, der über Zugang und Ausschluss entscheidet, steht nicht isoliert im Neuen Testament. Jesu Kritik bezieht sich konkret auf die jeweiligen Gesprächspartner. Entsprechend der Logik der Erzählung vom reichen Jüngling (in Mk 10,17–27) „muss es nicht der Reichtum sein, der Menschen unfrei macht und unfähig zur Nachfolge. Aber wenn ich mich frage, was es denn in unserer Gesellschaft ist, das die Menschen bindet, zu ihrem Gott wird, auf den sie sich verlassen und an den sie ihr Herz hängen, so ist es der Reichtum."[2] Jesus hatte nicht nur selber keine Münze in der Tasche, sondern verlangte auch von seinen Jüngern, nichts mit sich zu nehmen (Lk 10,4). Sie demonstrierten darin die Nähe der Gottesherrschaft und ihr Vertrauen auf die Fürsorge Gottes. Diese Fürsorge wurde sehr konkret erfahren. Als Wandercharismatiker waren die Jünger auf Unterstützung von sesshaften Jesusanhängern angewiesen. Zwischen denen, die in Häusern lebten und Lebensmittel erwirtschafteten und denen, die ihren Lohn durch Predigt und Heilung verdienten, bedurfte es eines Ausgleichs.

Didaktische Konsequenzen

Was für uns zu entdecken ist, ist keine Verteufelung des Geldes, sondern eine besondere menschliche Haushaltsweise, die Geld neben Naturalien und anderen Besitztümern einbezieht, um alle am Leben zu erhalten. Eine gerechte Haushalterschaft, griechisch Ökonomie, ist der Schlüssel zum Umgang mit Geld. Biblische Texte reden vielfach von ökonomischen Situationen, von Ökonomen selbst und einer von Gott gegebenen Ökonomie der Gnade. Wenn diese Form der gerechten Haushalterschaft mit Kindern thematisiert wird, muss es zunächst elementar darum gehen, über die Verteilung und Wertschätzung zu Hause nachzudenken.

Welche Bedeutung hat es, zu Hause dazuzugehören? Was heißt „zu Hause sein" und wie zeigt es sich? Es gibt wichtige Kriterien hierfür, die als Orientierung gelten, selbst wenn es bereits bei Kindern gegenläufige Erfahrungen gibt:

a) zu Hause ist, wenn man meinen Namen kennt. Damit verbinden sich Geschichten von mir und über mich;
b) zu Hause ist, wenn ich mich darauf verlassen kann, dass Konflikte und Versöhnung, Streit und Liebe von mir gelernt und erfahren werden und zu meinem Besten dienen;
c) zu Hause ist, wenn ich immer einen Platz weiß, der für mich freigehalten wird. Ich habe immer die Gewissheit, einen Platz in der Gemeinschaft zu haben;
d) zu Hause ist, wenn ich keine Sorge zu haben brauche, dass das, was da ist, mit mir gerecht geteilt wird. Ich brauche nicht zu zweifeln, ob ich etwas abbekomme;
e) zu Hause ist, wenn mir alles so gehört, wie einem anderen Familienmitglied. Es gibt keinen Rangunterschied der Bedürfnisse, keine Benachteiligung durch Alter, Geschlecht oder Leistungsfähigkeit.[3]

Wenn es gelingt, sich mit älteren GrundschülerInnen über die Qualität einer Ökonomie auszutauschen, von der und in der wir gerne leben oder leben wollen, kann und muss manches der tatsächlichen Ökonomie kritisiert werden.

Aspekte einer gerechten Haushaltsordnung in den abrahamitischen Religionen

Hans Küng sieht eine Alternative zwischen „Gott oder Geld" als unangemessene Vereinfachung einer Wirtschaftsgesinnung, kann aber für Judentum, Christentum und Islam zentrale Grundsätze einer Wirtschaftethik formulieren:

- *dass nach christlicher wie muslimischer und jüdischer Auffassung nicht das Geld die Welt regiert oder regieren soll, sondern Gott;*
- *dass jeder gläubige Mensch, sei er arm oder reich, sich zu entscheiden hat, ob er sein Herz an Gott oder an den Mammon hängt, ob das Geld für ihn notwendiges ‚Zahl- und Lebensmittel' oder aber ein Götze ist;*
- *dass jeder von der Botschaft der Bibel wie des Koran zur genügsamen Anspruchslosigkeit und großzügigen Hilfsbereitschaft aufgerufen ist, kurz:*
- *dass die ökonomischen Werte in der Werteskala keinesfalls die obersten sein können oder dürfen.*[4]

Im biblischen Zusammenhang wird der Gegenspieler, der andere Ökonom, mit einer personalen Identität verbunden. Das „goldene Kalb" oder „der Mammon" sind Mächte, denen ein umfassender Einfluss zugeschrieben wird. Der Mensch verfällt leicht diesen Mächten. Er ist Spielball oder Mitspieler. Er kann nicht beiden Systemen zustimmen, beide Parteien schätzen. „Ihr könnt nicht Gott dienen und dem Mammon" (Mt 6,24/Lk 16,13). Warum eigentlich nicht?

„Dienen" ist eine Form der persönlichen Zurücknahme, der Selbstreduzierung zugunsten eines anderen. Das hier gewählte griechische Wort macht eine Abhängigkeitsstruktur deutlich, die der antiken-griechischen Welt verhasst war. Im Dienst des Schöpfergottes zu stehen wird von Bibel und Koran bejaht. Diese Bindung ermöglicht eine Mitarbeit für den Nächsten, ein Sorgen um den Erhalt der Schöpfung und ein leidenschaftliches Engagement für die kommenden Generationen. Ein Dienst nach den Gesetzen des Marktes heißt Geldschöpfung im Kreditwesen, bedeutet Vermehrung des Kapitals durch Zins und Zinseszins und zielt auf Gewinnsteigerung durch Produktivitätssteigerung und schließlich auf Marktbeherrschung. Ökonomen definieren Ökonomie als ein notwendiges Ordnungssystem zur bestmöglichen Bedürfnisbefriedigung. „Wirtschaften bedeutet, planvoll das Missverhältnis zwischen theoretisch unbegrenzten Bedürfnissen und knappen Mitteln so in Einklang zu bringen, dass auf Dauer ein möglichst hohes Maß an Bedürfnisbefriedigung erreicht wird."[5] Die Definition benennt keine Grenzen von Bedürfnisbefriedigung und formuliert allgemeingültig, obwohl Grenzen zu anderen Volkswirtschaften und innerhalb der eigenen Volkswirtschaft stets mitgesetzt sind. Nicht jeder Hunger eines Kindes ist von Interesse. Nicht alle Jugendlichen sind im Visier von Markstrategen. Die „Wertigkeit" eines Menschen, und einer Region bemisst sich nach Kriterien von Zahlungsfähigkeit, Zukunftsperspektive und Bruttosozialprodukt. Um die Wertigkeit, die Ebenbildlichkeit des Menschen nicht der Eigengesetzlichkeit einer Wirtschaft zu überlassen, haben Judentum, Christentum und Islam Einsprüche, Korrekturen und Alternativen in ihrer Tradition, die dem Anspruch Gottes auf das Leben seiner Kinder Abrahams immer den Vorrang einräumen. Die drei Produktionsfaktoren „Arbeit, Boden und Kapital" werden in den drei Religionen unterschiedlich akzentuiert. Allen gemeinsam ist die Erinnerung an Gottes Güte, die erst Besitz und Wohlstand ermöglicht haben. Die von den Kindern Abrahams empfundene Dankbarkeit verwirklicht sich in einer Nachahmung der göttlichen Güte, Liebe und Gerechtigkeit gegenüber den Bedürftigen. Almosen und Abgaben werden den Armen und Mittellosen weitergereicht. Eine entstehende soziale Kluft wird mit Hilfe prophetischen Einspruchs als Verfehlung wahrgenommen und in der Haltung der Umkehr wieder ausgeglichen. Privateigentum und Wohlstand sind im Judentum und Islam nicht grundsätzlich angefragt. Das Christentum hat Erinnerungen an die Jesusbewegung und die „idealisierte" Urgemeinde aufbewahrt, in denen Besitzlosigkeit und Armut Heilsprärogative bedeuten. Dass Gott selbst auf der Seite der Armen steht, ist jüdisch-christliches Erbe.

Das Judentum hat in der Tora ein besonderes Verhältnis zum Land festgehalten. Es ist Erbstück und Lehen des Gottes Israels an sein Volk. Die theologische Begründung eines Pachtverhältnisses führt auch zu einer Sozialgesetzgebung, die eine Rückgabe von Land an seine ursprünglichen Inhaber fordert. Sabbatjahr und Jobeljahr sind zwar teilweise utopische Erinnerungen. Sie machen aber bewusst, wem der Ertrag des Bodens zu verdanken ist und wem er zu dienen hat. Zedaka ist ursprünglich Gerechtigkeit. Als gesetzliche Verpflichtung wird sie zum Begriff des „Wohltuns". Israels Weisung fordert auch ein Verbot des Zinsnehmens. Kredite wurden ruinös verzinst. Zur Abwehr von Verschuldung und Schuldknechtschaft wird an die Knechtschaft des Volkes Israel in Ägypten erinnert. Dem neuen Freiheitsstatus kann eine Versklavung eigener Schwestern und Brüder nicht entsprechen. Ihre Freilassung und der stets wieder mögliche Neubeginn auf der eigenen Scholle sind toragemäße Forderungen.

Am prägendsten ist die Sabbat-Ökonomie. Mensch, Ausländer und Tier sind am siebenten Tag von allem wirtschaftlichen Tun entbunden. Es ist eine qualitativ neue Zeit, die die vorangegangenen Tage vollendet. Die Qualität des Sabbats drängt auf eine Veränderung des Alltags. Sie fordert die Gegenwart Gottes, das Wohnen von Recht und Gerechtigkeit unter den Menschen.

(Landgabe und Sabbatordnung: Ex 20,8–11; 23,1–13; Lev 25,1–24; Dtn 15,1–18; Neh 5,1–13; Jes 58,6–14 / Zinsverbot: Ex 22,24; Lev 25,35–38; Dtn 23,20 f / Praktische Armenfürsorge: Rut 2,3; Est 9,19.22, Neh 8,10[6])

Das Urchristentum bindet sich in vielen ethischen Forderungen an die Tora. Es betont aber vor allem den Status- und Besitzverzicht. Das Zinsverbot und die Landverheißung treten im Neuen Testament zurück. Das Zinsverbot hat dennoch über Jahrhunderte in der Alten Kirche Bestand gehabt. Das Kreditwesen wird erst im Verlauf des Mittelalters zum Geschäft auch christlicher Händler. Die Reformatoren üben zum Teil scharfe Kritik am Zinswucher. Die Neuzeit mit ihrer veränderten Geldwirtschaft führt zu einem vorläufigen Ende der Konfrontation zwischen der Verletzung der christlichen Nächstenliebe und moderat verzinstem Darlehen. Das Teilen des eigenen Besitzes mit der Gemeinschaft und mit Erbarmungswürdigen bleibt konstitutiv für das Christentum. Statusgewinn durch Verzicht auf Besitz und Ehre verweist auf die ökonomischen Grundkorrekturen der urchristlichen Gemeinde. Im Verlauf der Kirchengeschichte wird durch Einzelgestalten und mönchische Bewegungen dieser Grundzug wiederbelebt. Aus der Erinnerung an Jesu Heilen und Mahlgemeinschaften über die Grenzen der eigenen sozialen Bindungen und Verantwortungen hinweg, engagieren sich kirchliche Hilfswerke mit Projekten und Katastrophenhilfe weltweit und jenseits der ökumenischen Partnerschaften.[7]

(Besitzverzicht: Mk 10,17–27; Act 4,32–37 / Statusverlust: Mk 9,33–37; Joh 13,4–17; Lk 10,28–31 / Grenzüberschreitung: Mt 5,39–48/ Lk 6,27–35; Lk 10,25–37)

Der Islam bindet Gebet und Tun des Gerechten ebenfalls eng zusammen. Eine der fünf Säulen ist die sogenannte Almosengabe. Der Koran nennt die später zur Pflicht erhobene Abgabe Zakat (Pflichtbetrag von 2,5 % für alle Edelmetalle und Kaufmannswaren, wenn sie länger als ein Jahr im Haus aufbewahrt werden). Sie kommt den Armen zugute. Zu weiteren freiwilligen Almosen (Sadaka) fordert der Koran auf. Die Spendenbereitschaft ist im Fastenmonat Ramadan besonders hoch. Stiftungen zur Errichtung von Orten für die allgemeine Wohlfahrt werden im Verlauf der Geschichte üblich. Die Zinsnahme wird im Islam verboten. Gründungen von islamischen Banken und Kreditinstituten sind Ausdruck für den Ver-

such, Scharia und modernes Finanzsystem in Übereinstimmung zu bringen. Kritische Impulse gehen durch die theologische Bestimmung der Zeit aus. Gott ist Herr der Zeit und deshalb muss nach dem Koran jeglicher Besitz nach einem Jahr zu Abgaben an die Gemeinschaft führen. Das Horten und die Gewinnsteigerung durch Spekulation und Zinseszins werden theologisch kritisiert. Nach der islamischen Lehre gilt der Grundsatz der Nichtschädigung.
(Armengabe (Zakat/Sadaka): Sure 2,83. 177. 219. 264–266. 272–274. 278 f; 3,92; 9,60 / Empfänger der Almosen: 9,103; 70,19–26 /Almosengabe zur Reinigung und Läuterung / Zinsverbot: Sure 2,275. 278–279 / Gott als Herr der Zeit: Sure 16,77)

Didaktische Konsequenzen

Alle drei monotheistischen Religionen haben eine Sensibilität für eine aus den Fugen gehende Wirtschaft entwickelt. Gerechtigkeit ist Werk Gottes und Antwort des Menschen. Die Geschichte der Kinder Abrahams kann auch als Geschichte des immer wieder Scheiterns an den eigenen theologischen Entdeckungen gelesen werden. Es gibt aber eine Notwendigkeit, sich mit den SchülerInnen auf die theologisch motivierten ökonomischen Erinnerungen der drei Buchreligionen einzulassen. Angesichts der unfassbaren, leider nicht utopischen Opfer heutiger Weltwirtschaft, ist jeder Ansatz zu bedenken, der zügelloses Abhängigmachen von Menschen und Staaten, Ausbeuten von Kindern, Frauen und Männern durch erdrückende oder erniedrigende Arbeit untergräbt. Jedes Nachdenken muss uns willkommen sein, das die Entwicklung von Menschen in aller Vielfalt und Fürsorge fördert und die Vernichtung von Ressourcen in Frage stellt. Was lässt sich mit den Erinnerungen der abrahamitischen Religionen lernen?

Wirtschaft kann gestaltet werden und zusammenbrechen. Wirtschaft braucht Vertrauen und Glauben in ihre Stabilität. Ein Versagen des Marktes, der Institutionen oder der Moral ist möglich. Also braucht Wirtschaft ein ethisches Profil. Die ethischen Prinzipien sind nicht vollständig in Gesetze zu gießen. Menschen, um derer Willen gewirtschaftet wird, müssen in übergroßer Zahl diese Wirtschaft bejahen und ethisch vertreten. Die Kinder Abrahams bringen Kriterien vor, deren ethische Basis überzeugen kann. Die Bereitschaft zur Selbstbeschränkung erwächst aus dem Vertrauen auf den einen Gott des Himmels und der Erde. Deshalb wird eine Begegnung mit Texten aus den drei Religionen diesen Zusammenhang für SchülerInnen deutlich werden lassen.

Vorschläge zum Unterricht

- Einstieg mit einer Karikatur: Zwei Möglichkeiten bietet Berg zum Thema „soziale Dummheit" etc. an, die jeweils auf den Kontrast von Überfluss und Mangel Bezug nehmen. Dabei dient eine Spendendose mit der Aufschrift „Brot für die Welt" der Vergegenwärtigung von Armut.[8] Mit Hilfe von aktuellen Bildern aus Tageszeitungen können die Kinder der abstrakten Spendenbüchse ein Gesicht geben. Ziel des Gesprächs über eine derartige Karikatur wäre ein eigenes Verständnis über ein „Zuwenig" und ein Nachdenken darüber, welche Menschen dies vor allem trifft.
- Erarbeitung einer guten Haushalterschaft: Kinder finden einen Zugang zu einer guten Ökonomie, indem sie Kriterien entwickeln, die ein gutes Zuhause für sie definieren. Anschließend vergleichen sie ihre eigenen Kriterien mit denen von Meeks.
- Bilder zu einer guten Haushalterschaft entstehen lassen: Das Leben in einer lebenswerten Ökonomie oder einem guten Zuhause sollte unbedingt vielseitig lebendig werden. Nicht zuletzt könnten in dieser Phase Bilder entstehen. Ein gemeinsames Essen und Geschichten von überraschenden Einladungen in fremde „Haushalte" und Entdeckungen eines neuen „Zuhauses" können zur Vertiefung eingefügt werden.
- Gleichnis (Lk 16,1–9) in Abschnitten erarbeiten:
  1. Abschnitt: Verse 1–3: Was wird dem Ökonomen (Haushalter) unterstellt? Was droht ihm? Welche Perspektiven hat er überhaupt? Informationen zur sozialen Situation von Großgrundbesitzern, Verwaltern, Pächtern, zum Status des Bettlers;
  2. Abschnitt: Verse 4–7: Welche Lösung kommt dem Ökonomen in den Sinn? Welche Schuldenlast nimmt er den Pächtern? Welche konkreten Folgen kann ein Schuldenerlass haben? Wie beurteilt ihr die Vorgehensweise des Ökonomen? Welche Reaktion ist vom Großgrundbesitzer zu erwarten? Informationen zum Schuldschein („Man muss sich die Schuldscheine als kleine hölzerne, wachsüberzogene Täfelchen (hebr. Pinkas) vorstellen, die aus zwei oder drei Flügeln bestanden. Auf die Innenseiten der Flügel wurde in die Wachsschicht hinein die Schuldsumme geschrieben. Mit Schnur und Wachssiegel wurden die zugeklappten Schuldurkunden versiegelt."[9]), zur Schuldenlast (Geldwert des Schuldenerlasses war ungefähr 500 Denare. Eine Familie konnte mit einem Denar über einen Tag lang haushalten.) und zur Autoritätsidentität von Verwalter und Besitzer;
  3. Abschnitt: Vers 8a (8b. 9): Warum gibt es für den Verwalter Lob? Welche Personen haben durch den Schuldenerlass Vorteile? Welche Person

steht für Jesus im Mittelpunkt? Passt das Doppelgebot der Liebe (Lk 10,27) zum Ökonomen? Ziel der Textarbeit ist ein Zugang zur gerechten Haushalterschaft im Kontext von Eigeninteresse und Barmherzigkeit. Die Kinder entdecken den Ökonomen als Zentralfigur, dessen Handlung sich um die Interessen der anderen und um die eigenen in gleicher Weise kümmert. Durch Rückgriff auf die Kriterien eines „Zuhauses" kann deutlich werden, dass Jesus keinen engen Familienbegriff und damit keine ausgrenzende Haushaltsordnung verkündigte. Die Ökonomie Gottes will das Leben aller ermöglichen.

- Rollenspiele zur Verschuldung: Hier sei exemplarisch auf ein Arbeitsmaterial zum „Erlassjahr 2000" hingewiesen.[10] Kinder können lernen, wie vielfältig sich Verschuldung ereignen kann und wie (wenig) eigene „Schuld" dafür verantwortlich ist. Beispiele aus dem direkten Lebensumfeld der Kinder machen den Anspruch der biblischen Erzählung gegenwärtig: Es gibt (viele) Menschen, die brauchen einen gnädigen Neuanfang.

Weitere Literatur

Peter Biehl (Hg.) u.a., Gott und Geld. Jahrbuch der Religionspädagogik Bd. 17, Neukirchen-Vluyn 2001
Peter Biehl / Friedrich Johannsen, Einführung in die Glaubenslehre. Ein religionspädagogisches Arbeitsbuch, Neukirchen 2002, S. 25–42
André Fourçans, Die Welt der Wirtschaft, Weinheim 2000
Nikolaus Piper, Felix und das liebe Geld, Weinheim 1998

Anmerkungen

1 Zur Orientierung: Bausch, Rüdiger, „Die Steuerfunktionen der Banken in der offenen globalen Gesellschaft" in: Gottwald, Eckhart u. Rickers, Folkert (Hg.), www.geld-himmeloderhölle.de, Die Macht des Geldes und die Religionen. Anstöße zum interreligiösen Lernprozess im Zuge der Globalisierung, Neukirchen 2002, S. 15–37.
2 Jürgen Ebach, „Es gibt kein Verbot für Kamele, durchs Nadelöhr zu gehen" in: ders., Weil das, was ist, nicht alles ist. Theologische Reden IV, Frankfurt a.M. 1998, S. 86.
3 M. Douglas Meeks, „Gott und Ökonomie" in: Beiheft der BThZ 1992, S. 15 (englische Ausgabe trägt den Titel: „God the economist").
4 Hans Küng, Der Islam. Geschichte, Gegenwart, Zukunft, München 2004, S. 732.
5 Rüdiger Bausch, s. Anm. 1, 19.
6 Johann Art. Krengel, „Soziale Gesetzgebung der Juden in der Bibel" in: Jüdisches Lexikon, Bd. IV/2, ²1987, S. 504.
7 Materialien bietet: Hartmut Rupp und Andreas Reinert (Hg.), Kursbuch Religion Oberstufe, Stuttgart 2004, S. 68–99 (Thema: Gerechtigkeit). Als Überblick geeignet: „Die Kirche und die Armen" S. 82 f.).

8 Horst Klaus Berg (Hg.), Lieder, Bilder, Szenen im Religionsunterricht, Bd. 2, Bilder für das 1.–4. Schuljahr, Stuttgart 1979, S. 17, 41.
9 Dietrich Schirmer, Exegetische Studien zum Werk des Lukas, Berlin 2001, S. 64 (Die Auslegung basiert auf den Untersuchungen sozialgeschichtlicher Forschung und unter Einbeziehung jüdischer Quellen, Selbstverlag).
10 „… und wer borgt, ist des Gläubigers Knecht", Ein ökumenisches Studien- und Arbeitsheft für Gruppen und Gemeinden, Hg.: Evangelisches Missionswerk in Deutschland (EMW), Missio und Misereor, Hamburg ²1999, S. 77.

Mohsen Mirmehdi

Vom Bund und von Verträgen

Toleranz im Koran

Religion und Politik

Einige Positionen mögen schon hier kurz erläutert werden, um sich den Wirkungszusammenhang, den ein solcher Essay sich versprechen und vielleicht auch erreichen könnte, zu vergegenwärtigen.
Die Forderung nach Toleranz ist ein gesellschaftliches Verhalten und demnach ein politisches. Soll die Toleranz aus den Lehren der Religionen herauskristallisiert werden, so bleibt es unausweichlich, dass die Realität mit den Maßstäben der religiösen Ethik gemessen wird. Also wird die Religion – sollte sie es vorher noch nicht sein – politisch.

Auf der anderen Seite ist der neumodische Ausdruck ‚politisierte Religion' insofern inkorrekt, als damit stillschweigend vorausgesetzt wird, dass Religion und Religionen jemals unpolitisch gewesen sein könnten. Religion und Politik sind sowohl was ihr Instrumentarium, wie was ihre spezifischen Zielsetzungen in den differenziert arbeitsteiligen Gesellschaften anbetrifft, zwar nicht identisch, doch sie haben nie in der Geschichte gänzlich isoliert neben einander gewirkt. Nicht erst müsste die allbekannte Einheit von König- und Priestertum in den alten Kulturen zitiert werden, um auf den inneren Zusammenhang von Religion und Politik hinzuweisen. Denn beide gründen im Zwang und in der Not von Einzelnen und Gesellschaften, das Leben von Heute so zu gestalten, dass auch ein lebenswertes Morgen in Aussicht gestellt werden kann, für das heute zu leben, sich lohnte. Ohne Verheißung und Versprechen einer heilen oder heilerer Realität müssten sie sich beide selbst ihre historische Relevanz in Frage stellen.

Die heute so oft formalistisch und mit gleichermaßen ideologischer Inbrunst vorgetragene Forderung nach Trennung von Religion und Politik müsste die historisch permanente Wechselbeziehung beider verleugnen und ist deshalb historisch kurzsichtig und ideologiekritisch problematisch[1]. Weder Religion noch Politik können sich auf die Aktualität ihrer Legitimation – die ohnehin eine historisch gewordene sein kann – berufen, wenn sie zugleich ihre gemeinsame Verstrickung im Gefüge der sozialen Realität auszublenden suchen.

Doch hat das Verhältnis von Religion und Politik nie in ihrer Gleichheit bestanden[2], sondern es wurde schon immer vermittelt durch den unweigerlich *politischen* Prozess der Vergesellschaftung der Offenbarung. Die in der Sozialgeschichte immer wieder angestrebte Vermittlung und Trennung von Politik und Religion, von ‚Königtum' und ‚Priestertum' fanden periodisch in der prophetischen Verkündigung statt, die per definitionem in der Kritik an den durch ‚Staat' und ‚Kirche' verursachten oder getragenen ungerechten Verhältnissen sich zündete.

Die dringende Aufgabe ist heute nicht nur die Unterscheidung von Religion und Politik nach abstrakten, am Ende undurchschauten Prinzipien, sondern auch die formalistische Trennung von Bereichen der gesellschaftlichen Realität, die dann unweigerlich zur gegenseitigen Entfremdung jener Bereiche führen müsste. Die viel schwierigere Aufgabe besteht eher darin, die Grenzen der realen Zuständigkeit und Wirksamkeit beider zu bestimmen, um ihr ohnehin stattfindendes Wechselspiel besser zu begreifen, und um möglichst den Bedürfnissen von Menschen und Gesellschaften, die unter dem Zeichen von realen Konflikten leben und existieren, gerecht zu werden.

Die Forderung nach jeder Art von Toleranz, die religiöse nicht ausgenommen, ist zugleich die nach der Schaffung von Bedingungen ihrer politischen und ökonomischen Realisierung. Und doch gilt zunächst, jene Forderung im Anspruch der Religionen selbst aufzuspüren. Zunächst müsste dieser Versuch angesichts des universellen Absolutheitsanspruchs der Offenbarungsreligionen von vornherein für aussichtslos erklärt werden. Vorzutragen, dass dies im Falle der koranischen Offenbarung nicht der Fall ist, wird die Aufgabe dieses Beitrags sein.

Soweit und von außen betrachtet, dürfte allgemeine Akzeptanz vorliegen, dass keine Religion von sich behaupten wird, sie lege keinen Wert auf die soziale Praxis von Toleranz und Frieden. Doch entstehen und entwickeln sich die Konflikte zwischen den Religionen bereits in und während ihres eigenen Entstehungsprozesses: sie konstituieren sich als Reform und Neugestaltung der älteren und treten sofort mit diesen in ein konkurrierendes, sich gegenseitig negierendes Verhältnis. Um doch noch einen vermittelnden Versuch nicht gleich als aussichtslos zu deklarieren, gilt es, nicht nur nach äußeren Gemeinsamkeiten und Unterschieden zwischen den heiligen Schriften und den Religionen zu suchen und diese zu beschreiben, sondern auch nicht zuletzt solche des Lebens und der Lebenskonflikte derjenigen Menschen, um deren Religion es sich jeweils in verschiedenen Kulturen handelt.

Das historische Verhältnis der Religionen zueinander stellt sich im Falle von Judentum, Christentum und Islam als besonders komplex dar. Jede Lektüre des Korans vermittelt gleich den Eindruck, der im Falle der Thora und der Evangelien als selbstverständlich gilt: Auch die koranischen Texte sind motivisch und intentional aufs Engste mit den Traditionen der Propheten des alten Israel verquickt. Die ebenfalls zu verzeichnenden Differenzen berichten von den sozialgeschichtlichen und nicht weniger weltpolitischen Ausgangspositionen. Sie zeugen von den unterschiedlichen Widerständen, die die allgemein religionsgeschichtlichen wie die spezifisch differenten politischen Standorte jedem der Propheten und ihren, sie befolgenden Zeitgenossen entgegensetzten.[3] Die Geschichte eben dieser Widerstände und zu deren Überwindung unternommenen Anstrengungen machen die politische Geschichte der Vergesellschaftung der Offenbarungen aus.

Im folgenden wird eine der wichtigsten Stationen dieses Prozesses im Koran vorgestellt, nämlich das Konzept, das der Koran zu einer friedlichen Koexistenz von Kollektiven und Individuen vorträgt.

Vertragsethik und Toleranz

Die Regelung der Rechte und Pflichten der Muslime untereinander und zwischen ihnen und anderen Religionsgemeinschaften – vor allem den jüdischen Kolonien um Medina – war bereits in der Konstitutionsphase der ersten islamischen Umma im Jahre 622 n. Chr. ein zentrales Anliegen Mohammeds. Im „Vertrag von Medina", dessen Text überliefert ist[4], werden Bestimmungen dokumentiert, die das öffentliche, reziproke Verhältnis verschiedener Bereiche der sozialen Realität im Stadtstaat Medina festlegten. Es folgen große und kleine Konflikte und blutige Auseinandersetzungen einerseits zwischen Muslimen und heidnischen Arabern, und andererseits zwischen jenen und den jüdischen Kolonien. Etwa zehn Jahre später, nachdem die muslimische Umma etabliert war, wird im Koran der Begriff des Vertrags praktisch und theologisch erläutert. Die Verbindlichkeit des Vertrags wird sowohl in heilsgeschichtlicher Hinsicht begründet wie dessen sozialgeschichtliche Umsetzung normiert.

Zunächst seien einige Worte über die Umstände, die die Offenbarung der hier behandelten Verse aus der 5. Sure auszeichneten, angeführt. Diese Sure gewinnt auch später, nach dem Ableben des Propheten in ihrer Wirkungsgeschichte an fundamentaler Bedeutung für die nachkoranische politische Entwicklung der islamischen Gesellschaften[5] und deren Verhältnis zur außerislamischen Welt. Diese Sure, genannt Al Mâéda ist die letzte der 114 Suren im Koran. Sie wurde im Jahre 632 offenbart[6], im letzten Lebensjahr des Propheten in Mekka[7]. Er besuchte im Jahre 632 n. Chr. und im Jahre 10 nach dem islamischen Kalender in Mekka, seiner Geburtsstadt, die heilige Moschee Kaàba, um seiner Pilgerfahrtspflicht nachzukommen. Er hatte 10 Jahre zuvor die Stadt wegen der Übergriffe ihrer heidnischen, meist politisch und ökonomisch mächtigen Bewohner verlassen und nach Medina auswandern müssen. Hier wurde er mit offenen Armen aufgenommen, um gemäß seines Ruhmes, als zuverlässiger Richter zwischen den sich streitenden Stämmen und Städtern zu vermitteln. Nun, 10 Jahre später, war er von Medina nach Mekka zurückgekehrt, um die jährliche Pilgerfahrt zu begehen. Zu dieser Zeit war ganz Arabien dem Islam unterworfen. Mohammed befand sich auf dem Höhepunkt seines Lebenswerkes als Prophet, Staatsmann, Heerführer, Richter und Priester seiner Umma. Eine große Schar von Moslems aus Mekka, Medina und anderen Gegenden der arabischen Halbinsel versammelte sich um ihn, um seiner Predigt beizuwohnen.

Arabisch *Al Mâéda* bedeutet *der Tisch*[8]. Der Aspekt einer Abschiedsrede, die situationsbedingten Andeutungen und Hinweise auf die Zeit nach dem Ableben des Religionsstifters finden sich ebenfalls in dieser Sure. Wohl aus diesem Grunde heißt diese letzte Wallfahrt Mohammeds in der islamischen Überlieferungstradition „die Abschiedswallfahrt". Dieser und die weiteren unten wiedergegebenen Verse aus dieser Sure, enthalten Redefiguren und Wendungen, die sich in die literarische Tradition von Testamenten einordnen lassen, sowohl was ihre literarische Form als auch ihren Inhalt anbetrifft. Nach der hagiographischen Überlieferung soll sich folgendes ‚Szenario' abgespielt haben[9]. Über all dies hinaus findet sich in dieser Sure ein Vers, der diese Aspekte in einer religionshistorisch dramatisch zu nennenden Weise vergegenwärtigt und deshalb hier vorweg zitiert werden soll[10]: (3.) „Heute habe ich euch vollendet euren Glauben und habe erfüllt an euch meine Gnade, und es ist mein Wille, dass der Islam euer Glauben ist." An diesem Vers fällt zu allererst auf, dass das grammatikalische Subjekt nicht in dem sonst im Koran üblichen sogenannten majestätischen Plural, sondern im Singular spricht und dadurch dem Text eine sehr persönliche Note verliehen wird. Für ‚Glauben' steht im Vers „din", was richtigerweise mit *Religion* wiedergegeben werden müsste. Nun, bei dieser *großen Versammlung* der Muslime wurden dem Propheten die Verse offenbart: (1.) „O ihr, die ihr glaubt, haltet eure Verträge." Diese im Koran häufig gebrauchte Anredeform der islamischen Umma (so auch zu Beginn der Verse 2, 8, 14 u. ä.) erhält ein besonderes Gewicht dadurch, dass sie gleich an den Anfang der Sure gesetzt ist.[11]

Die Verträge, die in diesem Vers gemeint sind lassen sich auf alle privaten und öffentlichen Lebensbereiche beziehen.[12] Dies geht aus anderen Koranversen hervor, die vom gleichen Ausdruck Gebrauch machen. Doch nicht zuletzt die Selbstverständlichkeit, mit der Glaube und Vertragstreue in ein direktes Verhältnis gesetzt werden, veranlasst, den hier exponierten Begriff Vertrag auch als den zwischen Gott und Menschen zu verstehen. Damit werden alle weltlichen Verträge in einen verpflichtenden Zusammenhang gestellt zum Bund, den – nach dem Koran – Gott bereits mit Adam schloss, der von Moses, Abraham, Jesu und anderen Propheten bestätigt und gehalten wurde. Wer von allen Menschen – und hier selbstverständlich den Muslimen – jenen Bund annehmen und sich also *binden* will, tut dies, indem die Einhaltung der Verträge in der eigenen persönlichen und gesellschaftlichen Lebenspraxis realisiert wird.

Sich im Glauben an Gott zu binden, wird von der täglichen Praxis der verantwortlichen Einlösung der Verträge nicht geschieden: Treue zu Menschen ist die praktizierte Treue zu Gott.

Vertragsethik statt Opferlogik: Der Fall von Kain und Abel

Auch der Koran weiß von tragischen Konflikten in der Treue zu Gott und seinen Geschöpfen zu berichten. Eines der exponierten, wennschon miniaturhaften Bilder handelt vom Bruderzwist zwischen Kain und Abel. Die Verse 30 bis 35 führen die Kernsituation wie die Kurzfassung eines Topos vor: 30. „Und verkünde ihnen die Geschichte der beiden Söhne Adams der Wahrheit gemäß, als sie ein Opfer opferten. Angenommen ward es von dem einen von ihnen, und nicht angenommen von dem andern. Er sprach: ‚Wahrlich, ich schlage dich tot!' (Der andre) sprach: ‚Siehe, Allah nimmt nur von den Gottesfürchtigen an'." Die äußeren Merkmale der Rahmenhandlung sind mit denen im biblischen Bericht in 1. Mose 4.1 ff fast identisch: Die Annahme des Opfers des einen Bruders bzw. die Zurückweisung des anderen[13]. Doch der Hergang der Geschichte und die Konsequenzen die daraus gezogen werden, unterscheiden sich von denen der hebräischen Bibel[14]. Von der ersten, in die Geschichte der Generationenfolge eintretenden, Konstellation heißt es in 1. Mose 3: 1. „Der Mensch erkannte seine Frau Eva; sie empfing und gebar den Kain. Sie sprach: „Ich habe einen Sohn erworben mit Hilfe des Herrn." 2. „Weiter gebar sie seinen Bruder Abel. Abel ward Kleinviehhirt, Kain ein Ackerbauer." Bereits in dieser Zusammenstellung der Berufsnamen Kleinviehhirt und Ackerbauer und noch mehr – wie sich herausstellen wird –, in der Gegenüberstellung der folgenden Verse 3-5 ist ein Aspekt angesprochen, der mit dem vorliegenden Thema direkt zu tun hat: Der Konflikt zwischen den sesshaften und nomadischen Kulturen im frühen vorderen Orient[15]. Die kulturgeschichtlich sich periodisch wiederholende und nicht zuletzt aus der biblischen und vorislamischen Zeit bekannte Spannung zwischen den durch Ackerbau zu höherem Reichtum gelangten Dörfern und den nomadischen Stämmen, die in den Hunger- und Notzeiten die Siedlungen angriffen, wird in diesem Bild eingefangen.[16] 3. „Nach geraumer Zeit begab es sich, daß Kain von den Früchten des Bodens dem Herrn ein Opfer darbrachte, 4. aber auch Abel opferte von den Erstlingen seiner Herde und ihrem Fett. Der Herr blickte auf Abel und seine Opfergabe, 5. aber auf Kain und seine Opfer sah er nicht. Da ward Kain sehr zornig, und sein Angesicht verfinsterte sich." Diese Verse sind insofern von größtem offenbarungsgeschichtlichem Interesse, da sie die ersten Opferhandlungen der Gattung in der nachparadiesischen, also geschichtlichen Zeit beglaubigen.[17] Der Text schließt im Vers 3 ein, dass die historisch jüngere Opfergabe Kains, dem Stoff und der Verpflichtung nach Bestandteil eines Bauernkultes, erst „nach geraumer Zeit" geübt wurde; ja, dieser wird gerade in diesem Text dadurch erst kultisch eingesetzt und gleichzeitig zurückgewiesen. Hingegen wird dem älteren, nomadischen Kult, dessen Opferstoff Fett wohl dem Rauch- und Brandkult der Wüstenwanderer entsprach[18], bestätigt und angenommen. 6. „Da sprach der Herr zu Kain: ‚Warum bist du zornig, und warum ist dein Angesicht finster?'" Vers 6 ist zu entnehmen, dass das zornige Aussehen und finstere Angesicht Kains als Ausdruck und Folge seiner Enttäuschung über die Nichtannahme seines Opfers festgehalten wird. Erst im Vers 7 wird die ethische Konsequenz aus Kains hoffnungsloser Situation gezogen: 7. „Ist es nicht so: Wenn du gut bist, so kannst du es frei erheben, bist du aber nicht gut, so lauert die Sünde vor der Türe. Nach dir steht ihr Begehren; du aber sollst herrschen über sie[19]!" Das frei erhobene Angesicht wird als Zeichen des ‚Gutseins' bestimmt, dieses wiederum sei bedingt durch die Neutralisierung der lauernden Sünde durch deren Beherrschung. Zuvor, im 1. Mose 1. 16 wird die Strafe für das Verführen Adams, für die von der Schlange ihres Begehrens verführte Eva, mit den gleichen Wendungen und Begriffen bestimmt: 16. „Zahlreich will ich deine Beschwerden machen und deine Schwangerschaften: unter Schmerzen sollst du Kinder gebären. Und doch steht dein Begehren nach deinem Manne, er aber soll herrschen über dich." Das Verhältnis von Triebökonomie und Opfer wird in der Triebsublimierung fortgeführt; es taucht in der patriarchalen Hierarchie des Geschlechterverhältnisses wieder auf. Doch entsteht im Spannungsfeld zwischen 1. Mose 1. 16 und 1. Mose 3. 6,7 - gewissermaßen als Gegenleistung zur von Kain geforderten Affektkontrolle - eine ethische Norm: Opfer ohne Gutsein macht keinen Sinn, da dieses bereits die äußeren Opfer in deren Transsubtantiation in die Sphäre der ethischen Normen überflüssig macht.

Auf den ersten Blick entsteht ein Ungleichgewicht im Verhältnis von Opferstoff und der für verbindlich erklärten Opferintention, wenn die Frage der Substitutionsleistung vom blutigen Opfertier des Nomaden zum vegetabilen Opferstoff des sesshaften Bauern berücksichtigt würde. Die Lösung des scheinbaren Widerspruchs dürfte jedoch in der Vergegenwärtigung der Realerfahrungen liegen, die die Unterscheidung dirigieren. Dieser Hintergrund wurde bereits oben angesprochen, als der Konflikt zwischen Mangel und Reichtum. Demnach wäre es denkbar, dass in Gottes Zurückweisung von Kains Opfer die Anklage erhoben wird, dieser habe auf die Notlage des nomadisierenden Bruders mit Zorn und finsterem Angesicht geantwortet. Darin wird der Sinn des Kultes, die Erneuerung des Bundes durch das Opfer, das gerade diesen bestätigen soll, negiert, wenn dieses zum Opfern des Gutseins führt. Dem Dienst an Güte steht dann das Opfern auf dem Wege und die Gaben Abels erhalten Vorrang vor denen Kains, der sich auch mit deren Hilfe kein erhobenes Angesicht vor dem eigenen Gott und vor seinem Bruders leisten kann. Dem Ungerechten zahlt nicht zuletzt sein eigenes Gewissen[20] seine Ungerechtigkeit heim. Die Erfahrung der Nutzlosigkeit der Opfer wird als die von deren Unangemessenheit verkündet. In diesen Figuren wird vor zivilisatorischem Fortschritt gewarnt, wenn die durch diesen selber bewirkte Unbarmherzigkeit in sich fragwürdig wird. Opferlogik und Opferzwang können nur durch Gerechtigkeit durchbrochen und überwunden werden.[21]

Die koranische Version findet sich soweit mit der biblischen Tradition, bis auf eine, wenngleich minimale, so doch wesentliche Differenz in Übereinstimmung. Während in der Thora die auslösende Ursache des Streites auf den ersten Blick auf der Seite der Instanz, der geopfert wird, zu liegen scheint[22], dass also Gott auf das Opfer Abels mit Wohlgefallen blickte, das Opfer Kains jedoch nicht beachtete, wird im Koran ein Grund für diese Diskriminierung genannt, der Kain schon *vor* seiner Opferung belastet. Im Vers 30 wird die Abwendung Gottes als Folge einer *vorausgegangenen*, mangelhaften Gottesfurcht Kains begründet[23]. Dadurch wird die Spannung zwischen Opferlogik und deren Brechung durch Gerechtigkeit verschärft.

Um den Stellenwert von ,Gottesfurcht' im vorliegenden Zusammenhang zu verdeutlichen, sei der Vers 11. (8) aus der 5. Sure zu Rate gezogen. „O ihr, die ihr glaubt, steht fest in Gerechtigkeit, wenn ihr vor Allah Zeugen seid, und nicht verführe euch Hass gegen Leute zur Ungerechtigkeit. Seid gerecht, das ist näher der Gottesfurcht. Und fürchtet Allah; siehe, Allah kennt euer Tun." Mehrere Motive dieses Verses weisen auf den Konflikt zwischen Kain und Abel voraus. Der Vers beginnt mit dem gleichen Topos, mit dem der erste Vers angefangen hatte, dieses Mal jedoch mit der Fortsetzung, dass statt der Forderung nach Vertragstreue die nach Gerechtigkeit folgt. Der veränderte Nachsatz liest sich wie eine Erläuterung zum Verhältnis von Glaube und Gerechtigkeit, und daraus folgend zur Gleichheit von Vertragstreue und Gerechtigkeit. Diese Gleichheit wird im nächsten Satz durch die Gottesfurcht vermittelt. Der letzte Satz nun scheint den Zustand, in dem sich Kain befand zu beschreiben. Dies führt wieder zum Vers 30 zurück. Die Ablehnung von Kains Opfer ist nicht die Ursache des Streites, sondern die Konsequenz seiner zuvor begangenen Ungerechtigkeit. Denn es hieß im Vers 11, „und fürchtet Allah; siehe, Allah kennt euer Tun", was auch Kains Handeln betrifft, der das erste nicht erfährt und das zweite nicht weiß, da er einer lokalen Gottheit opfert.

Auch nach koranischer Überlieferung ist dieser Sündenfall, nach dem paradiesischen, der erste in dieser Welt; damit erhält das miniaturhafte Bild den Stellenwert einer Zäsur in der Geschichtszeit: das Opfer kann durch Gerechtigkeit überflüssig gemacht, oder präziser, substituiert werden. Im falschen Opfer an Gott wird der Sinn von Opfern fragwürdig, der in Gerechtigkeit besteht. Bereits hier wird der genuine Gehalt der prophetischen Religionen konstituiert: Ersetzung von Opfer durch Gerechtigkeit, denn ohne diese ist jedes Opfern in sich fragwürdig. 31. (28.) „Wahrlich, streckst du auch deine Hand zu mir aus, um mich totzuschlagen, so strecke ich doch nicht meine Hand zu dir aus, um dich zu erschlagen; siehe, ich fürchte Allah, den Herrn der Welten." Dieser Vers findet keine Entsprechung in der Thora; er kennzeichnet den Übergangsbereich zwischen Natur- und Sozialgeschichte. Abel weigert sich, den endlosen Kreis von Töten und Getötetwerden zu betreten, da Gottesfurcht ihn davon abhält, seine Hand gegen den Bruder zu erheben: Der äußerlich rückständige Hirte erweist sich in seiner Gottesfurcht als der historisch Zivilisiertere der beiden. Gegenüber Abel bleibt Kain in ethischer Hinsicht zurück, obwohl er kulturgeschichtlich und was den Stand der Mittel zur Reproduktion der Lebensbedingungen betrifft, weitergekommen war. In dieser Relation tritt ein Konflikt auf zwischen dem, was Stand und Differenz von Bewusstsein und von Produktivkräften heißt.

Abel kann sich darauf berufen, dass er sich auf einen anderen Prozess bezieht als den Mechanismus von Opfern, und – so dürfte im Sinne des Korans eingefügt werden – darauf, dass er in einem Vertrag Gott die Rechenschaft über diese Untat beim jüngsten Gericht übertragen wolle; die aufeinander folgenden Motive „Gefährte des Feuers" und „Lohn der Ungerechten" deuten auf dieses hin: 32. (29.) „Siehe, ich will, dass du meine und deine Sünde trägst und ein Gefährte des Feuers wirst; und dies ist der Lohn der Ungerechten." Abel[24] hält die eigene Gottesfurcht als Alternative der Ungerechtigkeit Kains entgegen, und die eigene Vertragstreue Kains Vertragsbruch. Aus diesem Zusammenhang lässt sich das in den Text eingearbeitete koranische Gebot der Nächstenliebe, oder präziser, der Nächstentreue sichtbar machen.²⁵ 33. (30.) „Da trieb ihn seine Seele an, seinen Bruder zu erschlagen, und so erschlug er ihn und ward einer der Verlorenen." Das arabische Verbum, das mit „antreiben" korrekt übersetzt ist, heißt „táfâ"; dem Bilde nach, auf der Oberfläche, obenauf schwimmen, und dem Sinne nach, willenlos sich (an-)treiben lassen. Die Willensenergie, die diesem Zustand entgegenwirken könnte findet ihre Quelle im Bestreben, den Vertrag einzuhalten, nicht sich an ungerechtes Handeln zu verlieren²⁶. Die Gegenmacht wäre die Bindungskraft von „áqd", dem Knoten, in dem sich das Selbst, das „ich will" vom Vers 32 befindet, zusammenfügt. Dieses, sich selbst konstituierende, Selbst ist im Wort ‚Seele' des Verses 33 präsent; diese heißt im Koran „náfs" und bedeutet wie im Hebräischen auch ‚Selbst' und ist zugleich verwandt mit ‚Atem' und ‚Hauch'. An diese Stelle der menschlichen Existenz, an der das affekthörige Sich-gehen-lassen und dessen Sammlung zu einem ethisch verantwortlichen Selbst sich vereinigen und auch scheiden, wird appelliert.²⁷

Daraus, dass die Seele und ein Selbstsein nicht zu scheiden sind, ergibt sich eine Doppelung in ihr, die durch konkurrierende Kräfte bestimmt ist. Die Seele wird von naturhaften, sogenannten elementaren Kräften, dem affekthörigen Trieb und der ethisch verbindlichen Macht der Gerechtigkeit zusammengehalten. Die Offenbarung zielt darauf in den Widerstreit dieser Konstellation einzugreifen; deren Instrument ist wiederum die Forderung nach Gerechtigkeit, die im Medium der Gottesfurcht ihre gesellschaftlich handhabbare Verallgemeinerung erfährt. Der Vertrag ist die empirische Realität der Gerechtigkeit, Gottesfurcht das Mittel, ihre Last dem naturhaften Drang nach Affektentladung ertragbar zu machen. Der Konflikt zwischen den naturhaften und ethischen Mächten in der Seele wird im nächsten Vers mit Hilfe einer winzigen Tierfabel²⁸ nachgezeichnet: 34. (31.) „Und es entsandte Allah einen Raben, dass er auf dem Boden scharrte, um ihm zu zeigen, wie er die Missetat an seinem Bruder verbergen könnte. Er sprach: ‚O weh mir, bin ich zu kraftlos, zu sein wie dieser Rabe und die Missetat an meinem Bruder zu verbergen?' Und so ward er reuig." Was die Aufgabe des Raben angeht, so wird sein Erscheinen mit einem Verbum beschrieben, das auch für das Auftreten der Propheten gebraucht wird²⁹. Der Rabe führt Kain ein Ritual vor – das erste seiner Art in der Heilsgeschichte –, das damit hier eingesetzt wird. Es scheint, dass im Beerdigungsritual das begangene Unrecht am Lebenden am Toten wiedergutgemacht werden soll.

Der Rabe vertritt gewissermaßen den Stand eines ‚negativen Propheten'; das negative Vorbild, durch dessen provozierende Fragwürdigkeit das eigene Handeln kritisch reflektiert werden soll. Die Wirkung dieser Lehrfabel auf Kain, die Gewinnung von Distanz zur eigenen inneren Verfassung, ist die sich bei ihm einstellende Reue, die sich auch in 1. Mose 4.14 angedeutet hatte. Die Reue zeigt den Durchbruch der Ethik in die Naturseite des Selbst; deren bindende Macht nimmt von ihm Besitz. Dann gehört das Selbst nun nicht mehr sich allein, sondern steht im bindenden Vertrag mit dem Allgemeinen, wie allem Gesellschaftlichen, und doch anders als dieser Modus, zielt dieser Vertrag über den sozialen Besitzmodus hinaus auf einen anderen Modus, der gegenüber dem einzelnen realen Fall sich verselbstständigen soll: zum Glauben. Hier schlägt das Herz der prophetischen Verkündigung, den Kreislauf von Gewalt und Gegengewalt zu durchbrechen, indem ein Glaube gefordert wird, dessen Bindungsmacht den Vertrag trägt, der die Stelle von Opferritualen einnimmt und damit diese obsolet machen soll. Dies ist die Forderung, die vom Glauben ausgehend, an den Einzelnen gerichtet ist. In verallgemeinerter, der gesellschaftlichen Praxis zugedachter Version des Gebots der Unantastbarkeit des menschlichen Lebens, auch hier der Tradition der Thora folgend[30], verkündet der Koran: 35. (32.) „Aus diesem Grunde haben wir den Kindern Israel verordnet, dass wer eine Seele ermordet, ohne dass er einen Mord oder eine Gewalttat im Lande begangen hat, soll sein wie einer, der die ganze Menschheit ermordet hat. Und wer einen am Leben erhält, soll sein, als hätte er die ganze Menschheit am Leben erhalten."

Der Vertrag der Verträge – Wahrheit und Toleranz im Koran

Oft wird das Verhältnis der Religionen – zumal der monotheistischen – als besonders gespannt beschrieben, da es durch ihren jeweiligen Anspruch auf den Besitz der absoluten Wahrheit grundsätzlich belastet sei. Der Erweis der Richtigkeit und die Darstellung der Rechtmäßigkeit dieses Anspruchs bestimmen das wichtigste und meist historisch in sehr früher Phase herausgebildete Anliegen der jeweiligen Theologie. Da nun das Selbstverständnis und die Legitimation der Theologien von ihrem Festhalten am Absolutheitsanspruch her definiert ist, so wäre zu fragen, ob das Verhältnis der Offenbarungen untereinander auch das gleiche ist wie das der Theologien, die dieses fundamentale Verhältnis zu bestimmen angehalten sind. Die Beantwortung dieser Frage wird zwar weiter die vornehme Aufgabe der Theologien bleiben, doch die Antworten sind über alle apologetischen, berechtigten Interessen hinaus, im Lichte der inneren Beziehung der Offenbarungen selbst zu bestimmen.

Die 5. Sure im Koran stellt aus dieser Sicht und weiter das Verhältnis von Religion und Politik betreffend, einen besonders ergiebigen Text dar. Und dies nicht nur, was die Regelung dieses Verhältnisses zur Zeit des Wirkens Mohammeds anbetrifft, sondern auch unter dem Aspekt, der das spezifische Verhältnis von Offenbarung und Politik ausmacht, denn hier gilt es vor allem, den sozialhistorischen Verbindlichkeitsanspruch der Offenbarung auszuarbeiten.

Der Koran beruft sich immer wieder auf die ihm vorausgegangenen biblischen Offenbarungen und vor allem auf die Tradition der Propheten und ihr Leben und Wirken. Das Verhältnis der Offenbarungen zueinander wird vom Koran als zusammenhängende Fortsetzung der Verkündigungen der Propheten in der Geschichte der Menschheit bestimmt. In diesem heilsgeschichtlichen Prozess seien Differenzen entstanden, die durch Verzerrung der einen Wahrheit unter den Bedingungen der Eigensucht und Fehlbarkeit der Menschen verursacht sind. Dadurch ergeben sich praktische Differenzen, die, vom menschlichen Standpunkt her zu klären, oft zu noch tieferen Differenzen führen muss. Dennoch wird die Möglichkeit eines friedlichen Zusammen- und Nebeneinanderlebens von Menschen und Religionen bejaht. Diese Aussicht auf Gemeinsamkeit *trotz* Differenzen findet im Koran einen besonderen, in den Heilsplan Gottes selbst integrieren Platz.

Aus dieser Lage, am eigenen Wahrheitsanspruch – der in sich ein Identitätsanspruch ist – festzuhalten und doch zugleich das eigene Anliegen als ein gemeinsames zu verwirklichen, einen Ausweg zu finden, bedingt nicht die Aufgabe des Anspruch auf Exklusivität. Der Koran zeigt einen Weg, auf den hinzuweisen, die Intention der folgenden Verse aus der 5. Sure ausmacht: 48. (44.) „Siehe, hinabgesandt haben wir die Thora, in der sich eine Leitung und ein Licht[31] befinden, mit der die Propheten, welche Muslime waren, die Juden richteten; und die Rabbinen und Lehrer (richteten) nach dem vom Buche Allahs, was ihrer Hut anvertraut ward und das sie bezeugten. Drum fürchtet nicht die Menschen, sondern fürchtet mich und verkaufet nicht meine Zeichen um geringen Preis. Und wer nicht richtet nach dem, was Allah hinabgesandt hat – das sind Ungläubige[32]." Die historisch älteste prophetische Religion wird direkt als eigens Gottes Wirkung in der Geschichte beglaubigt[33]. Die Propheten, Rabbinen und Lehrer wirkten und ‚richteten' nach dem Buche Thora, deren Herkunft hier eindeutig dem Gott des Korans, Allah, zugeschrieben wird.[34] Die Attribute Licht und Leitung, gewissermaßen klassische Qualitäten der prophetischen Intention, sind Legitimationsgrund für die Notwendigkeit der Offenbarung in der Geschichte. Von diesem Aspekt her werden die Propheten Israels als „Muslime" tituliert. Dies meint nicht die konkrete Zugehörigkeit und ihre Inbesitznahme in die aktuelle islamische Umma, sondern diejenige Haltung des Mannes Abraham, der nach 1. Mose 22.1 auf den Ruf Gottes „antwortete: Hier bin ich". Auch im Koran, Sure 2.124 f heißt es: 124. „Und wer, außer dem, dessen Seele töricht ist, verschmähte die Religion Abrahams? Fürwahr, wir erwählten ihn hienieden, und siehe, wahrlich, im Jenseits gehört er zu den Rechtschaffenen." 125. „Als sein Herr zu ihm sprach: ‚Werde Muslim', sprach er: ‚Ich ergebe mich völlig dem Herrn der Welten'." Nicht die Propheten werden vom Koran in Beschlag genommen, sondern sie zeugten für die Religion des Monotheismus, in dessen bindender Tradition sich der Koran versteht, und woran sich auch Mohammed zu halten hat. Dies könnte die „Bindung"[35] Mohammeds und der Muslime genannt werden. In diesem Sinne heißt es in der Sure 5 weiter: 49. (45.) „Und wir schrieben ihnen darin vor: ‚Leben um Leben, Auge um Auge, Nase für Nase, Ohr für Ohr, Zahn für Zahn und Wiedervergeltung von Wunden.' Und wer es vergibt als ein Almosen, so ist's ihm eine Sühne. Wer aber nicht richtet nach dem, was Allah herniedergesandt hat, das sind die Ungerechten." Viel zu häufig – bis zum heutigen Tag noch und oft hämisch – wird diese Bestimmung als „das jüdische Rachegesetz" bezeichnet, als Freigabe von rächender Gewaltanwendung statt ziviler Rechtsprechung aufgefasst. Doch in Wirklichkeit bedeutete es die Einschränkung von älterer, ungeregelter und willkürlicher Vergeltungspraxis. Es ist ein Gebot zur Mäßigung von rächendem Zorn und damit der Zurückhaltung von wütender Gegengewalt. Es stellt eine Einschränkung und Reform der ‚barbarischen' vorbiblischen Bräuche dar. Im obigen koranischen Vers wird also dieses so genannte Thalia-Gesetz einerseits bestätigt und zugleich noch einmal reformiert. Nicht das Recht auf physische Wiedervergeltung von Gewalt soll den Streitfall regeln, sondern die zur Almosengabe umfunktionierte Version des Thora-Gebotes. Damit liegt ein Beispiel vor, in dem der ältere Rechtsbrauch ökonomisiert, durch ‚monetäre Sublimierung' umgedeutet, und der Praxis der physischen Verstümmelung entgegengehalten wird.[36] 50. (46.) „Und in ihren Spuren ließen wir folgen Jesus, den Sohn der Maria, zu bestätigen die Thora, die vor ihm war, und wir gaben ihm das Evangelium, darinnen eine Leitung und ein Licht, bestätigend die Thora, die vor ihm war, eine Leitung und Ermahnung für die Gottesfürchtigen ..." Die ‚Spur', von der die Rede ist, meint eben nach koranischer Auffassung die ununterbrochene Folge von Propheten, die Gott durch die Geschichtszeit hindurch einsetzt, damit sie ihren jeweiligen Völkern und Zeitgenossen die Offenbarungen vermitteln. Der Koran stellt sozusagen eine Offenbarungsgenealogie voraus, die die Tradition der Abstammungsgenealogie des Ahnenkults ersetzt und in monotheistischem Sinne neuinterpretiert. Die christliche Version, die noch im Matthäusevangelium gleich zu Beginn des ersten Kapitels als eine physische Ahnengenealogie rekonstruiert, und ausdrücklich als „Stammbaum Jesu Christi" exponiert wird, wird als solche auch vom Koran geteilt. Doch die institutionstheologisch interessante Verkürzung bzw. Zusammenziehung jener Genealogie in der Formel „Gottes Sohn" wird vom Koran grundsätzlich zurückgewiesen in der Konkretion und Repersonalisierung Jesu in dreifacher Hinsicht. Zuerst in der heilstheologischen Rede von „*ließen* wir *folgen*", dann durch die Betonung „Sohn der Maria" und zuletzt durch die schöpfungstheologische Position, dass die Existenz der Thora heilsgeschichtlich älter sei als die von Jesus. 51. (47.) „Und damit das Volk des Evangeliums richte nach dem, was Allah in ihm herabgesandt hat; und wer nicht richtet nach dem, was Allah hinabgesandt hat – das sind die Frevler." Die singularische Rede vom Evangelium in diesem Vers ist bedingt durch die koranische Gegenposition zur christlichen Bibel, deren kanonische Fassung nur soweit bestätigt wird, als sie die unmittelbaren Worte Jesu wiedergeben. Auch die Herkunft des „Evangeliums", dessen Sendung als Allahs Handlung beglaubigt wird, führt die Konsequenz mit sich, dass auch diese Offenbarung ihren eigens zugewiesenen heilsgeschichtlichen Standort und dadurch ihre Verbindlichkeit für Christen erhält. 52. (48.) „Und wir sandten hinab zu dir das Buch in Wahrheit, bestätigend, was ihm an Schriften vorausging, und Amen darüber sprechend. Drum richte zwischen ihnen nach dem, was Allah hinabsandte, und folge nicht ihren Gelüsten, (abweichend) von der Wahrheit, die zu dir gekommen. Jedem von euch gaben wir eine Norm und eine Heerstraße." Die Aufzählung der Folge der Traditionen, gewissermaßen die offenbarungshistorische Genealogie der Gegenwart der muslimischen Gesellschaft, Vergewisserung und Verpflichtung gegenüber Geschichte und Zukunft findet statt, um in einem heilsgeschichtlichen Testament die Zukunft als Auftrag zu vergegenwärtigen.

Noch einmal wird in diesem Vers die Kontinuität des Offenbarungsprozesses, die Beglaubigung der einen Offenbarung durch die andere unterstrichen, in diesem Falle die Bestätigung der Thora und des Evangeliums durch den Koran. Die Formel, „Amen darüber sprechend", also die Segnung des Korans wird im unmittelbaren Zusammenhang mit der Bestätigung, die in diesem enthalten ist, gebracht. Darüber hinaus geht der koranische Wortlaut über die, in obigen Übersetzung wiedergegebene Deutung hinaus. Das arabische Wort *muhaiminan* ist eine Ableitung vom Verbum *amana* mit der Bedeutung, *in Schutz nehmen* oder *unter Schutz stellen*, aber auch *über etwas oder jemanden wachen*.[37] Somit müsste die sinngemäße Übersetzung lauten, dass Gott die dem Koran vorausgegangenen Offenbarungen, die Thora und das Evangelium zusammen mit dem Koran unter seinen Schutz gestellt hat.

Mohammed, dem politischen, religiösen und juristischen Oberhaupt von ganz Arabien wird anempfohlen, zwischen den jeweiligen Umma nach ihren eigenen Büchern zu richten: damit wird als Richtschnur für die Regelung der inneren Angelegenheiten der in diesem Falle religiösen Minderheiten nicht der Koran, sondern die Thora und das Evangelium festgesetzt.[38] Der letzte Satz des Verses fasst noch einmal zusammen, dass jeder Umma im heilsgeschichtlichen Sinne eigene Verpflichtungen und Wegweisungen[39] zugeordnet worden sind, und dass jede Umma in einem für sich exklusiven Vertrag mit dem Gott der Offenbarungen steht.

Im vierten Teil dieser Passage finden sich Motive und zuletzt ein Geschichtsmodell, die in ihrer Tragweite in der gesamten Offenbarungsliteratur ihresgleichen suchen: 53. (48.) „Und so Allah es wollte, wahrlich er machte euch zu einer einzigen Gemeinde; doch will er euch prüfen in dem, was er euch gegeben. Wetteifert darum im Guten. Zu Allah ist eure Heimkehr allzumal, und er wird euch aufklären, worüber ihr uneins seid." Das erste Motiv exponiert das Verhältnis von Gottes Willen und der Heilsgeschichte als Weltgeschichte. Indem davon die Rede ist, Gottes Allmacht[40] stünde nichts im Wege, „euch", also die drei Völker der Schrift, die Juden, die Christen und die Muslime zu einer einzigen Gemeinde zu machen, wörtlich „einzigen Umma gesetzt". Es ist also nicht die Rede von machen im Sinne von Schöpfung und erschaffen, was ja die Voraussetzung für das Sein aller Realität meinte, sondern es geht im Arabischen um das Verbum ‚gaála', mit der Bedeutung *stellen, setzen* und *anordnen*. D. h., damit liegt nicht ein schöpfungstheologischer, sondern ein sozialtheoretischer Begriff, gar ein ordnungspolitischer Zusammenhang vor, der die Heilsgeschichte unter dem Aspekt der Realbeziehung der Aufeinanderfolge von Offenbarungen in ihrem sozialen Verhältnis aus- und festlegt.

Der Sinn dieser Figur wird im nächsten Satzteil mitgeteilt: die Prüfung *jeder* der drei Umma, nach dem Maßstab der jeweiligen Offenbarung, die *jeder* von ihnen ergangen ist. Die Prüfung besteht darin, dass jede der drei Umma im guten Tun, also guten Werken, die andere – so wörtlich – zu *überholen* sucht. Nicht wird die Beziehung der drei Umma und ihrer Offenbarungen nach einem formalisierten Glaubensbegriff gesetzt, sondern in der praktischen Ausführung der in ihnen offenbarten Vertragsbestimmungen, deren allgemeinste Inhalte am Ende der oben angeführten Verse zusammengefasst werden: Dankbarkeit (gegenüber Gott), Gerechtigkeit und Rechtschaffenheit. Der Koran betrachtet die Differenzen zwischen den Offenbarungsinhalten nicht als Grund von bzw. zum Streit, sondern als Anweisung zur Konkurrenz um die Verwirklichung der in ihnen formulierten ethischen Normen, als Movens des Fortkommens der Völker auf dem Wege der Heilsgeschichte.

Das nächste Motiv, das in der Figur der ‚Heimkehr zu Allah' angesprochen wird, enthält einen eschatologischen Kern, der die ganze koranische Offenbarung bestimmt. Für die zahlreichen Schriftstellen, die dieses Thema behandeln sei stellvertretend dieser – in den Todesfällen als Trostformel häufig zitierte – Vers aus der zweiten Sure angeführt: 151. (156.) „Siehe, wir sind Allahs, und siehe, zu ihm kehren wir heim." Dieses Motiv, das in diesem Vers – wie in der christlichen Tradition auch – zunächst den individuellen Tod als Rückkehr zu Gott verheißt, erhält im oben zitierten 53. Vers eine zuspitzende Verallgemeinerung, dadurch, dass das Beiwort ‚allzumal' als Übersetzung für ‚euch alle zusammen' im Original eingesetzt ist, also die Rückkehr aller Menschen zu Gott meint. Die einzige ‚Situation', in der dies geschehen wird, ist die am Tag der Wiederauferstehung der gesamten Nachkommenschaft von Eva und Adam. Dies geht unmittelbar aus der Fortsetzung des Verses hervor, da ja dort die Aufklärung *aller* angekündigt wird, die dann die Wahrheit über die Differenzen erfahren werden.

Die theologische Figur von Unvermeidbarkeit des Todes und *unausweichlicher* Rückkehr aller Menschen zu Gott stellt in diesem Vers eine einzigartige Konnotation zwischen Heils- und realer Geschichte zum Weltgericht am Ende der Zeiten her. Beim Jüngsten Tag werden vor diesem Gericht die Menschen sich für ihre Taten Gott gegenüber verantworten müssen. Alsdann würde, diesem Vers nach, eine letzte Offenbarung an alle Menschen ergehen. Wir dürfen nicht innerhalb der Real-, d. h. innerhalb der eigenen Sozialgeschichte diese Offenbarung über die Wahrheit der Offenbarungen anmaßend vorwegnehmen, denn jeder menschliche Anspruch, jetzt und hier das letztgültige heilsgeschichtliche Urteil über die letzte Wahrheit fällen zu wollen, muss in die Anmaßung führen, Gottes Urteil über dessen Heilsplan vorwegnehmen zu wollen.

Dieser Vers, ein Zeugnis für den Topos der Offenbarung über die Offenbarungen beim universellen Gericht, stellt des Korans vergeschichtlichte Version der Messias-Figur dar: eine in die Geschichte eingearbeitete Theorie der Komplexität des Heilplans. Diesem Vers nach ist die Konkurrenz um die heilsgeschichtliche Wahrheit im Diesseits nicht abgeschlossen und nicht abschließbar, und die Entscheidung darum nicht im Diesseits zu treffen. Dessen Bedeutung für die gegenwärtige politische und soziale Weltlage liegt auf der Hand.

Damit wird jeder von Menschen festgesetzte absolute Vorrang der einen Religion vor der anderen, d. h. jeder Anspruch, hier und jetzt im Besitze der absoluten Wahrheit zu sein, zurückgewiesen. Die Entscheidung darüber, welche dieser drei Religionen am Ende im Besitze der richtigen Leitung und Norm sei, wird hiermit als Sache Gottes erklärt. Die Menschen haben sich am Licht ihres eigenen Offenbarungsbuchs zu orientieren, indem sie im Guten eifern. Das Licht und die Aufklärung über diese drei Bücher wird beim Jüngsten Gericht uns Menschen offenbart werden. Die letzte Offenbarung über die Offenbarungen ist noch nicht geschehen, und mit einer Entscheidung darüber haben wir Menschen uns zu gedulden.

Dieses Geschichtsmodell ist das toleranteste, mir bekannte heilstheoretische Konzept in der Geschichte der Religionen überhaupt. Der Anspruch auf den Besitz der absoluten Wahrheit bleibt in der Weise bestehen, dass zugleich jener Anspruch seitens anderer Religionen in ihm eine integrale und die eigene Wahrheit mitbestimmende Position einnimmt. Was die theologischen, aber auch politischen Konsequenzen anbetrifft, so sind sie meines Wissens noch nicht ausgearbeitet worden. Dabei trifft der Vorwurf von historischem Relativismus schon deshalb nicht zu, weil dessen einzelnen Komponenten, den drei monotheistischen Offenbarungsreligionen, ein innerweltlich relativer heilsökonomischer Wahrheitsgehalt zugesprochen, und darüber hinaus ihr eschatologisch endgültiger, absoluter Wahrheitsgehalt als Ziel der Geschichte fixiert wird. Die sich daraus unmittelbar ergebenden Konsequenzen für die religionspolitische Ordnung auch in den gegenwärtigen Gesellschaften wären noch zu diskutieren; ihre Notwendigkeit dürfte jedoch sofort einleuchten.

Anmerkungen

1   Meist wird die Frage nach dem Verhältnis von Staat und Kirche mit der nach dem Verhältnis von Religion und Politik gleichgesetzt. Das Modell des Konfliktes zwischen den ersteren im Europa der Neuzeit wird generalisiert und umstandslos zur allgemeinen Relation der letzteren verlängert. So sehr die damals historisch fällige Emanzipation der Politik von der Vormundschaft der Kirche zu einer autonomen Institution dem neuen Stand der gesellschaftlichen Arbeitsteilung angemessen war, so fragwürdig bleibt die Annahme, durch die abstrakte Negation des inneren Bandes, das Politik und Religion ineinander vermittelt, auch dessen untergründige Wirkung außer Funktion gesetzt zu haben.
Gerade das Phänomen der Beauftragung und Bildung eines Ethikrats durch den deutschen Bundestag weist auf die Grenzen der rationalen Politik hin, die – aus eigener Einsicht – für die Beantwortung von ethischen Fragen, die durch die Entwicklung der modernen Bio-Wissenschaften aufgeworfen werden – und nicht zuletzt auch die Selbstbehauptung jeder Schöpfungstheologie aufs neue herausfordern müssten – ihre Kompetenz in diesen Fragen weiterdelegiert hat.
Außerdem müsste neugierig und nachdenklich stimmen, wenn sich zwei als unvereinbar verstehende Denk- und Interessenzusammenhänge, der Leninismus und manche Richtungen der Theologie sich darin einig sind, Religion sei Privatsache des Einzelnen. Diese Auffassung erweist schon wegen ihrer beliebigen Einsetzbarkeit für entgegengesetzte Positionen als fragwürdig. Offensichtlich folgen beide Positionen dem

gleichen säkularen Rationalismus. Weder Politik noch Religion und überhaupt Kultur haben in der Zivilisationsgeschichte substantiell geschieden gewirkt, weshalb auch keine von ihnen jemals allein Angelegenheit und Anliegen des Einzelnen hat sein können; vgl. hierzu Paul Tillich, Die religiöse Substanz in der Kultur, in: Werke, Bd. IX, Stuttgart 1967.

2 Weil es sich nicht um eine technische Aufgabe, die instrumentale Regulierung öffentlicher Angelegenheit handelt. Wenn das Wort des Ethik-Rats überhaupt ein verbindliches Gewicht haben soll, dann heißt dies, dass das Parlament in ethischen Aspekten, die Wissenschaften, Religion und Kunst betreffend, sich selbst die Kompetenz abspricht und einem anderen Gremium *außerhalb* des Parlaments überträgt. Das ist neu und alt; neu in der Geschichte des Parlamentarismus und alt mit Blick auf die Geschichte dessen, was heutzutage Theokratie und deren Institutionen heißt.

3 Um hier nun eines der plausibelsten Beispiele anzuführen, sei auf die Ausgangssituation Jesu im Geflecht der Konflikte im damaligen römischen Reich und im Unterschied dazu, auf den dagegen weit übersichtlicheren Stand Mohammeds in der politischen Umwelt Zentralarabiens in seiner Zeit hingewiesen.

4 Siehe Ibn Ishaq: Das Leben des Propheten, aus dem Arabischen übertragen und bearbeitet von Gernot Rotter, Stuttgart 1982.

5 Schon der früheste politische Konflikt nach dem Tode des Propheten, betreffend die Regelung seiner Nachfolge, wurde anhand der unterschiedlichen Auslegung einiger Verse dieser Sure ausgetragen.

6 Dies gilt in jedem Fall in dieser Sure von den Versen, die hier im folgenden zitiert werden.

7 Es gibt gute Mohammed-Biographien; empfohlen sei als eine der besten die von Maxime Rodinson, Mohammed, Luzern und Frankfurt a. M. 1975.

8 Die Assoziation mit der letzten Versammlung um Jesu am Abendmahlstisch ist schwer zurückzuweisen. Allein die Verse 112 bis 120 lassen die Deutung zu, dass hier eine Anspielung an das letzte Abendmahl Jesu vorliegt. Diese Verse verdienten eine gesonderte, ausführlichere Auslegung; sie handeln von einer der exponiertesten Polemiken des Korans gegen die Trinitätslehre.

9 Für das Verständnis der inneren Struktur des koranischen Textes ist die Kenntnis von zentraler Bedeutung, dass seit frühester islamischer Geschichte, z. T. bereits zu Lebzeiten des Propheten und insbesondere nach seinem Tode, die muslimischen Schriftgelehrten die äußeren Ereignisse und Anlässe, die zur Offenbarung von Versen führten, zu fixieren. Nebenbei bemerkt, könnte diese Tätigkeit, „die Anlässe der Offenbarung" zusammenzutragen und zu überliefern, als der Beginn der islamischen Theologie angesehen werden. Anhand dieser historischen Zuordnung von fast jedem Vers zu seinem Offenbarungszusammenhang war es den Theologen und Rechtsgelehrten möglich, den Gültigkeits- und kasuistischen Realzusammenhang der Verse in deren Exegese einzubeziehen. Nicht zuletzt ergab sich daraus eine weitgehend historische Orientierung der islamischen Theologie. Die Disziplin der Fixierung der Offenbarungsanlässe unterscheidet auch zwischen dem Grad von Relativität bzw. der Allgemeingültigkeit der Offenbarungen. Die Ordnung der Aufeinanderfolge der einzelnen Offenbarungen wird damit als deren Geschichtlichkeit festgehalten.

10 Die Zitierung des Korans folgt der – bis heute noch mit Abstand besten – Übersetzung, die Max Henning 1901 in Leipzig herausgab und die seither in mehreren Auflagen wiedererschienen ist. Da deren Verszählung von der offiziellen abweicht, wird diese in diesem Essay in Klammern hinzugefügt.

11 Im Koran wird diese Anredefigur noch zweimal zu Beginn des ersten Verses einer Sure eingesetzt, nämlich in den Suren 49 und 60.

12 Ableitungen des Wortes „a'qd" sind im Koran fünfmal zu finden. In allen Zusammenhängen betreffen sie Ehe-Verträge. Doch die Kommentatoren sind sich darüber einig, dass hier die Gesamtheit aller Verträge angesprochen ist, die das gesellschaftliche Leben ermöglicht und regelt. Auch im Vers 25 ff der 20. Sure, genannt Tâhâ, betet Mose zu Gott: „Mein Herr, weite mir meine Brust 26. und mache mir leicht mein Geschäft 27. und löse den Knoten meiner Zunge, 28 dass sie mein Wort verstehen"; vgl. 2. Mose 4. 10.

13 Hier sei noch einmal darauf hingewiesen, dass die Knappheit, mit der das Kernproblem im Verhältnis von Kain und Abel unter Verzicht auf Darlegung der Rahmenhandlung vorgetragen wird, die Annahme nahelegt, dass die Zuhörer des Propheten die ausführlichere Version des Bruderzwistes bereits kennen mussten. Nicht die Wiederholung der schon bekannten Geschichte, war die Absicht der Erwähnung des Topos, sondern die eigene Interpretation des Kernthemas war der Anlass.

14 Die entsprechenden Schriftstellen im christlichen Testament sind an einem Schuldzusammenhang nur soweit interessiert, als dass sich daraus Figuren der prototypischen Auslegung ergeben lassen. Auf diese Weise wird der Komplex entspannt und christologisch eingeengt. Im 1. Joh 3. 12 wird durch die Formulierung „Kain, der aus dem Bösen war und seinen Bruder erschlug" das Problem als eines der Prädestination deklariert, bis hin zur tautologischen Entleerung der Figur in rhetorischer Fortsetzung, „und weshalb erschlug er ihn? Weil seine Werke böse waren, die seines Bruders aber gerecht". Die weiteren Verse bemühen sich dann doch, die Aktualität dieser doppelten prädestinativen Teilung darzulegen, aus der dann die Gewissheit in 4.2 resultiert: „Daran erkennt ihr den Geist Gottes: Jeder Geist, der bekennt, dass Jesus Christus im Fleisch gekommen ist, ist aus Gott, und jeder Geist, der Jesus nicht bekennt, ist nicht aus Gott." Die christologische Auslegung von Gerechtigkeit endet in einer selektiven und exklusiven Version des Heilsgeschichte.

15 In der Bibel-Ausgabe (1991) vom Pattloch Verlag lautet die Fußnote zu 4.3–5: „Es sind bereits die üblichen Berufe der Orientalen vorausgesetzt": Ist es wirklich so, dass weitere ‚übliche' Berufe der ‚Orientalen' wie Händler, Handwerker, Priester ja gar Propheten dem Autor entgangen sein könnten? Oder gilt ihm der ‚Orient' zu Zeiten Kains und Abels gleich dem Orient, den heute zu sehen ‚üblich' ist? Dies hieße aber, vom biblischen Text werde das aktuelle, verzerrte Orientbild heutiger Theologen ‚bereits vorausgesetzt'! Oder sollte diese naiv-reduzierte – und deshalb fundamentalistische – Auffassung der Herausgeber den gegenwärtigen Begriff und Inhalt der Prophetie repräsentieren?

16 Diese Spannung hat sich bis zum heutigen Tag nicht gelöst und wirkt weiterhin als einer der Motoren der ökonomischen Entwicklung auf das Schicksal der Gesellschaften. Das technologische, und damit einhergehend ökonomische Gefälle zwischen Metropolen und Peripherien der Weltwirtschaft stellt die gegenwärtige Variante jener Konstellation von fruchtbarer Oase und unwirtlicher Wüste dar. Ungerechtigkeit und sinnlose Opfer bestimmen auch den heutigen Stand der unerlösten Welt.

17 Es sei doch noch darauf hingewiesen, dass bereits die Kleidungsstücke, die „Gott, der Herr machte", damit Adam und seine Frau vom Paradies auf die Erde verbannt werden konnten, als „Fellröcke" bezeichnet werden (1. Mose 3.21), sie also mit der Bedeckung von Jägern bzw. Hirten versehen wurden. Dies reicht bereits in die Sphäre der mitunter ältesten Religionen. Weiter verdiente die Ergiebigkeit der vorangehenden Verse an einer opfertheologischen Interpretation des Sündenfalls und der Vertreibung aus dem Paradies besondere Aufmerksamkeit.

18 Vgl. z. B. 1. Mose 19. 28.

19 Vgl. auch – nach dem gemeinsam bewerkstelligten Sündenfall – das Strafregister für Schlange, Eva und Adam in 1. Mose 14 bis 19. Diese und andere vergleichbare Schriftstellen zeugen vom Facettenreichtum und der triebtheoretischen Tiefenstruktur des Textes.
20 In 1. Mose 4. 14 heißt es dann: Kain erwiderte dem Herrn: „Meine Schuld ist zu groß, als dass ich sie tragen könnte".
21 Gottes Gerechtigkeit erweist sich an der Art der Strafe, die er dem Bauern Kain androht: Wenn du den Ackerboden bebaust, wird er dir fortan seine Frucht nicht mehr bringen; ziel- und heimatlos sollst du sein auf Erden"; Kain wird mit dem Schicksal des Nomaden Abel bestraft. Wird noch Vers 11 berücksichtigt, in dem die Instanz, der Kain geopfert haben könnte, als „Erdboden, der seinen Rachen aufgerissen hat, deines Bruders Blut aufzunehmen" beschrieben wird, also als eine Erdgöttin. Somit verdrängt der Gott der Gerechtigkeit die Göttin, die zwar mehr Reichtum spendet, dafür aber auch das Blutopfer des Menschenbruders fordert.
22 Die Fortsetzung der schon oben erwähnten Pattloch-Ausgabe der Bibel lautet in diesem Sinne: „Warum Gott Kains Opfer verschmähte, wird nicht gesagt; vermutlich wegen seiner rohen Sitten". Sollte überhaupt zwischen Religion und praktizierten Sitten eine unverzichtbare Beziehung bestehen, so müsste doch die Rohheit der Opfer-Sitten von Abel eher auffallen als die von Kain!
23 Der Begriff Gottesfurcht als Verhältnisbestimmung zwischen Mensch und Gott spielt im Koran eine zentrale Rolle; zur näheren Bestimmung vgl. „Gottesfurcht statt Weltangst – Notizen zur Theologie der Angst im Koran", abgedruckt in: Warum habt ihr Angst? – Predigthilfe zur Ökumenischen Friedensdekade 2002, hrg. v. Aktion Sühnezeichen, Berlin 2002, S. 8–13.
24 Für die ersten Worte Abels, er wolle, dass Kain nicht nur die eigene, sondern auch seine Sünde trage (wörtl.: „daran zugrunde gehe, verderbe"), finde ich keine weitere Erklärung, als dass in dieser Figur eine generalisierte Version des Gebotes, durch eigenes schlechtes Tun andere von ihren Sünden nicht rein zu waschen, diese nicht zu erkaufen, vorliegt.
25 Diese Einsicht lässt sich auch auf andere Gebote der biblischen Traditionen fortsetzen und erweitern; sie sind meist anstatt in imperativischen Formeln, in die Struktur des Erzählstoffs eingefädelt. Sie werden an Hand ihrer konkreten Anwendung ausgelegt und als Handlungsanweisung zum Vorbild vorgeführt.
26 Adam und Eva waren bereits zuvor im Paradiese am Einhalten ihres Vertrags, die Frucht des lockenden, verbotenen Baumes zu meiden, gescheitert und hatten dadurch das Rad des historischen Schicksals und Schuldzusammenhangs in Gang gesetzt.
27 Hier bietet sich eine der hervorragenden Möglichkeiten an, eine Rekonstruktion der koranischen Fassung der Begriffe Person und Individuum anzusetzen.
28 Diese Szene wird ebenfalls in der außerkanonischen, rabbinischen Literatur überliefert; vgl. Pirke R. Elieser, 21. Andererseits sei erinnert, dass wie in Levitikus 11.13, wo u. a. „alle Arten von Raben" zu „verabscheuen" seien und nicht gegessen werden dürfen, auch im islamischen Gesetz der Rabe zu den verbotenen, also tabuisierten Tieren zählt, wohl deshalb, weil Raben wahllose Aasfresser sind; hierzu vgl. insbesondere die Speisevorschriften im Vers 4. dieser Sure: „Verwehrt ist euch Krepiertes, Blut, Schweinefleisch und das, über dem ein anderer Name als Allahs (beim Schlachten) angerufen ward …".
29 Das Verbum lautet „bá-áss" mit Bedeutungen wie schicken, senden, entsenden; erregen, hervorrufen, veranlassen und auch (Tote zum Leben) erwecken. Es wird als Substantivum „biêssat" für die Auferweckung zum Prophetenamt aber auch für die Auferstehung beim Jüngsten Gericht gebraucht; vgl. Vers 9 f der Sure 5:

9. „Und wahrlich, es schloß Allah einen Bund mit den Kindern Israels, und aus ihnen erweckten wir zwölf Führer ...",
und Vers 9 f der Sure 100 aus der frühen mekkanischen Zeit:
9. „Weiß er denn nicht, wenn das, was in den Gräbern, herausgerissen wird,
10. und an den Tag kommt, was in der Brust (der Menschen) ist –".
30 Vgl. Mishna Sanhedrin IV. 5.
31 Zum Verhältnis von Leitung, Licht und Offenbarung, die im Begriff der prophetischen Aufklärung ineinander vermittelt sind, vgl. Mohsen Mirmehdi, Prolegomena zu einer systematischen Theologie des Korans (Dissertationsschrift), S. 52 ff, Berlin 1998.
32 Es gibt im Koran keinen mit den in der deutschen Sprache, zumal in der protestantischen Tradition gebräuchlichen, abstrakten Begriffen „Glaube" und „Unglaube", sondern dort steht für den ersten „schukr" d. h. Dankbarkeit, und für den zweiten „kufr" d. h. Undankbarkeit. In beiden Fällen wird ein personales Verhältnis zwischen Mensch und seinem Schöpfer bezeichnet.
33 Der Koran versteht sich ohnehin als Fortsetzung und Ergänzung der Traditionen der beiden Bibeln, wie dies in anderen Suren und Versen immer wieder hervorgehoben wird. Hier liegt eine gewissermaßen generalisierte Positionsbestimmung des Korans vor.
34 Dass Allah die abgewandelte und erst durch den Koran als monotheistischer Gott konstituierte Form von vorislamischem al-Ilâh, d. h. ‚die Gottheit' und etymologisch mit Elohim verwandt ist, sei nebenbei bemerkt.
35 Vgl. 1. Mose 22.9; damit entsteht prototypisch eine der zentralen Rückbindungsaspekte der koranischen Offenbarung an die Thora.
36 In einem allgemeineren Sinne liegt in diesem Gebot eine, im Sinne der prophetischen Opferkritik angewandte Durchbrechung von Opfer- und Gegenopfermechanismen im sozialen Lebenszusammenhang vor und gehört insofern in den Prozess der zivilisatorischen Sublimation von Opfern hinein.
37 Vom gleichen Verbum ist der engere koranische Glaubensbegriff „imân" – verwandt mit dem hebräischen „aman" – abgeleitet. Erinnert sei außerdem noch daran, dass Mohammed schon zu der Zeit, während er von seinen heidnischen Zeitgenossen angefeindet wurde, auch von diesen mit dem Beinamen *Amin*, d. h. „der Zuverlässige" angeredet wurde.
38 Diese Vorschrift wurde in der gesamten islamischen Sozialgeschichte bis heute weitgehend befolgt und praktiziert. So ist die Herstellung von Wein für Muslime verboten, den Christen erlaubt, da dessen Einsetzung zur christlichen Liturgie gehört.
39 Das von Henning mit „Norm" wiedergegebene Wort lautet im Koran „shirátan" und bezeichnet im gebräuchlichen Arabischen in der Wüstenlandschaft den Weg, der zu einer Wasserstelle führt; und für „Heerstraße" steht im Text „minhâdjâ", das einen geraden und kontinuierlichen Weg bedeutet und mit dem Militärischen nichts zu tun hat.
40 Nach religionsphilosophischer Deutung lässt sich das Theologem der ‚Allmacht Gottes' als generalisierter Anspruch der Selbstbestimmung der Gattung verstehen. Hier wird es in der Figur der heilsgeschichtlich relativen Exklusivität der Völker des Buches in die Sozialgeschichte eingetragen; vgl. noch die weiteren Motive in diesem Vers.

Vito Palmieri

Historisches Gedächtnis in der Theologie der Befreiung

In der Theologie der Befreiung sprechen wir vom *historischen Gedächtnis* (*memoria histórica*). Wir sagen, dass dieses historische Gedächtnis die Basis für unser theo-logisches Denken ist, d. h. für ‚das Wort über Gott' in unserer heutigen Welt. (Es bezeichnet den theologischen Ort, an dem wir Theologie treiben). Dieses historische Gedächtnis hängt sehr eng zusammen mit dem, was man „biblische Erinnerung" nennt.

Wir können die Kirchen nicht auf sozio-politische Phänomene allein reduzieren, aber wir können sie auch nicht außerhalb sozio-politischer Prozesse verstehen. Die Kirchen haben ihre eigene Identität, aber wir können diese Identität theologisch nur innerhalb von gesellschaftlichen Prozessen der Geschichte entdecken und verstehen. Wir verzichten damit nicht auf die Interpretation der Identität der Kirchen aus der Offenbarung her. Die Offenbarung ist ja die Geschichte eines Volkes – des Volkes Israel. Genauso wenig können wir die Bibel als Offenbarung Gottes, unabhängig von politischen und gesellschaftlichen Prozessen der Menschen eines Volkes verstehen. Es gibt keine vom Volk und seiner Geschichte unabhängige Offenbarung. Gott hat sich in der Geschichte des Volkes offenbart und nicht durch private Offenbarungen an eine kleine Elite. Anders ausgedrückt heißt dies, dass *die Geschichte der Ort der Offenbarung Gottes ist*. Dies ist wiederum ein sehr wichtiger Gedanke. Wir brauchen die Reflexion der eigenen Geschichte, wenn wir Theologie betreiben wollen. Wie hat sich dieser Ansatz bei uns in Lateinamerika entwickelt? Noch bis Anfang der 70er Jahre des vorigen Jahrhunderts hatten in Lateinamerika europäische und nordamerikanische Modelle und Theorien (sowohl in der Soziologie als auch in der Theologie) eine beherrschende Rolle. Die eigenständige theologische Reflexion entstand in Lateinamerika erst gegen Ende des II. Vatikanums (also, ab Mitte der 60er Jahre).

Diese Situation führte dazu, dass Methoden, Theorien und Begriffe vorfabriziert übernommen und mit diesen importierten Konserven dann die eigene nationale Wirklichkeit interpretiert wurde. Weil aber zwischen Wissenschaft und Wirklichkeit eine Reziprozität besteht, bringt eine abhängige

Situation auch eine abhängige Soziologie und eine abhängige Theologie hervor. Die Konsequenz war: diese importierten Konserven waren unfähig, einen Beitrag zur Überwindung der Abhängigkeit in Lateinamerika zu leisten.

In dem Moment, als lateinamerikanischen Soziologen und Theologen das Prinzip der Reziprozität bewusst geworden war, wurde ihnen ebenso bewusst, dass das eigene „historische Gedächtnis" wiedergefunden werden müsste („la memoria histórica del pueblo"), das uns unsere eigene Identität offenbart. Und zwar „unser" Gedächtnis, nicht das, was andere über uns geschrieben oder gesagt haben. Es geht um das Bewusstsein vom Sinn der eigenen Geschichte bis in die Gegenwart, eine Vergegenwärtigung der Vergangenheit, die uns befähigt, die Gegenwart schöpferisch in die Hand zu nehmen und zu gestalten. Das war sehr wichtig, weil eine Person ohne ihr Gedächtnis, ohne ihre Erinnerung, auch ihre Identität verloren hat. Dies ist ein biblisch-hermeneutischer Ansatz.

Nehmen wir als Beispiel das Glaubensbekenntnis (unser gemeinsames und das der Bibel). Das Glaubensbekenntnis der Israeliten hat nicht mit der Formel angefangen: „ich glaube an Mose und die Propheten" (oder ähnliches), sondern ihr Bekenntnis war in wortwörtlichem Sinn historisches Gedächtnis: „Mein Vater war ein heimatloser Aramäer ..." (Dtn 26,5b–9). Das biblische Glaubensbekenntnis war für die Israeliten eine Relektüre der eigenen Geschichte.

Damit wurde den Israeliten immer wieder bewusst, dass sie das befreite Volk waren: Das Glaubensbekenntnis war das Gedächtnis der eigenen Befreiung. Und was dabei noch wichtig ist: Das Kriterium, um die Wirkung Gottes in der Geschichte zu erkennen, ist die Befreiung der Armen durch die Armen (Lk 4,18–19). Die Israeliten wurden durch Israeliten befreit und nicht durch die damaligen Weltmächte. Solche Überlegungen waren für uns sehr wichtig. Unser gemeinsames Glaubensbekenntnis beinhaltet leider nur abstrakte theologische Lehraussagen aber keine Geschichte.

Gustavo Gutiérrez sagte einmal: „Das Bewusstsein, das die christliche Gemeinschaft von sich selber hat, ist historisch bedingt durch die Umwelt, zu der dieses Bewusstsein gehört. Die Kirche in Lateinamerika ist schon entfremdet geboren worden. Die Entscheidungen wurden immer von außerhalb getroffen, zuerst in Madrid und später in Rom."

Die Identität der Kirche in Lateinamerika entstand aus der Praxis und aus der geschichtlichen Erinnerung und nicht aus theoretischen Überlegungen. Die Menschen haben immer mit Leben und Tod in der Geschichte zu tun, mit Arbeit, Wohnen, Frieden, Gerechtigkeit. Nur diese Dinge stiften Identität und erinnern uns daran, dass die Utopie des Reiches Gottes doch möglich ist. Nicht die gleiche Lehre für alle stiftet Identität und Gemeinschaft, sondern die Praxis des Lebens als geteiltes Brot! Es gibt nicht eine menschliche „profane Geschichte" und eine „Heilsgeschichte". Es gibt nur eine Geschichte, und Gott ist in dieser einen Geschichte gegenwärtig, er offenbart sich darin und er erlöst uns in dieser einzigen Geschichte. Und *in* dieser Geschichte handeln sowohl Gott als auch die Menschen und zwar so, dass es kein Handeln Gottes gibt, in dem nicht das Handeln der Menschen präsent wäre, und kein Handeln der Menschen, ohne dass darin Gott irgendwie vorkäme.

Wir sagen, dass die Transzendenz Gottes geschichtlich ist und die Geschichte transzendent ist. Dies ist im Grunde, was das Dogma der Fleischwerdung Gottes auch aussagt: Gott ist geschichtlich geworden und die Geschichte ist dadurch transzendent geworden. Glauben zu haben bedeutet, für wahr halten, dass Gott in die Geschichte eingreift; dass in der Geschichte immer das Neue und das überraschende Wort Gottes gegenwärtig ist und dass die Geschichte eine absolute und transzendente Dimension hat. Die Geschichte ist der grundlegende Vermittlungsort der Begegnung mit Gott! Diese Feststellung bildet für die Theologie der Befreiung die grundsätzliche und für alle gemeinsame Tradition.

Die Geschichte ist jedoch keine abstrakte Größe. Die konkrete Geschichte ist immer eine Geschichte von Herrschaft oder Befreiung. Allein unter der Perspektive der Befreiung und Erlösung der Armen gewinnt die Geschichte ihre Konkretheit. Sie wird dort greifbar und kann als befreiende Erinnerung weiter wirken. Ein Schlüsselbegriff zum Verständnis der Geschichte als Vermittlungsort der Gottesgegenwart, der Offenbarung und der Erlösung ist der Begriff der *Transzendenz*. Etymologisch bezeichnet dieser Ausdruck eine Wirklichkeit, die jenseits einer Grenze liegt (oder eine Grenze übersteigt). Dasjenige, das sich jenseits der Grenze befindet, ist *das Transzendente*, und das, was sich diesseits dieser Grenze befindet, ist *das Immanente*. Entscheidend ist hier, wie diese Grenze definiert wird. Es gibt zwei Arten von Grenzen:

1. Die erste Grenze wird gebildet von der Unterdrückung. Der Unterdrückte wird eingegrenzt durch die Strukturen der Unterdrückung: ökonomisch, politisch, ethnisch, sexuell und religiös. Wenn wir diese Grenze wählen, dann ist Gott transzendent, weil er uns aus der Unterdrückung befreit. Deswegen ist die Transzendenz für die Armen so wichtig, weil der transzendente Gott ein Gott ist, der von jeder Unterdrückung befreit.
2. Die zweite Grenze ist viel allgemeiner und radikaler: der Tod. Jeder erfährt diese Grenze. Auch hier ist Gott transzendent, weil er diese Grenze überwunden hat und ein Leben jenseits des Todes sicherstellt. Er ist

der Gott des Lebens, weil er uns ein Leben ohne Unterdrückung und Tod sichert.

Dieses befreite Leben ist aber ein Leben in dieser Geschichte. Gott befreit uns von Unterdrückung und Tod in dieser Geschichte. Oft versteht man unter Transzendenz das, was jenseits des Sichtbaren, des Materiellen und der Geschichte liegt. Folglich muss dann das Transzendente das Unsichtbare, das Immaterielle, das Ungeschichtliche sein. Dies ist aber eine fragwürdige Auffassung von Transzendenz. Zumindest trifft sie nicht die biblische Auffassung. In der Bibel bedeutet Transzendenz Leben in Fülle und zwar körperliches und geschichtliches Leben, das sich jenseits von Unterdrückung und Tod verwirklicht. Gott ist transzendent, weil er uns befreit, aber nicht von Leib und Materie, sondern von Unterdrückung und Tod. Das Leben in Fülle ist ein körperliches Leben. Genau dies glauben wir, wenn wir an die Auferstehung glauben. In der Theologie der Befreiung bestehen wir aber darauf, dass diese Fülle des Lebens innerhalb der Geschichte gegeben ist, zwar in einer unsterblichen und verwandelten Form, aber in einer geschichtlichen Form!

Die Sprache der Bibel ist am besten geeignet, um ein Verständnis dieser innergeschichtlichen Transzendenz zu bekommen. Ich möchte beispielhaft zwei Texte nennen, zwischen denen eine Kontinuität besteht: Jes 65,17–25 und Offb 21,1–22,5. In diesen beiden Texte wird von dem Kosmos und der Geschichte gesprochen. Die kosmische Sprache ist aber nicht ungeschichtlich, sondern dient dazu, die geschichtliche Erfahrung des Propheten zu radikalisieren. Hier nur einige Stellen aus diesen Texten.

Jesaja

Denn siehe, ich will einen neuen Himmel und eine neue Erde schaffen … Denn seht, ich schaffe aus Jerusalem Jubel und aus seinem Volk Freude. Ich will über Jerusalem jubeln und mich freuen über mein Volk. Nie mehr hört man dort Weinen und Weheklagen. Dort gibt es keinen Säugling mehr, der nur wenige Tage lebt, und keinen Greis, der nicht seine Tage auslebt. Denn der Jüngling wird als Hundertjähriger sterben …
Sie werden Häuser bauen und selbst darin wohnen, sie werden Reben pflanzen und selbst ihre Früchte genießen. Sie bauen nicht, damit ein anderer in ihrem Haus wohnt, und sie pflanzen nicht, damit ein anderer die Früchte genießt …
Was ihre Hände gearbeitet haben, werden meine Auserwählten selbst verbrauchen. Sie arbeiten nicht mehr vergebens …

Was in diesem Text ganz klar überwunden wird, ist die Unterdrückung. Diese Neuerschaffung ist die Schaffung einer Welt ohne Unterdrückung. Gott kündigt ein Leben in Fülle an, ohne den Tod von Kindern, ohne Ausbeutung, ohne Raub, ohne Leiden, ohne Kriege.
Aber den Tod gibt es weiterhin. Es gibt nicht mehr den vorzeitigen Tod, ein Ergebnis der Unterdrückung. Der Tod bleibt bestehen. Also hier wird nur die erste Grenze überwunden: die Unterdrückung.

Offenbarung

Und ich sah einen neuen Himmel und eine neue Erde ... Und die heilige Stadt, das neue Jerusalem ... und es wird keinen Tod mehr geben, auch keine Trauer, keinen Klageschrei, keine Mühsal wird es mehr geben; denn das Frühere ist vorbei ...
Auch braucht die Stadt keine Sonne ... denn die Herrlichkeit Gottes hat sie erleuchtet ...
Inmitten ihres Platzes ... steht der Baum des Lebens ...
Und sie werden sein Angesicht schauen ... Gott der Herr wird leuchten über ihnen, und sie werden herrschen von Ewigkeit zu Ewigkeit.

Diesmal wird es eine klare Überwindung des Todes selbst geben (der zweiten Grenze). Himmel und Erde stehen hier für Kosmos. Die Stadt für die Organisation des gesellschaftlichen Lebens. Kosmos und gesellschaftliches Leben sind neu und folglich gibt es in ihnen keinen Tod mehr. Die Welt ist umgeformt. Es gibt eine neue Schöpfung: einen neuen Kosmos und eine neue Gesellschaftsordnung. Die Geschichte geht also weiter! Diesmal aber ohne den Tod und mit einer sichtbaren Gegenwart Gottes. Die zwei wesentliche Elementen dieses Textes sind: a) die materielle und leibliche Kontinuität der Geschichte und b) die Überwindung des Todes.
Was hat all dies mit historischem Gedächtnis zu tun? Wenn die Geschichte der Vermittlungsort der Begegnung mit Gott ist, dann ist geschichtliche Erinnerung ein wesentlicher Vorgang, der mit dem Bewusstsein von dem Sinn der eigenen Geschichte zu tun hat, und zwar von der Vergangenheit bis in die Gegenwart, die uns befähigt, die Gegenwart neu zu lesen und zu gestalten im Hinblick auf die endgültige Neuschaffung dieser Geschichte durch Gott.
Welche Rolle spielt die Bibel in diesem Prozess, in dem wir die Geschichte und die Gesellschaft neu lesen? Die Wurzel der Theologie der Befreiung liegt in der Gotteserfahrung, die in der Welt der Armen stattfindet. Gott offenbart sich als derjenige, der allen das Leben zusichert, vor allem aber

den Armen. Diese Gotteserfahrung muss als solche herausgearbeitet werden. Gerade hier liefert die Bibel das Kriterium, um diese Erkenntnisarbeit zu leisten. Augustinus sagte: „Gott schrieb zwei Bücher: das Buch des Lebens und die Bibel. Das zweite Buch hilft uns, das erste zu lesen. Er sagt weiter: „Die Bibel, das zweite Buch Gottes, wurde geschrieben, um uns bei der Entschlüsselung der Welt beizustehen, um uns den Blick des Glaubens und der Kontemplation zurückzugeben und um die gesamte Wirklichkeit in eine einzige Offenbarung Gottes zu verwandeln."

Die Bibel ist also das grundlegende Kriterium, über das wir verfügen, um das lebendige Wort Gottes in unserer Geschichte erfassen zu können. In der klassischen Lehrmeinung werden drei Schriftsinne unterschieden:

- Der *textuelle Sinn* ist der Sinn, den der Text als Text, als literarische Struktur hat.
- Der *historische Sinn* ist der Sinn, den der Text aus einer bestimmten Geschichte heraus hat, weil er in dieser Geschichte entstanden ist und auch Geschichte machte.
- Der *spirituelle Sinn* ist der Sinn, den der Text bekommt, wenn er von uns gelesen wird, um das Wort Gottes in unserer heutigen Wirklichkeit zu vernehmen.

Mit anderen Worten: Die Bibel hat Sinn, indem wir den Text als solchen auslegen, indem wir die Geschichte, aus der der Text stammt, deuten und indem der Text unsere Wirklichkeit durchleuchtet und diese Wirklichkeit in eine Offenbarung Gottes umwandelt. Das heißt, wir lesen die Bibel, auch die Geschichte liest die Bibel, und die Bibel wiederum liest unsere Wirklichkeit.

Aber es gibt noch ein Problem. Die Bibel, so wie sie zu uns gekommen ist, ist ein Buch in tausend Teilen, das von der Geschichte abgeschnitten ist, aus der es entstanden ist, deswegen hat die Bibel nicht ohne weiteres die Fähigkeit, das lebendige Wort Gottes in unserer heutigen Wirklichkeit auszudrücken. In anderen Worten: Weil die Bibel in diesem verwüsteten Zustand zu uns gekommen ist, kann ihr Text als ein ganz anderer Text gelesen werden, als eine ganz andere Geschichte gedeutet und mit einem ganz anderen Geist rekonstruiert werden. Die Bibel, die aus dem Gedächtnis und dem geschichtlichen Bewusstsein der Armen in einem Kontext der Befreiung entstanden ist, wird dann aus der Perspektive eines herrschenden ideologischen Bewusstseins interpretiert.

Deshalb sagen wir: Hier ist ein „hermeneutischer Bruch" nötig (also, ein Bruch in der Auslegungsweise), um den Text zurückzuerhalten, der uns erlaubt, die Geschichte der Befreiung (aus der er Text stammt) wiederzugewinnen und dadurch auch das Vernehmen und Wahrnehmen des Wortes Gottes in der Geschichte aller Armen heute. Was müssen wir tun, damit die Bibel dies bewirken kann? Die Theologie der Befreiung kann durch ihre Methodik, auch hier in Europa, einen wichtigen Beitrag leisten.

Wie versteht die Bibel das Wort „Erinnerung"?

In unserem Sprachgebrauch hat das Wort „Erinnerung" die Bedeutung, etwas, was vergangen ist, wieder in uns präsent zu machen. Also Erinnerung hat etwas mit Re-produktion und Wiedererkennung zu tun. Das Wort bezieht sich aber auf etwas, das vergangen ist. In der Bibel hat das Wort andere Konnotationen.

Das griechische Wort *anamimnésko* bedeutet: etwas zu tun, um etwas in Erinnerung zu bringen, sich etwas in Erinnerung rufen, sich dieses Etwas zu vergegenwärtigen. Hier ist die Nuance interessant, dass man etwas dafür „tun muss", d. h. „Erinnern" geschieht nur durch Tun bzw. durch Praxis. Im Hebräischen hat dieses Wort (*zakar*: erinnern; zur Erinnerung bringen; sich erinnern) zusätzlich andere interessante Nuancen. Das Wort erscheint im AT 219 mal. Das Verb dient dazu, eine Beziehungstätigkeit zum Ausdruck zu bringen, es macht eine Tatsache gegenwärtig und bringt sie in Beziehung zu mir, egal ob diese Tatsache Vergangenheit oder Zukunft ist. Was bedacht wird, geht also „zu Herzen" (Jes 47,7). Wobei „Herz" als Ausdruck für die Persönlichkeit in ihrer Gesamtheit steht. Deswegen ist das Verb sehr eng verbunden mit „verstehen" und „einsehen". Es bedeutet also eine engagierte Befassung mit einer Person oder Sache (Jer 15,15). Und dadurch bekommt das Verb die Nuance des Handelns mit sichtbarem Erfolg.

Eine klassische Stelle – die interessanterweise mit den drei Schritten der hermeneutischen Methode in der Theologie der Befreiung eng verknüpft ist – finden wir im Buch Num 15,39:

> *… sie soll bei euch zur Quaste gehören. Wenn ihr sie seht, werdet ihr euch an alle Gebote des Herrn erinnern, ihr werdet sie halten und eurem Herzen und euren Augen nicht nachgeben, wenn sie euch zur Untreue verleiten wollen.*

Hier ist Erinnerung eng mit *Sehen* und *Handeln* verbunden. Das Verb steht in der Bibel sehr oft in Zusammenhang mit anderen Verben, die Tun und Handeln bezeichnen. Ein anderer interessanter Aspekt ist, dass die Verben, die parallel zu *zakar* stehen, zeigen dass dieses Verb sich nicht nur auf die Vergangenheit bezieht, sondern auch auf die Zukunft. Da durch *zakar* häufig das Denken an die Vergangenheit ausgedrückt wird, führte dies zu der Grundbedeutung „erinnern". Aber auch die Zukunft kann Inhalt der Erinnerungstätigkeit sein. Ein deutliches Beispiel ist der Text von Jesaja 47,7: „Du hast dir das alles nicht zu Herzen genommen, hast nie an das Ende gedacht". Es geht nicht nur um Vergangenes, sondern auch um aktuelle Konsequenzen, die man ziehen muss, wenn man an die Zukunft denkt.

In der Bibel bietet das Buch Deuteronomium eine theologische Lehre aus der Vergangenheit, die eine *heute* wieder erlebte Vergangenheit sein sollte. Hier bildet die Befreiung aus Ägypten ein sehr häufiges Motiv.

In der letzten Rede Moses vor seinem Tod sind diese Lehren aus den Tagen der Vorzeit maßgebend für das Gottesverständnis. Sie sollen von Generation zu Generation weitergegeben werden:

Denk an die Tage der Vergangenheit, lerne aus den Jahren der Geschichte!
Frag deinen Vater, er wird es dir erzählen, frag die Alten, sie werden es dir sagen"
(Dtn 37,7).

Durch die Erwähnung der Vergangenheit wird sie heute wirksam, also für das Heute maßgebend.

Ein gutes Kapitel des Buches zu diesem Thema der Erinnerung ist das Kap. 8 von Dtn. Hier wird die Dialektik des Wohlstands deutlich. Eigentlich sollte der Wohlstand Anlass sein, an Jahwe zu denken. In Wirklichkeit führte er aber zur Sünde. Die Erinnerung sollte zur Umkehr verhelfen. Das „Sich-an-Gott-erinnern" wird somit als ein gegenwärtiges Erlebnis verstanden: „Sagte ich aber: Ich will nicht mehr an ihn denken und nicht mehr in seinem Namen sprechen!, so war es mir, als brenne in meinem Herzen ein Feuer, eingeschlossen in meinem Innern" (Jer 20,9). Dieses Gedenken wird immer von starken Gefühlen begleitet, sogar bei Nacht: „In der Nacht denke ich, Herr, an deinen Namen; ich will deine Weisung beachten" (Ps 119,55). Der ganze Psalm 137 zeigt solche starken Gefühle.

Die Biblische Erinnerung ist also umfassender als sich nur auf die Vergangenheit zu beziehen. Sie beinhaltet immer ein Tun in der Gegenwart. Es geht nicht nur um ein Wissen um die Vergangenheit. Das Gedenken hält immer wieder das Augenmerk auf die Gegenwart gerichtet. Auch wenn das Verb für die Gotteserinnerung an uns verwendet wird, bezeichnet es immer eine schöpferische Tätigkeit Gottes im Interesse des Menschen in der Gegenwart! Sich erinnern beinhaltet immer an etwas denken durch die Tat! Damit ergibt sich die Frage nach dem Wie der Vergegenwärtigung.

Das Heilsereignis der Vergangenheit wird durch den Kult und durch die Taten von Menschen für die späteren Generationen gegenwärtig. Durch sie wird die Heilszusage Gottes an den Menschen aktualisiert, d. h. in das *Heute* hineingesetzt. Der Kult projiziert eigentlich unseren Blick nicht in die Vergangenheit, sondern stellt einen persönlichen Bezug zum Gegenwartserlebnis her. Die Kultsymbole als „Gedenkzeichen" dienen dazu, eine Beziehung zwischen Gott und den Menschen heute, die diese Symbole setzen, herzustellen. Daher bedeutet das Gedenken anlässlich eines Festes, dass man sich an diesem Fest dem Heilsereignis zeitlich nahe fühlt.

Vito Palmieri

Hermeneutik des Volkes
Zur Methodik der Theologie der Befreiung

Folgende Überlegungen sind in der Theologie der Befreiung aus Erfahrungen mit Menschen entstanden, die ihr Leben und ihre Umwelt mit dem Wort Gottes konfrontiert haben. Es waren Menschen, die keine besondere theologische Vorbildung hatten. In diesem Sinne sind diese Überlegungen keine Zusammenfassung eines hermeneutischen Traktats für Theologen, sondern nur der Versuch, anderen Christen ein paar Kriterien zur Verfügung zu stellen, damit für sie das Wort Gottes kein „Denkmal der Vergangenheit bleibt, sondern eine Quelle des Lichtes, des Lebens und des Handelns wird" (Paul VI. in einer Ansprache an die Exegeten am 25. 9. 1970). Wir haben herausgefunden, dass man dafür nicht viel braucht. Insgesamt könnten wir eine Hermeneutik des Volkes auf vier Prinzipien reduzieren. Es sind Prinzipien, mit denen jeder umgehen kann und nicht nur die, die ein theologisches Studium haben.

Erstes Prinzip: Das Ablegen der Abhängigkeit vom Fachmann (Theologe oder Exeget) gegenüber der Bibel.

Diese Abhängigkeit steckt mehr oder weniger in uns allen. Wenn aber diese abhängige Haltung nicht abgelegt wird, dann kann das Wort Gottes keine Befreiung erzeugen, sondern eher Angst vor dem Wissen eines Spezialisten, Minderwertigkeitsgefühl oder das Gefühl nichts zu wissen und nichts zu können. Die Bibel würde somit ein weiteres Instrument der Herrschaft werden und eine Bestätigung der Aussage „Wissen ist Macht". In diesem Zusammenhang wäre es ein Witz, dass Jesus dem Vater dankt, weil er „all das vor Weisen und Klugen verborgen, aber den Unmündigen offenbart" hat (Mt 11,25). Dies ist ein Wort Jesu, das sehr wichtige Konsequenzen für die Bibelauslegung hat, aber leider sehr wenig in diesem Zusammenhang beachtet wird. Die Funktion eines Exegeten ist eine Hilfsfunktion, nicht mehr. Er hat nicht die Quelle. Das Wort Gottes gehört uns allen und nicht nur einer kleinen Elite. Ein Exeget kann durch sein Studium und den wissenschaftlichen Apparat, den er verwendet, die *Bedeutung* eines Wortes, eines Satzes oder des ganzen Zusammenhangs herausfinden. Aber bezüglich des *Sinnes* hat jeder ein Wort mitzureden.

Die deutsche Sprache unterscheidet zwischen *Sinn* und *Bedeutung. Bedeutung* ist der entsprechende Gehalt der Worte. Diesen Gehalt kann man z. B. durch den Textzusammenhang, das kulturelle Umfeld oder durch die Verwendungsweise dieser Worte in ähnlichen Texten feststellen. *Sinn* kommt von „sinnan" (neuhochdeutsch) und bedeutet reisen, gehen. Seine Wurzel bedeutet Reise, Weg. Sie ist mit dem lateinischen Verb „sentire" verwandt (Wurzel „sent" aus dem altirischen „set": Weg und „ire": gehen). Die Bedeutung ist: einer Richtung nachgehen, einen Weg gehen.

Das heißt, der *Sinn* wird herausgefunden, indem man einen Weg geht, eine Richtung einschlägt. Der Sinn eines Wortes hängt nicht so sehr mit seiner Bedeutung zusammen, sondern viel mehr mit der Praxis, mit dem Weg, den man geht.

Zweites Prinzip: Die eigenen Erfahrungen (also die Praxis) sind das Kriterium, um die Relevanz und die Wahrheit der Bibel für das eigene Leben zu finden.

Die Bibel wird nur durch die Intensität und den Ernst der Beschäftigung mit ihr zu einer Inspirationsquelle für unsere Überlegungen und für unser Handeln. An diesem Punkt führt kein Weg vorbei. Entweder beschäftigen wir uns mit der Bibel oder sie wird nie einen Sinn für unser Leben gewinnen. Die Frage ist hier nach dem *Wie* dieser Beschäftigung.

In Lateinamerika, wenn sich Gruppen treffen, um die Bibel zu lesen, machen sie dies nach einem Schema, das eigentlich keine lateinamerikanische, sondern eine europäische Erfindung ist: Sehen, Urteilen, Handeln. Es geht zurück auf die Arbeiterjugend in Belgien und Joseph Cardijns, einen Priester, der sich mit der Arbeiterjugend dort beschäftigte.

Sehen Das Sehen ist die sozioanalytische Vermittlung. Dies ist der erste Schritt, weil die Offenbarung Gottes von Grund auf geschichtlich ist. Menschen haben seinerzeit Gott in bestimmten historischen Situationen entdeckt und ihre Erfahrungen mit ihm aufgeschrieben; so entstand die Bibel. Gott ist aber ebenso ein Gott der Gegenwart. Er offenbart sich uns Menschen von heute weiterhin in unserer historischen Wirklichkeit. Hier gibt es zwei Ebenen: die erste betrifft die Wirklichkeit des Volkes zur Zeit der Entstehung der Bibel, sie erklärt die *Bedeutung* eines Textes. Hier können die Theologen ihren Beitrag leisten. Die zweite Ebene betrifft unsere Wirklichkeit heute und diese Ebene erklärt den *Sinn* des Textes. Hier sollen alle ein Wort mitreden.

Urteilen Das Urteilen ist die hermeneutische Vermittlung. Jeder Text bleibt offen für die Welt und für die Geschichte. Er ist immer eine Herausforderung für alle seine Leser und Leserinnen. In diesem Schritt ist der Bezugspunkt der Bibel immer die gegenwärtige Geschichte der Leser. Diese Geschichte ist diejenige, die den *Sinn* eines Textes für uns eröffnet. Aus dieser Geschichte heraus müssen wir den Text lesen. Das Wort Gottes ist somit nicht ein zu interpretierender Text, sondern wie die Augen, um zu sehen. Es ist nicht Licht, das man sieht, sondern Licht um zu sehen. Oder in Worten von Augustinus: „… um uns den Blick des Glaubens und der Kontemplation zurückzugeben und um die gesamte Wirklichkeit in eine einzige Offenbarung Gottes zu verwandeln". Leider gehen wir in unseren Interpretationen meistens vom Text aus und dann erklären wir ihn für unsere Wirklichkeit. Wir gehen deduktiv und nicht induktiv vor. Das was wir „Wort Gottes" nennen ist aber induktiv und nicht deduktiv. Die Menschen haben es aufgeschrieben *nach* der Relektüre ihrer eigenen Wirklichkeit und aus dieser Relektüre heraus.

Handeln Das Handeln ist die praktische Vermittlung. So vollkommen eine Interpretation auch sein mag, sie ist nicht in der Lage zu entscheiden, was der „richtige" Sinn eines Textes ist. Dieser Sinn verwirklicht sich ausschließlich *in* der Antwort und *durch* die Antwort, und diese ist immer Praxis. Deshalb spricht die Theologie der Befreiung nicht so sehr von Orthodoxie, der richtigen Lehre, sondern von Orthopraxie, der richtigen Praxis. Eine Hermeneutik, die nicht in einer Veränderung der Praxis endet, ist eine falsche Hermeneutik. Die Ehrlichkeit zur Wirklichkeit und das Ernstnehmen des Anderen ist entscheidender als die richtige Lehre. Am Ende unseres Lebens werden wir gar nicht nach der Lehre, sondern nach unserer Praxis beurteilt (siehe das Gleichnis vom letzten Gericht in Mt 25).

Drittes Prinzip: Die Identifikation mit dem Text und die Aneignung des Sinnes eines Textes.

Wir sind daran gewöhnt, Geschichte so zu verstehen, dass sie möglichst genau und chronologisch ein Geschehen wiedergibt. In Wirklichkeit gibt es aber eine derartig objektive Art der Darstellung nicht. Einige Dinge werden erzählt, andere nicht. Es wird in einer bestimmten Form erzählt, mit einer bestimmten Wortwahl, etcetera. Unsere Worte interpretieren eigentlich immer ein Geschehen. Das tun sie, indem sie die *Reserve an Sinn*, die dieses Geschehen hat, freilegen. Ein Geschehen erschöpft sich weder in sich selbst noch in einer einzigen Erzählung (zum Beispiel haben wir von der Schöpfung zwei Erzählungen mit verschiedenen Worten und Schwerpunkten). Jede Erzählung ist immer auch eine Interpretation und bedeutet deshalb auch eine *Sinn – Akkumulation*. In anderen Worten heißt dies: Wenn das Wort sich den Sinn eines Geschehens aneignet, gibt dieses Wort gleichzeitig dem Geschehen auch einen Sinn. Das ist das Wesen der Interpretation: sie holt den Sinn heraus, in dem sie den Sinn eigentlich hineinbringt. Die Urkirche hat auf dieser Weise das Jesu-Geschehen aus der Schrift interpretiert, aber diese Schrift wurde gleichzeitig aus der Perspektive Jesu betrachtet. Das ist die Aneignung des Sinnes des AT. Dadurch hat die Urkirche den Sinn „Jesus" in diese Schrift hineingebracht.

In der traditionellen Exegese wird der Sinn eines Textes im „Hinter-dem-Text" gesucht (Autor, Traditionen, literarische Formen). Eine Exegese des Volkes kann das nicht. Sie versucht, das Verständnis des Textes nicht aus dem „Hinter-dem-Text" zu finden, sondern aus dem „Vor-dem-Text"; d.h. man projiziert auf den Text das Licht seiner eigenen Person und Lebenserfahrung. Traditionen, literarische Formen etcetera gehören nur zu den Hilfsmitteln des Theologen oder des Exegeten. Das ist die Methode, mit der auch Jesus selbst das AT interpretiert hat. Jesus interpretiert nicht die Schrift durch die Schrift, sondern durch sein Leben! Ein gutes Beispiel, das dies verdeutlicht, ist die Frage des Täufers in Lk 7,18–23. Hier eignet sich Jesus den Text von Jesaja an und identifiziert seine eigene Praxis mit den Worten Jesajas. Das ist das fundamentale Prinzip für die Interpretation der Bibel: Ich muss mich mit dem Text *identifizieren*, ich muss mir seinen *Sinn aneignen*.

Was geschieht, wenn wir so vorgehen? Das produziert auf die Dauer einen Konflikt. Das Entstehen von neuen Gruppierungen, Traditionen und Orden in der Geschichte der Kirchen ist ein Zeichen der Aneignung der Botschaft eines Textes. Sie hatten alle, zumindest am Anfang, Konflikte mit den amtlichen Stellen. Das Christentum selbst ist aus einem Interpretationskonflikt entstanden: Die Praxis Jesu wurde nicht als eine Neuerung interpretiert, sondern als eine Aneignung der ursprünglichen Botschaft an Israel. Dies hat den Konflikt mit der damaligen amtlichen Interpretation dieser Botschaft hervorgerufen.

„Ihr habt gehört …"   (amtliche Interpretation)
„Ich aber sage euch …" (Aneignung)

In diesem Zusammenhang stellt sich für das Volk die Frage nach der „Wahrheit der Schrift" weit weniger ängstlich als in der Theologie. Die Wahrheit der Schrift ist keine absolute Wahrheit, die einmal interpretiert und formuliert, für alle Zeiten gültig ist, und die man nur zu wiederholen braucht. Das Wort muss in den jeweiligen Situationen „Fleisch" werden, sonst bleibt es nur Buchstabe oder „Denkmal der Vergangenheit". Die Aneignung der Bibel aus einer bestimmten Wirklichkeit heraus ist eigentlich das, was aus den Buchstaben „lebendige Quelle des Lebens und des Handelns" macht. Eine absolute Wahrheit wäre im Grunde für uns eine fremde Wahrheit, von einer erdrückenden Autorität, vor der man sich nur versündigen kann, weil sie so absolut ist. Die Wahrheit des Wortes Gottes ist für die Menschen

Gnade und dadurch auch Freude. Sie ist eine „frohe Botschaft!" Also ist das Wort an sich weder Botschaft noch Wahrheit. Botschaft und Wahrheit ist nur das fleischgewordene Wort in den jeweiligen historischen Zusammenhängen. Das Wort Gottes sind eigentlich wir!

Viertes Prinzip: Die Bibel sollte in Gemeinschaft gelesen werden. Aber nur eine Gemeinschaft, die solidarisch ist mit den Unterdrückten und Ausgeschlossenen, kann den vollen Sinn des Wortes erfassen.

Die Bibel ist ein Buch, das in Gemeinschaft geschrieben wurde und darum kann ihr voller Sinn nur entdeckt werden, wenn sie auch gemeinsam gelesen wird. Unsere Realität ist zu komplex, als dass ich allein sie voll erfassen könnte. Diese Realität ist aber ein wesentliches Kriterium, um die Bibel zu interpretieren. Ohne sie bleibt das Wort nur Denkmal der Vergangenheit und somit spricht Gott heute nicht mehr, er wird tatsächlich „Opium für das Volk". Um den vollen Sinn eines Textes zu erfassen, sind verschiedene Blickwinkel nötig. Und sie sind gegeben, wenn verschiedene Menschen gemeinsam denselben Text bedenken, da jeder seine eigene Erfahrung und Identifikation mit einbringt. Wenn die Bibel nur von einem allein interpretiert wird, dann bekommt sie etwas statisches, autoritatives und daher etwas Sektiererisches. Die Gemeinschaft ist also notwendig, um den vollen Sinn zu erfassen. Aber die Gemeinschaft hilft auch, bestimmte Schutzmechanismen, die in uns den Sinn verstellen, zu entdecken und zu überwinden.

Die Bibel enthält sehr gefährliche Texte, wenn man sie ernst nimmt, und deshalb muss man sich gegen sie schützen. Aus diesem Grund wurden im Laufe der Kirchengeschichte solche Schutzmechanismen entwickelt. Wir verfügen heute über eine ganze Reihe von solchen „Entlastungstheorien". Die meisten davon sind schon seit Jahrhunderten in Gebrauch. Sie sind so tief in unsere Seele eingesickert, dass man sie nicht mehr wahrnimmt. Dort wirken sie aber ausgezeichnet, eben weil sie unbemerkt bleiben. Jedes Mal, wenn wir die Bibel aufschlagen und zu lesen beginnen, leiten sie unser Verständnis. Wir lesen gar nicht mehr das, was eigentlich da steht; wir lesen sofort etwas anderes, und zwar das, was solchen Entlastungstheorien entspricht.

N. Lohfink hat in seinem Buch „Kirchenträume" drei solcher Theorien analysiert. Ich glaube sie sind die wichtigsten. Ich möchte sie hier kurz nennen, weil sie mit dem vierten Prinzip der Interpretation zu tun haben.

Die Jenseitstheorie Das ist die Theorie, die die alten Verheißungen der Propheten und das Evangelium auf das Jenseits bezieht, auf das, was nach dem Tode kommt. Wenn der Prophet Jesaja 2,1–5 zum Beispiel von einer neuen Gesellschaftsordnung spricht, in der Gewalt und Herrschaft Vergangenheit sein sollen, in der keine Waffen mehr geschmiedet werden, sondern die Waffen in Pflugscharen und Winzermesser umgeschmiedet werden; in der die 18-jährigen nicht mehr für den Krieg ausgebildet werden etcetera. Wenn er davon spricht, dann spricht er nicht von einer Möglichkeit unserer Geschichte, sondern vom „ewigen Frieden".

Ein anderes Beispiel, wie tief dieses „Jenseitsverständnis" in uns sitzt, sind unsere Alltagswörter: das Wort „Friedhof" bezeichnet den Ort, wo wir unsere Toten begraben. Das ist der Hof des Friedens. Damit drücken wir aber aus, dass unser Verständnis von Frieden sich auf das Jenseits bezieht. Dort liegen nämlich nur die Toten!

Die Innerlichkeitstheorie Das ist eine Theorie, die Folgendes besagt: die Verheißungen der Propheten und das Evangelium beziehen sich auch auf dieses Leben, aber sie haben eine innerliche und geistige Bedeutung. Sie meinen die Seele der Einzelnen. Alles erschöpft sich dann in einer persönlichen Beziehung zu Gott. Das wird dann „Spiritualität" genannt.

Die Religion als private Sache Das ist eine kleine Variante der zweiten Theorie. Nach dieser Theorie bezieht sich die Botschaft der Bibel nicht auf die ganze Gesellschaft und auf unsere Realität, sondern nur auf den so genannten „religiösen Bereich", auf moralische Gesinnung, auf Riten und auf die wichtigsten Momente im Leben eines Menschen: Geburt, Reife, Eheschließung und Tod. Der eigentliche Ort der Religion ist das Privatleben, die Familie und das Kirchengebäude. Religion und Glaube werden fast auf die Kategorie eines Hobbys reduziert. Wahrscheinlich wird auch deswegen im Grundgesetz die Religionsfreiheit geschützt. Andere gesellschaftliche Orte, wie die Wirtschaft, die Politik, die Bildung, die Freizeit haben nichts damit zu tun und verlaufen nach eigenen Gesetzen. Die Bibel gemeinsam zu lesen, hilft, sich gegen diese Individualisierung der frohen Botschaft zu wehren.

Der *zweite Teil des vierten Prinzips* ist sehr wichtig: nur eine Gemeinschaft, die solidarisch ist mit den Unterdrückten und Ausgeschlossenen kann den vollen Sinn des Wortes erfassen. Es reicht also nicht irgendeine Gemeinschaft. Sie muss die Option für die Armen, für die Ausgeschlossenen getroffen haben. Dieses Prinzip basiert auf der Aussage Jesu in Mt 11,25: „Ich preise dich, Vater, weil du alles das vor Weisen und Klugen verborgen aber den Unmündigen offenbart hast."

Das griechische Schlüsselwort ist hier „nepioi" = *né épos* = ohne Wort! Wir beziehen den Text sehr oft auf die Kinder. Der Text bezieht sich aber auf die, die nicht eloquent genug sind, die sich selbst nicht verteidigen können und daher auch übergangen werden. *Sie* haben den Schlüssel! Wir sollten nicht vergessen, dass die Bibel nicht in der Ersten, sondern in der „Dritten Welt" von damals geschrieben worden ist. Unter „Dritte Welt" verstehe ich die politisch-soziale Situation zwischen abhängigen und unabhängigen Menschen und Nationen. Israel war ein Land der damaligen „Dritte Welt", während Ägypten, Assur, Persien und andere ihre Rolle als Mächte der „Ersten Welt" spielten.

Diese Situation „abhängig – unabhängig" existiert nicht nur zwischen Nationen, sondern auch innerhalb der Gesellschaft einer Nation.

Die Bibel ist aus der Perspektive der Abhängigen, der Armen, geschrieben worden. Und sie ist eine frohe Botschaft für sie, deswegen können nur sie und die, die sich mit ihnen solidarisieren, diese Botschaft verstehen.

Gott hat seine Option getroffen und sie ist eine Option für die Armen, daher können wir Gott nur wahrnehmen, wenn wir den gleichen Weg gehen. Der „Sinn" hat mit Weg zu tun! Als Jesus sein Wirken in Galiläa anfängt, zitiert er Jes 60,1 f: „er hat mich gesandt, damit ich den Armen eine frohe Botschaft bringe" (Lk 4,18).

Das ist in der Tat eine klare Option!

Wolfgang Wippermann

„Synagoge mit Christentünche"
Ein unbekannter Ort in der Kastanienallee 22 im Berliner Bezirk
Prenzlauer Berg

Auf den ersten Blick ist es ein ganz normales Mietshaus. Nur das Schild über dem Eingang zur Kastanienallee 22 im Berliner Bezirk Prenzlauer Berg ist ungewöhnlich. „Messiaskapelle" ist hier zu lesen. Mehr nicht. Dies ist schade. Fanden hier doch keineswegs normale, sondern sehr ungewöhnliche Ereignisse statt. Das Haus Kastanienallee 22 könnte wie die bekannte St. Annenkirche in Dahlem ein „Gedächtnisort" (lieu de mémoire)[1] sein. Warum?

Einmal weil sich in der Kastanienallee 22 der Sitz der „Berliner Gesellschaft zur Beförderung des Christentums unter den Juden" befand.[2] Ist das bemerkenswert? Normalerweise nicht. Doch dass es diesen Judenmissionsverein noch in der NS-Zeit gab, ist schon bemerkenswert.[3] Schließlich gehörte die Abschaffung der Judenmission zu den Hauptzielen der Deutschen Christen. Dies hatten sie schon am 26. Mai 1932 im Punkt 9 ihrer „Richtlinien" mit der Begründung gefordert, dass die Judenmission das „Eingangstor fremden Blutes in unserem Volkskörper" sei.[4] Die Judenmissionsvereine mussten den Deutschen Christen daher ein Dorn im Auge sein. Zu Beginn des Dritten Reiches gab es davon noch drei: Neben der schon 1822 gegründeten „Berliner Gesellschaft zur Beförderung des Christentums unter den Juden", der „Westdeutsche Verein für Israel", der 1842 ins Leben gerufen worden war und seinen Sitz in Köln hatte, und der Leipziger „Centralverein für Mission unter Israel" von 1870.[5] Nach dem überwältigenden Sieg der „Deutschen Christen" bei den Kirchenwahlen vom Juli 1933 und der nachfolgenden Einführung des Arierparagraphen in der nun nazifizierten Kirche stand die Existenz aller drei Missionsvereine auf dem Spiel.

Die Judenmissionsvereine wehrten sich jedoch. Am 16. Mai 1934 verabschiedeten sie auf einer Konferenz in Hannover eine Resolution, in der sie die Legitimität der Judenmission verteidigten und den Plänen der „Deutschen Christen", spezielle „jüdischchristliche" Gemeinden zu bilden, eine scharfe Absage erteilten.[6] Die Nationalsozialisten empfanden dies als Affront und ließen den Kölner Missionsverein von der Gestapo verbieten. Daraufhin löste sich der Leipziger Judenmissionsverein selber auf.[7] Die „Berliner Gesellschaft zur Verbreitung des Christentums unter den Juden" entschied sich jedoch anders.[8] Sie kam der Aufforderung des Berliner Polizeipräsidenten vom April 1936, ihre Aktivität innerhalb von 14 Tagen einzustellen, nicht nach.[9] Sie begründete dies einmal mit dem „Missionsbefehl Christi, Matthäus 28, Vers 19" (den sie auch auf die Juden ausdehnte![10]) und zum anderen mit dem Hinweis auf den Punkt 24 des Parteiprogramms der NSDAP!, in dem die Partei die „Freiheit aller religiösen Bekenntnisse im Staat" gefordert und sich zu einem „positiven Christentum" bekannt hatte.[11]

Bei ihren Verteidigungsbemühungen wurde die Berliner Gesellschaft von der Vorläufigen Kirchenleitung der Bekennenden Kirche unterstützt. Sie wies den Berliner Polizeipräsidenten darauf hin, dass der Berliner Judenmissionsverein sich mit rein kirchlichen Aufgaben beschäftige, weshalb er nicht in den Zuständigkeitsbereich der Polizei falle. In seltener Einigkeit mit der BK betonte auch der „Reichsbischof" Müller in einem Schreiben an den Berliner Polizeipräsidenten, dass eine staatliche Behörde nicht berechtigt sei, die Kirche an der Verkündung des Evangeliums zu hindern.[12] Dazu zählte Müller jetzt auch die von den DC immer abgelehnte Judenmission. Offensichtlich hatte er etwas gelernt.

Die Proteste der BK und der Reichskirche hatten Erfolg. Der Berliner Polizeipräsident hob das angedrohte Verbot auf. Vermutlich wollte er angesichts der bevorstehenden Olympischen Spiele negative Reaktionen des Auslandes vermeiden. Das Reichkirchenministerium ließ den Verein ebenfalls gewähren, weil man eine Institution benötigte, die Taufen von Juden durchführte, was viele Pfarrer aus ideologischen Gründen nicht gerne machen wollten, aber aus religiösen machen mussten.[13] Tatsächlich hat der Berliner Judenmissionsverein weiterhin Judentaufen durchgeführt. In den ersten Monaten des Jahres 1936 lagen 46 Anträge vor.[14]

Doch 1938 war es mit dieser Ruhe vorbei. Der christliche (!) Judenmissionsverein wurde von den Novemberpogromen betroffen. Wurden doch in der Nacht vom 9. zum 10. November 1938 die Geschäftsräume des Vereins in der Kastanienallee 22 von einem Rollkommando der SA (und vermutlich auch Mitgliedern der DC[15]) fast völlig zerstört.[16] Glücklicherweise kam niemand zu Schaden, weil der Gottesdienst, der hier von „Judenchristen" abgehalten worden war, kurz zuvor beendet war. Ob auch die Messiaskapelle im Innern des Gebäudes geschändet wurde, geht aus den Quellen nicht hervor. Dennoch ist die Verwüstung dieser von einer christlichen Institution genutzten Räume während der antisemitischen Pogrome ein einmaliger Vorgang.

Der Berliner Judenmissionsverein ließ sich dennoch nicht abschrecken und setzte seine Tätigkeit fort. Jetzt wurde er aber in keiner Weise mehr von der Kirchenleitung unterstützt. Im Gegenteil, kann man sagen. Der Evangelische Oberkirchenrat Berlin versuchte im Oktober 1939, den Missionsverein in eine „judenchristliche" Gemeinde für ganz Berlin umzuwandeln.[17] Berliner Christen, oder wie sich der EOK auszudrücken beliebte, „durch die christliche Taufe in Beziehung zur Evangelischen Kirche getretene Juden"[18] sollten aus ihren angestammten Gemeinden austreten und eine eigene Gemeinde in der Messiaskapelle bilden. Ein unfassbarer Vorgang. Doch anders als etwa in Thüringen ist es in Berlin nicht zur Bildung einer derartigen „judenchristlichen" (allein das Wort ist geradezu unanständig) Gemeinde gekommen.[19]

Dennoch oder deshalb, weil sie sich offensichtlich von ihren Brüdern und Schwestern diskriminiert fühlten, haben sich als „Nichtarier" stigmatisierte Christen in der Messiaskapelle zu Gottesdiensten getroffen. Dabei wurden sie von dem immer noch in der Kastanienalle 22 residierenden Judenmissionsverein unterstützt.[20] All dies ging erst am 23. Januar 1941 vorbei. An diesem Tage wurde das Büro des Judenmissionsvereins von Gestapobeamten geschlossen, die gleichzeitig auch sein Vermögen beschlagnahmten.[21] Dies teilte der Judenmissionsverein der VKL am 13. Februar 1941 mit, ohne jedoch eine Reaktion oder gar Unterstützung zu bekommen.[22] Die damit vollzogene Auflösung des Berliner Judenmissionsvereins stand ganz offensichtlich im Zusammenhang mit der fast gleichzeitigen Schließung des Büros Grüber.

Damit war die Geschichte eigentlich vorbei. Sie hatte aber noch zwei Nachspiele. Die SS, die offensichtlich erst jetzt auf die Vorgänge in der Messiaskapelle aufmerksam geworden war, veröffentlichte am 10. April 1941 in ihrer Zeitschrift „Das Schwarze Korps" einen antisemitischen und antichristlichen Schmähartikel unter der Überschrift „Synagoge mit Christentünche". Dies veranlasste wiederum die Berliner Stadtmission, in deren Besitz die Messiaskapelle und das ganze Gebäude in der Kastanienallee 22 übergegangen war, dem Oberkirchenrat in einem Schreiben vom 11. April 1941 folgendes zu versichern: „Für unsere Zwecke wird die Kapelle nicht benutzt, da unsere Mitglieder es ablehnen, einen gotteschristlichen Raum gemeinsam mit Juden zu benutzen (bzw. mit getauften Juden)"[23].

Doch vielleicht hat sich die (christliche) Berliner Stadtmission hier geirrt. Vielleicht war die als „Synagoge mit Christentünche" geschmähte Messiaskapelle ein wahrhaft „gotteschristlicher Raum". Ein Raum, der immerhin bis in das Jahr 1941 hinein Christen „nichtarischer" Herkunft offen stand, die hier ihr Christsein fast so gelebt und verteidigt haben, wie dies die ersten Christen in den Römischen Katakomben getan haben. Der Ort wurde zum lieu de mémoire. Zum Ort des Gedenkens an die Standhaftigkeit einiger

Christen und darüber hinaus an die jüdischen Wurzeln des Christentums, die die Deutschen Christen so energisch geleugnet und so schmählich verraten haben. Ein Ort, den die Nationalsozialisten „Synagoge mit Christentünche" nannten. Was für ein symbolhafter Name.

Anmerkungen

1 Pierre Nora, Geschichte und Gedächtnis, Frankfurt a. M. 1991.
2 Zur Gesamtgeschichte der protestantischen Judenmission die Studie des australischen Historikers: Chistopher M. Clark, The Politics of Conversion. Missionary Protestantism and the Jews in Prussia 1728–1941, Oxford 1995.
3 In den allgemeinen Werken zum Kirchenkampf wird dies meist nicht erwähnt. Eine Ausnahme ist: Wolfgang Gerlach, Als die Zeugen schwiegen. Bekennende Kirche und die Juden, Berlin 1987, 2. Aufl. 1993, S. 203 ff.
4 Die Richtlinien sind abgedruckt in: Kirchliches Jahrbuch, S. 14 f.
5 Zum folgenden neben Clark, Conversion, S. 282 ff und Gerlach, Als die Zeugen schwiegen, S. 203 ff: Jochen-Christoph Kaiser, „Evangelische Judenmission im Dritten Reich", in: Jochen-Christoph Kaiser / Martin Greschat (Hg.), Der Holocaust und die Protestanten. Analyse einer Verstrickung, Frankfurt a. M. 1988, S. 186–215.
6 Diese wichtige, aber sonst nirgendwo abgedruckte Erklärung wurde in der Zeitschrift „Saat auf Hoffnung" 71, 1934, S. 72 f publiziert. Vgl.: Clark, Conversion, S. 293.
7 Clark, Conversion, S. 294, meint, dass dies auf Initiative der lokalen Gestapostelle geschah.
8 Kaiser, Evangelische Judenmission, S. 201 f vermutet, dass dies deshalb geschah, um die Gesellschaft besser kontrollieren zu können. Dies erscheint mir nicht sehr plausibel.
9 Vgl. zu diesen Vorgängen: Kaiser, Judenmission, S. 202 ff und Clark, Conversion, S. 294 ff.
10 Es ist hier nicht der Ort, auf das Problem der Judenmission insgesamt einzugehen. Ich persönlich lehne sie kompromisslos ab. Gerade deshalb war ich von dem standhaften Verhalten des Berliner Judenmmissionsvereins so positiv überrascht.
11 Schreiben vom 27.4.1936, in: K. D. Schmidt, Dokumente des Kirchenkampfes II. Die Zeit des Reichskirchenausschusses 1935–1937, 1. Teil, S. 637, Anm. 53.
12 Vgl. Müllers Schreiben an den Berliner Polizeipräsidenten vom 25.5.1936, in: Bundesarchiv Berlin 23109, Nr. 229.
13 Kaiser, Evangelische Judenmission, S. 203. Clark, Conversion, S. 297 weist auf eine Entscheidung des Obersten Parteigerichts der NSDAP vom 3.8.1937 hin, in dem einem Pastor bescheinigt wurde, dass er zu Judentaufen verpflichtet sei.
14 EZA 1/C3/171. Vgl.: Clark, Conversion, S. 297.
15 Dies ist eine Vermutung. Doch nur DC-Mitglieder dürften über den Charakter dieses nicht-jüdischen Vereins gewusst haben.
16 Kaiser, Judenmission, S. 204.
17 Schreiben des EOK Berlin vom 2.8.1939, zitiert nach Gerlach, Als die Zeugen schwiegen, S. 204.
18 Ebenda. Ein Kommentar dieser geradezu blasphemischen Formulierung erübrigt sich.
19 Vgl.: Bundesarchiv Berlin 23109, Nr. 476 und: Clark, Conversion, S. 300.

20 Dafür spricht die Tatsache, dass die Gesellschaft offensichtlich über bedeutende Geldmittel verfügte, gegen deren Auslieferung an die Gestapo sie sich zäh weigerte.
21 Vgl. dazu den Bericht des Direktors der Gesellschaft, Pfarrer Knieschke, der gegen diese Maßnahme energisch protestierte, in: EZA 7/3648.
22 Siehe dazu Gerlach, Als die Zeugen schwiegen, S. 205.
23 EZA 7/13413.

Martin Jander

Helmut Eschwege –
„Fremd unter Meinesgleichen"

Fremd unter Meinesgleichen hat Helmut Eschwege seine 1991 erschienenen Lebenserinnerungen genannt.[1] Fremd ist er der DDR vor allem durch eines geblieben: er forschte, schrieb und publizierte unter vielen Schwierigkeiten über die Shoah.[2] Der Faschismus, der kommunistische Widerstand und der Krieg gegen die Sowjetunion wurden in der DDR öffentlich breit behandelt. Die jüdische Geschichte dagegen, der Antisemitismus, die Diskriminierung, Entrechtung, Enteignung, Deportation, Vernichtung und der Widerstand europäischer Juden wurden, so wie Eschwege sie aufschrieb, mit nur ganz wenigen Ausnahmen weitgehend tabuisiert.

Niemand war über diesen Konflikt mehr erstaunt als Eschwege selbst. Der 1913 in Hannover geborene und 1937 nach Palästina emigrierte Sozialist war schließlich – gegen den Rat vieler Freunde aus Palästina – nach dem Ende des Nationalsozialismus bewusst in die sowjetische Besatzungszone (SBZ) zurückgekehrt. Nur dort hoffte er auf ein besseres, ganz anderes und neues Deutschland. Vor seiner Emigration gehörte Eschwege der Sozialdemokratischen Partei (SPD) an, in Palästina jedoch war er der Kommunistischen Partei (KPP) beigetreten. Nach seiner Rückkehr 1946 wurde er Mitarbeiter in der Landesleitung Sachsen der Sozialistischen Einheitspartei (SED) in Dresden. Noch 1945 hatte er dem späteren Mitglied der KPD-Führung Paul Merker den Rat gegeben, eine deutsche Regierung solle folgende Erklärung abgeben: „Das deutsche Volk erwartet, dass das Vertrauen der Juden zu ihm in der Zukunft zurückkehren möge. Dies hofft es durch seine künftige Führung und Taten zu beweisen. Das deutsche Volk anerkennt durch aktive oder passive Beteiligung in seiner überwiegenden Mehrheit am Hitlersystem seine Schuld gegenüber den Juden und hofft, den wenigen überlebenden Juden und jüdischen Gemeinschaften durch weitgehende Wiedergutmachung der wirtschaftlichen und körperlichen Schäden einen Teil seiner Schuld abzutragen."[3]

Diese Haltung setzte sich jedoch in der SED nicht durch. Nach der ursprünglichen Unterstützung der Gründung des Staates Israel im Jahr 1948 und der Arbeit an einem Entschädigungsgesetz, der sich unter anderem auch Paul Merker angenommen hatte, startete die SED sogar eine massive antizionistische und antisemitische Kampagne, in deren Verlauf sie die jüdischen Gemeinden der DDR als „fünfte Kolonne" des US-Imperialismus bezeichnete. Merkers Gesetzesvorschlag der Entschädigung aller Juden titulierte die SED als Versuch der „Ausplünderung Deutschlands" und der „Verschiebung deutschen Volksvermögens" an „jüdische Kapitalisten".[4] Merker wurde inhaftiert und später in einem Geheimprozess verurteilt. Die Parteizeitung *Neues Deutschland* formulierte: „Es unterliegt keinem Zweifel mehr, dass Merker ein Subjekt der USA-Finanzoligarchie ist, der die Entschädigung der jüdischen Vermögen nur forderte, um dem USA-Finanzkapital das Eindringen in Deutschland zu ermöglichen. Das ist die wahre Ursache seines Zionismus."[5] Viele Juden flohen angesichts dieser massiven antisemitischen Kampagne im Winter 1952/53 aus der DDR.

Diese Kampagne der SED ist in der DDR ein tabuisiertes Thema geblieben. Auch die Aufarbeitung der DDR-Geschichte seit 1989 hat sich darum nur selten gekümmert.[6] Für Eschwege jedoch hatte sie eine entscheidende Bedeutung: der ursprünglich als Kaufmann ausgebildete Sozialist beschloss Historiker zu werden. Er gehörte zu den wenigen Menschen in der DDR, die über den Antisemitismus in der SED nicht nur in geschlossenen Räumen sprachen. Ebenfalls stellte er laut und öffentlich die Israelfeindschaft der offiziellen DDR-Außenpolitik und ihre Unterstützung der PLO in Frage. Eschwege, der bei der Eintragung in seine SED-Parteidokumente darauf beharrt hatte, seine Nationalität als „jüdisch" und nicht als „deutsch" anzugeben, wurde 1953 aus der Partei ausgeschlossen und verlor seine 1952 errungene berufliche Position als Abteilungsleiter im Museum für deutsche Geschichte. Später fand er zunächst eine Stelle als Bibliothekar und noch später als Dokumentarist der Sektion Marxismus-Leninismus an der Technischen Universität Dresden. Gegen den Rat enger Freunde hatte er beschlossen in der DDR zu bleiben. An seinen eigenen Publikationen konnte er nur in der Freizeit arbeiten.

In seiner Autobiographie hat er die jahrzehntelangen Schikanen beschrieben, mit denen die SED seine Forschungen behinderte und zu zerstören versuchte. Seine Dokumentation über Diskriminierung, Entrechtung und Vernichtung der Juden im Nationalsozialismus „Kennzeichen J" konnte erst nach 1966 in der DDR erscheinen. Die von Eschwege zusätzlich erarbeitete Analyse der Verfolgung und Vernichtung der Juden blieb ungedruckt. Auch sein international beachtetes Buch „Die Synagoge in der deutschen Geschichte" (1980) lag zwölf Jahre beim Verlag und musste mehrfach umgearbeitet werden. Die Untersuchung „Selbstbehauptung und Widerstand. Deutsche Juden im Kampf um Existenz und Menschenwürde 1933–1945" (1984) konnte, überarbeitet von dem Historiker Konrad Kwiet, nur in der Bundesrepublik erscheinen. Für sein Manuskript „Geschichte der jiddischen Sprache und Literatur" interessierte sich nur die Bibliothek Germanica Judaica in Köln, der Eschwege es nach erfolglosen Verlagsverhandlungen auch übergab. Sein Werk über die Geschichte der Juden, die vor der DDR in Mitteldeutschland gelebt hatten und das Manuskript über die Geschichte der jüdischen Friedhöfe in der DDR blieben ebenfalls unveröffentlicht. Nur Kopien der Manuskripte sind noch in einigen Bibliotheken der Ex-DDR vorhanden. Eschwege publizierte zu diesen Themen jedoch ebenfalls im Westen.[7] Der Historiker korrespondierte bei seinen Recherchen mit Instituten, Museen und Persönlichkeiten in der ganzen Welt. Seine Publikationen machten ihn schon bald zu einem international geachteten Forscher. „Er betrieb" – wie die Historikerin Hartewig resümierte – „auf unkonventionellen Nebenpfaden als Einzelgänger *Kulturpolitik auf eigene Faust* ..."[8] International erhielt er auch schon bald die Anerkennung, die ihm die DDR verweigerte. Selbstverständlich wurden seine Aktivitäten auch vom Ministerium für Staatssicherheit (MfS) beobachtet. Er wurde im Operativvorgang (OV) „Zionist" bearbeitet.[9]

Eschwege hatte trotz aller Behinderungen auch in der DDR einen, über die jüdische Gemeinschaft hinausreichenden, Wirkungskreis. Seit 1965 war er auch in den verschiedensten Arbeitskreisen für christlich-jüdische Zusammenarbeit und bei Tagungen der *Aktion Sühnezeichen* häufig als Referent anzutreffen. Wie man aus den Erinnerungen verschiedener Bürgerrechtler weiß, hatte er dadurch auch großen Anteil an der Ermutigung junger Menschen zur Auseinandersetzung mit dem Thema Shoah.[10] Nicht umsonst verlieh ihm der Koordinierungsrat der Gesellschaften für christlich-jüdische Zusammenarbeit der Bundesrepublik am 11. März 1984 in Worms, zusammen mit dem Leipziger Pfarrer Siegfried Theodor Arndt, die Buber-Rosenzweig-Medaille. Eschwege schrieb dazu: „Die Auszeichnung ... war natürlich vor allem eine Auszeichnung der vielen Aktivitäten christlich-jüdischer Gruppen in der DDR, die unter verschiedenen Namen agieren und im Bund der Evangelischen Kirchen zusammengefasst sind."[11] Die Schikanen denen Eschwege ausgesetzt war, hatten einen wesentlichen Grund: jede Publikation zum Thema Juden, Shoah und Deutschland brachte in der DDR erneut zu Bewusstsein, dass der antifaschistische Staat sich bis zum Ende weigerte, alle von den Nationalsozialisten geschädigten Juden beziehungsweise ihre Nachkommen vollständig zu entschädigen oder das „arisierte" Eigentum rückzuerstatten. Auch eine Aufbauhilfe für Israel wurde zurückgewiesen. Erst die frei gewählte Volkskammer der Nach-Wende-DDR bekannte sich für die gesamte deutsche Geschichte verantwortlich und im Zuge des Einigungsvertrages wurde im Jahr 1990 auch die „Rückerstattung-Ost" auf den Weg gebracht.[12]

Als Eschwege seine nicht nach Deutschland zurückgekehrten Schwestern und seine Mutter in Israel besuchen wollte, verweigerte die SED die Reiseerlaubnis, das MfS gestattete sie unter der Auflage, Eschwege müsse über Israel „Berichte" verfassen. Dies war eine schlichte Erpressung. Seine „Berichte" verfasste Eschwege nun mit einer gehörigen Portion Hintersinn: ihn bewegte „der Ehrgeiz mit seinen Reiseberichten maßgeblich auf das Israel-Bild der Staatssicherheit und der SED Einfluss zu nehmen."[13] Er praktizierte die Tugend der Abhängigen: List. Heute findet man die weiterhin lesenswerten Bücher von Helmut Eschwege und seine Autobiographie leider nur noch in Antiquariaten. Insbesondere seine Dokumentation „Kennzeichen J" lässt sich auch heute noch gewinnbringend in der politischen Bildung zum Nationalsozialismus verwenden. Das wohl maßgebliche Verdienst von Helmut Eschwege besteht darin, dass er im Widerspruch zum offiziösen Antifaschismus der DDR, die antisemitischen Beweggründe der nationalsozialistischen Politik sichtbar machte, die weitgehend tabuisierte Geschichte und Geschichtsschreibung von und über Juden in der DDR mit eigenen Beiträgen bereicherte und damit die, durch den Nationalsozialismus fast vollständig abgerissene, Tradition jüdischer Kultur in der DDR fortführte. Er hat die DDR nicht lange überlebt. Helmut Eschwege starb 1992.

Anmerkungen

1 Helmut Eschwege, Fremd unter meinesgleichen. Erinnerungen eines Dresdner Juden, Berlin 1991.
2 Zur Biografie Eschweges siehe auch: Karin Hartewig, Zurückgekehrt – Die Geschichte der jüdischen Kommunisten in der DDR, Weimar und Wien 2000, S. 186 ff.
3 Erklärungsentwurf von Helmut Eschwege, zitiert nach: Jeffrey Herf, Zweierlei Erinnerung, Berlin 1998, S. 106.
4 Zu den Vorwürfen gegenüber Merker und den jüdischen Gemeinden: Thomas Haury, Antisemitismus von links, Hamburg 2002, S. 293 ff.
5 Neues Deutschland, 4.1.1953.
6 Mario Kessler, „Verdrängung der Geschichte, Antisemitismus in der SED 1952/53", in: Moshe Zuckermann (Hg.), Zwischen Politik und Kultur – Juden in der DDR, Göttingen 2002, S. 34 ff.
7 Siegfried Theodor Arndt, Helmut Eschwege, u. a., Juden in der DDR, Duisburg 1988.
8 Karin Hartewig, a. a. O., S. 194.
9 Horst Seferens, Heimliches Schielen auf den „Stützpunkt des Gegners", Jüdische Allgemeine, 22.10.92, S. 15 f.
10 Siehe z. B.: Konrad Weiß, „Eine Fahrt nach Auschwitz", in: „Horch und Guck" (Heft 44, 2003/4), S. 1 ff.
11 Helmut Eschwege, a. a. O., S. 176.
12 Jan Phillip Spannuth, Rückerstattung Ost, Freiburg 2001.
13 Karin Hartewig, a. a. O., S. 192.

Martin Jander

Deutsches Familiengedächtnis
Beate Niemanns Ausbruch aus der verdrehten Familien-Erinnerung der Familie Sattler

Die Erinnerungsfähigkeit der beiden deutschen Nachkriegsgesellschaften seit 1945 wird zu Recht in Frage gestellt. Nie zuvor jedoch wurde bislang so intensiv über eine Quelle dieser verweigerten Erinnerung gesprochen, die seit einiger Zeit im Mittelpunkt wissenschaftlicher und politischer Diskurse steht: das Familiengedächtnis, vor allem das Gedächtnis nicht-jüdischer deutscher Familien. Gesellschaftspolitisch ist der Ort dieser öffentlichen Debatte gegenwärtig vor allem dadurch bestimmt, dass seit der Ära Helmut Kohls die Kinder und Enkel der NS-Täter den öffentlichen Umgang mit dem Erbe des Nationalsozialismus in Deutschland wesentlich prägen. Angefangen von Kohls „Gnade der späten Geburt"[1] bis hin zu Gerhard Schröders öffentlicher Belobigung für Martin Walser und Friedrich Christian Flick gibt es eine Vielzahl politischer und kulturpolitischer Ereignisse, die es geboten scheinen lassen, das Bewusstsein der Kinder und Enkel der NS-Täter einer kritischen Befragung zu unterziehen.[2]

Zwar hat schon vor einiger Zeit Ralph Giordano mit seinem Buch „Die zweite Schuld"[3] den Finger an die richtige Stelle gelegt und auch die Untersuchungen von Gabriele Rosenthal[4] und Dan Bar-on[5] brachten und bringen immer noch wesentliche Erkenntnisse in das Dunkel der nachnationalsozialistischen Bewusstseinsformationen in den drei nachnationalsozialistischen Gesellschaften Bundesrepublik, DDR und Österreich.[6] Eine richtige gesellschaftliche Kontroverse ist jedoch erst in den letzten Jahren entstanden. Vielleicht hat ja alles damit angefangen, dass im Jahr 2004 der Vizevorsitzende des Zentralrats der Juden, Salomon Korn, den Enkel des Industriellen Flick, Friedrich Christian Flick, kritisiert hat („Blutgeld"), weil der zwar mit einer Leihgabe moderner Kunst an das Museum „Hamburger Bahnhof" brilliert, sich aber geweigert hat, in den Fonds zur Unterstützung der ehemaligen Zwangsarbeiter einzuzahlen.[7] Möglicherweise ist die neue Debatte aber auch durch die Untersuchungen von Harald Welzer („Opa war kein Nazi") angestoßen worden, die erschreckend deutlich machen, dass insbesondere die Enkel der nationalsozialistischen Täter zwar einigermaßen gut informiert sind über die Untaten ihrer Vorfahren, ihre eigenen Großeltern jedoch aus dem „Universum des Grauens" (Welzer) herausinterpretieren, jede Gelegenheit nutzen sie als Opfer oder gar Widerständler darzustellen.[8]

Vielleicht aber hängt ja die neue Debatte auch damit zusammen, dass schon seit Jahren die Erkenntnisse des Sozialwissenschaftlers Maurice Halbwachs – er wurde am 16.3.1945 im Konzentrationslager Buchenwald umgebracht – hoch im Kurs stehen, der sich als erster mit den Mechanismen kollektiven Erinnerns („Kollektives Gedächtnis") beschäftigt hat.[9] Seine Ideen sind in der Bundesrepublik z. B. von Aleida und Jan Assman weitergeführt worden.[10]

In der hier folgenden kleinen Abhandlung soll nicht der ganze Kontext der Debatte um das Familiengedächtnis ausgeleuchtet werden. Hier wird lediglich an einem unlängst in der Öffentlichkeit stark beachteten Beispiel, den Filmen über die Tochter des NS-Massenmörders Bruno Sattler – Frau Beate Niemann[11] – und den von ihr seit dem Ende der 90er Jahre betriebenen Recherchen[12] zur Geschichte ihres Vaters[13], deutlich gemacht, wie schwer das Gewicht des deutschen Familiengedächtnisses als Produzent einer meist vollkommen verdrehten Geschichtserzählung und eines entsprechenden Bewusstseins wiegt. Es ist kaum zu überschätzen.

Beate Niemann und ihr Vater Bruno Sattler

Beate Niemann (geborene Sattler) wurde 1942 in Berlin geboren. Ihr Vater Bruno Sattler, 1898 ebenfalls in Berlin geboren, trat 1928 in die Kriminalpolizei ein und machte später Karriere in der Gestapo. Zunächst war er für die Verfolgung von Sozialdemokraten und Kommunisten verantwortlich, unter anderem war er 1934 an der Ermordung des Thälmann-Nachfolgers John Schehr beteiligt, später entwickelte er sich zu einem regelrechten Massenmörder mit Einsatzorten in der Sowjetunion, Jugoslawien und Ungarn. Von 1942 bis 1944 war er Chef der Gestapo in Belgrad und befehligte dort auch den Einsatz eines Gaswagens, in dem im Frühsommer 1942 etwa 8500 Juden, hauptsächlich Frauen und Kinder, umgebracht wurden.[14]

Beate Niemann lernte ihren Vater eigentlich nur bei verschiedenen Besuchen in DDR-Gefängnissen kennen, denn Bruno Sattler war, nach einer zunächst unerkannt gebliebenen Flucht, 1947 aus Westberlin verschleppt worden. Nach Aufenthalten in verschiedenen Gefängnissen des sowjetischen Geheimdienstes NKWD wurde er in der DDR in einem Geheimprozess verurteilt und bis zu seinem Tod im Oktober 1972 nicht mehr entlassen.

Da seine Tochter, die spätere Beate Niemann, seit frühester Jugend über die Untaten ihres Vaters getäuscht wurde und ihn darüber hinaus, wegen der

DDR-Haft, als unschuldiges Opfer eines Unrechtsregimes ansah, setzte sie zu Bruno Sattlers Lebzeiten alles daran, ihren Vater aus der DDR-Haft freizubekommen. Als Bruno Sattler tot war, suchte seine Tochter wenigstens herauszufinden, warum man ihn bis zu seinem Tod nicht freigelassen hatte und sie suchte ihn außerdem zu rehabilitieren.

Mit dieser Absicht begann sie auch am Ende der 90er Jahre Nachforschungen in den Akten des Ministeriums für Staatssicherheit der DDR. Diese Recherche, viele Gespräche mit kundigen Historikern und vor allem ausführliche Diskussionen und Reisen mit dem Dokumentarfilmer Yoash Tatari, der ihre Recherche für den Fernsehsender WDR dokumentierte[15], ließen Frau Niemann letztlich erkennen, wer ihr Vater war. In einem Buch-Manuskript dokumentiert sie nun die Verbrechen ihres Vaters und schildert ihren eigenen schwierigen Erkenntnisprozess.[16]

Exkurs: Kollektives, kommunikatives und kulturelles Gedächtnis

In der Auseinandersetzung mit den Untaten ihres Vaters musste sich Frau Niemann vor allem mit bereits vorgeprägten Formen der Erinnerung an die Geschichte ihres Vaters beschäftigen, die sie seit frühester Kindheit selbst mitgetragen, geglaubt und mitgesprochen hatte. Sie musste sich mit der längst im Familiengespräch verfertigten Erinnerung anlegen, eben diese Erinnerung zerbrach bei der intensiven Recherche nach der wirklichen Geschichte ihres Vaters. Um genauer zu verstehen, wie der Konflikt, in den Frau Niemann sich begab, zu beschreiben ist, müssen wir einen Abstecher in die Begrifflichkeit des „kollektiven Gedächtnis" unternehmen.

Dass wir uns, wenn wir erinnern, immer schon auf Mustererinnerungen beziehen, unsere individuelle Erinnerung, da sie meist in einem sozialen Raum oder einer Erinnerungsgemeinschaft zustande kommt, immer Teil einer kollektiven Erinnerung ist, hat als erster der französische Soziologe Maurice Halbwachs herausgefunden, der sich angeregt von dem Philosophen und Soziologen Emile Durkheim (1858–1917) mit verschiedenen Formen des Kollektivbewusstseins beschäftigt hat.

„Es gibt kein mögliches Gedächtnis" – schrieb Halbwachs – „außerhalb derjenigen Bezugsrahmen, deren sich die in der Gesellschaft lebenden Menschen bedienen, um ihre Erinnerungen zu fixieren und wieder zu finden."[17] Denn Erinnerungen, so die einleuchtende Begründung, entstehen nur durch Kommunikation und Interaktion im Rahmen sozialer Gruppen. „Wir erinnern" – schreibt Jan Assmann in einer Darstellung von Halbwachs' Theorie – „nicht nur, was wir von anderen erfahren, sondern auch, was uns andere erzählen und was uns von anderen als bedeutsam bestätigt und zurückgespiegelt wird. Vor allem erleben wir bereits im Hinblick auf andere, im Kontext sozial vorgegebener Rahmen der Bedeutsamkeit."[18]

Neben der Bindung an Zeit und Raum[19] sind das Gedächtnis und die Erinnerung dabei vor allem an eine Gruppe gebunden, die man auch „Erinnerungsgemeinschaft" nennen könnte, also einen sozialen Raum der Kommunikation und Interaktion, für den die Erinnerung eine Bedeutung hat. Die individuelle Erinnerung eines Menschen gibt es natürlich, sie ist jedoch ohne den Kontakt und die Auseinandersetzung mit der für ihn bestimmenden Gruppe nicht zu denken. Zentral, so schon Halbwachs, ist dabei für die meisten Menschen die Familie. Aber es gibt natürlich auch andere Erinnerungsgemeinschaften wie etwa Parteien, Verbände. Auch ganze Gesellschaften lassen sich als Erinnerungsgemeinschaften charakterisieren und damit auch analysieren.

Das Geschehene wird in solchen Gruppen dabei nie nur als eben Geschehenes festgehalten, sondern in seiner Bedeutung für die Gruppe oder Gemeinschaft rekonstruiert. Die Gruppe oder Erinnerungsgemeinschaft erkennt sich im Erinnern des Geschehenen selbst, Kommunikation und Interaktion über Geschehenes bilden einen Teil ihrer Selbstverständigung. So zum Beispiel werden Geschichten erzählt vor dem Hintergrund eines Musters wie: „Bei uns zu Hause ist man hilfsbereit", oder: „In unserer Familie lebt man nicht verschwenderisch." Man nennt das die Rekonstruktivität eines Kollektivgedächtnisses.

Forscherinnen und Forscher, die Maurice Halbwachs' Theorie des Kollektivgedächtnisses aufgegriffen haben, differenzierten sie noch um den Begriff des kommunikativen Gedächtnisses. Unter dem kommunikativen Gedächtnis versteht man Erinnerungen, die sich auf die gerade vorübergegangene Vergangenheit beziehen, mithin Erinnerungen, die Zeitgenossen miteinander teilen, die sie miterlebt haben und an deren Bewahrung und Interpretation sie gemeinsam arbeiten. Man könnte dieses Gedächtnis auch als Generationengedächtnis bezeichnen.[20]

Darüber hinaus war es sinnvoll den Begriff des kulturellen Gedächtnisses hinzuzufügen, womit Auseinandersetzung, Bewahrung und Tradierung von Geschehenem in Symbolen, Andeutungen und anderen Geschichtsresten gemeint sind, die sich dem eigenen Erleben einer Gruppe oder Gemeinschaft entziehen, die aber eben doch in Form von Redewendungen, Geschichten u.a. zum ganz selbstverständlichen Reservoir der Verständigung einer Erinnerungsgemeinschaft gehören.[21]

Opferschaft, Rechtfertigung, Distanzierung, Faszination, Heldentum

Die Begrifflichkeit und das Konzept des kollektiven Gedächtnisses helfen enorm, um zu verstehen, in welche Konflikte Kinder und Enkel von NS-Tätern geraten, versuchen sie die Geschichte ihrer Vorfahren aufzuklären. Die Begrifflichkeit ermöglicht nämlich die Identifikation und Beschreibung der Mechanismen, mit deren Hilfe sich die Weitergabe von Bildern zum Nationalsozialismus in der Regel in deutschen Familien vollzieht. Olaf Jensen, ein Mitarbeiter aus dem Forscherteam Harald Welzers, hat diese Tradierungsformen kürzlich in einer Spezialstudie zusammengetragen.[22]

Seine Studie demonstriert vor allem eins: Wo auch immer NS-Täter-Kinder eine Auseinandersetzung mit den Untaten ihrer Eltern versuchen, stoßen sie auf ein blockierendes Familiengedächtnis. Hier werden, kriminalistisch gesprochen, falsche Spuren gelegt, Beweise gefälscht, gelogen und Zeugnisse und Zeugen beseitigt. Wer in diesen Irrgarten voll falscher Wegweiser eintritt, muss sich auch heute noch auf einiges gefasst machen. Insbesondere muss er sich darauf gefasst machen, dass er eine Erinnerung, von der er selbst glaubte sie sei wahr, über den Haufen werfen muss.

Als dominierenden Tradierungstyp der Geschichte des Nationalsozialismus identifizierte Jensen die „Opferschaft". Er schreibt hierzu, dass im Zuge familiärer Kommunikation immer wieder eine „Umkehrung der historischen Täter- und Opferrollen stattfindet"[23] und im Gespräch „zwischen den Generationen Mitleid und Empathie auch dann entwickelt wird, wenn sich die Befragten in einzelnen Situationen oder auch generell zu Opfern machen, wo sie objektiv Zuschauer, Mitläufer oder auch Täter waren."[24] Die dazugehörigen Familienerzählungen sind dadurch gekennzeichnet, dass die eigentlichen Opfer des Nationalsozialismus in ihnen gar nicht vorkommen.

An zweiter Stelle folgt der Tradierungstyp „Rechtfertigung", dessen Hauptargument man so zusammenfassen könnte: ich habe von Verbrechen nichts gewusst, weil ich nicht beteiligt war, der Autobahnbau war aber gut.

An dritter Stelle folgt die „Distanzierung", die im permanenten Verweis darauf besteht, dass die nationalsozialistische Ideologie und ihre Rituale beim Zeitzeugen (angeblich) überhaupt nicht angekommen wären.

Der Tradierungstyp „Faszination" hingegen tauchte in der Untersuchung an vierter Stelle auf und meint Erzählungen, die besonders den „Gemeinschaftsgeist" des nationalsozialistischen Regimes, die öffentliche Ordnung etc. hervorheben und die Begeisterung dafür als „verständlich" beschreiben.

An letzter Stelle rangiert bei den beforschten Familien der Tradierungstyp „Heldentum", der dadurch gekennzeichnet ist, dass die Zeitzeugen auf eigene (wirkliche aber auch angebliche) Widerstandshandlungen verweisen und damit deutlich machen, dass sie selbst keinen Anteil an den Verbrechen hatten.[25]

Der verschwundene Täter

Von den genannten fünf Tradierungsmechanismen der Geschichte des Nationalsozialismus im Gedächtnis deutscher Familien nach 1945 musste sich Frau Niemann vor allem mit zweien auseinandersetzen, sie stechen in ihrer heutigen Erinnerung an das Familiengedächtnis besonders hervor: Opferschaft und Heldentum. Bevor sie jedoch mit einer Recherche zur Vergangenheit ihres Vaters beginnen und den Konflikt mit den beiden Tradierungsformen Opferschaft und Heldentum aufnehmen konnte, musste überhaupt erst der Zweifel an der familiären Tradierung der Geschichte des Vaters geweckt werden. Frau Niemann musste ihre, durch Empathie mit dem Vater geprägte, Sichtweise verlassen können. Dies geschah bei ihrem Versuch, ihren Vater nach dem Ende der DDR zu rehabilitieren. Frau Niemann schildert diesen Vorgang heute so: „1991 habe ich einen Rehabilitierungsantrag für meinen Vater an das zuständige Landgericht Rostock gerichtet. Auf die erste Ablehnung reagierte ich mit Empörung. 1999 kam der endgültige ablehnende Beschluss, den ich immerhin schon akzeptieren konnte. Und da wusste ich schon vieles. Heute bin ich über die Ablehnung erleichtert, was für ein neues Unrecht wäre sonst geschehen."[26]

Die gescheiterte Rehabilitierung gab den Anstoß, die Geschichte ihres Vaters umfassend zu recherchieren. Da er nach dem I. Weltkrieg bereits einem Freikorps angehört hatte, der Brigade Ehrhardt, suchte sie im Berliner Zentrum für Antisemitismusforschung nach einem Buch zu diesem Thema. Sie musste auf das Buch ein wenig warten und schlenderte währenddessen durch die Regalreihen. Dabei stieß sie auf das Buch „Serbien ist judenfrei", von Walter Manoschek, in dem sie viele Details über die Verbrechen ihres Vaters als Gestapo-Chef in Belgrad erfuhr.[27]

Der „unschuldige Vater"

Seit diesem Zeitpunkt begann sie die Verbrechensgeschichte ihres Vaters ernst zu nehmen und ihr eigenes Bild von ihrem Vater in Frage zu stellen. Seit dem Ende des Krieges gab es in der Familie Sattler vor allem Erzählungen über den, angeblich zu Unrecht im DDR-Gefängnis einsitzenden, Vater. Frau Niemann schildert diese Erzählungen sehr ausführlich. Ihren ersten Besuch bei ihrem Vater in einem DDR-Gefängnis erinnert sie so: „Dann öffnete sich die Tür, ein großer gebeugter Mann – kahl geschoren, in Anstaltskleidung, eine Mütze in der Hand, hinter ihm ein Uniformierter – betrat den Raum. Der Mann setzte sich mir gegenüber an den großen Tisch. An den Seiten saßen seine Bewacher. Das war nun mein Vater, von dem in unserem Familienkreis täglich gesprochen wurde, dessen Bild, stets mit Blumen geschmückt, auf der Anrichte im Esszimmer stand ... Mein Vater war die strahlende Figur in unserer Familie. Er stammte aus dem Bildungsbürgertum, war fröhlich, freundlich, ehrenhaft und setzte sich stets für andere ein, war eben ein preußischer Beamter im positiven Sinne. (So jedenfalls wurde von ihm erzählt.)"[28]

Plastischer kann kaum berichtet werden, welches im Familiengedächtnis bewahrte Bild Frau Niemann umstoßen musste, um zur wirklichen Geschichte ihres Vaters vorzudringen. Es ist deshalb auch überhaupt nicht verwunderlich, dass sie die Wahrnehmung von ihrem Vater als Opfer lange mit sich trug, sogar auch dann noch, als sie bereits viele Details seiner Verbrechen kannte. Sie berichtet z. B. folgendes Ereignis: der Dokumentarfilmer Yoash Tatari, der ihre Recherchen ein Jahr lang für den WDR begleitete, bat sie, ihm eine Liste von Orten in Berlin zu übergeben, die im Leben ihres Vaters eine Rolle gespielt hätten. „Zwei Tage später" – schrieb Frau Niemann – „gab ich ihm eine Liste mit den Worten, ich hätte es mir leicht gemacht und die Orte unterteilt in Täter- und Opfer-Orte."[29] Darauf der Dokumentarfilmer: „Frau Niemann, wann war ihr Vater Opfer?" Beate Niemann berichtet auch ihre unmittelbare Reaktion auf diese Frage: „Schnell verließ ich den Raum. Wie konnte er es wagen, mich das zu fragen. Es hatte sich vorher noch niemand getraut – zumindest nicht in meinem Beisein – anzuzweifeln, dass mein Vater 25 Jahre lang Opfer gewesen war."[30]

Die „heldenhafte Mutter"

Es ist jedoch nicht nur das Bild vom unschuldigen Opfer Bruno Sattler, das Frau Niemann umstoßen musste, es ist auch das Bild einer angeblich heldenhaften Mutter. Die Geschichte, die hier zu korrigieren war, handelte vom Geburtshaus Beate Niemanns in Berlin. Es gehörte vor dem Nationalsozialismus der jüdischen Familie Leon. Beate Niemann schildert die familiäre Erzählung, die sich später als unwahr herausstellte, so: „Die Erzählung meiner Mutter war folgende: Mein Vater und sie hätten das Haus 1942 Frau Leon abgekauft, meine Mutter habe sie mit mir im 8. Monat schwanger über die Schweizer Grenze in Sicherheit gebracht. Nach dem Krieg sei uns das

Haus unrechtmäßig weggenommen und einem ihrer Enkel in Südafrika zugesprochen worden. Als Kind war ich auf dem Schulweg täglich an dem Haus vorbeigekommen, hatte oft davor gestanden, traurig, nicht verstehend, warum ich nicht in ihm leben durfte, in dem schönen Garten, den ich drei Häuser weiter von der Terrasse meiner Patentante aus einsehen konnte."[31] An der Geschichte war fast alles unwahr. Durch einen Zufall machte Frau Niemann im Jahr 2001 die Entdeckung, dass ihre Mutter drei Tage nach der Geburt von Beate, dem Vater Bruno Sattler, eine Karte nach Belgrad geschrieben hatte. Sattler war zu diesem Zeitpunkt bereits Gestapo-Chef in Belgrad. Neben vielen in diesem Zusammenhang unwichtigen Details fand sie auf der Karte den Satz: „Die Leon kommt am 20.6. mit Transport nach dem Osten."[32] Entgegen ihrer eigenen Erzählung hatte Frau Sattler die vormalige Besitzerin des Hauses, Frau Leon, also nicht gerettet, sie war – wie auch die Inschrift des Grabsteins auf dem Friedhof in Berlin-Weißensee zeigte – zunächst nach Theresienstadt deportiert und dann in Auschwitz umgebracht worden.

Durch aufwendige Recherchen fand Beate Niemann den wirklichen Ablauf der Ereignisse heraus: „Mein Vater hatte 1937 in einem Brief an Herrn Leon einen Kauf [des Hauses – d. Verf.] abgelehnt. 1942, Herr Leon war verstorben, gab mein Vater Frau Leon die Versicherung, dass sie für ein Jahr von der *Evakuierung* zurückgestellt werde. Sie sind zu einem Notar gegangen, meine Mutter und Frau Leon, hinter ihnen ein SS-Mann in Uniform! Frau Leon unterschrieb den Kaufvertrag, in einer Bank übergab meine Mutter ihr den Anteil des Kaufpreises in bar, den Frau Leon auf ein besonderes Konto einzahlen musste. Frau Leon gratulierte meiner Mutter noch zu meiner Geburt, dann wurde sie von der Gestapo abgeholt und am 7. Juli 1942 nach Theresienstadt deportiert, ermordet worden ist sie Ende 1944 in Auschwitz."[33]

Familiengedächtnis und NS-Aufarbeitung

Die Shoah hat im kulturellen und kommunikativen Gedächtnis der Bundesrepublik Deutschland einen prekären Platz. Die NS-Tätergeneration selbst ist zwar aus der Gesellschaft und insbesondere ihren öffentlichen Funktionen inzwischen verschwunden, nunmehr dominieren ihre Kinder und Enkel die Auseinandersetzung um den Nationalsozialismus. Die unterschiedlichen Formen der Verleugnung und Verdrängung, Verharmlosung und Relativierung sind jedoch längst nicht verschwunden. Deshalb bleibt auch die Übernahme von Verantwortung und Haftung der Bundesrepublik immer wieder erneut gefährdet. Im Familiengedächtnis hat die Shoah, im Unterschied zum öffentlichen Umgang mit der Geschichte, „keinen systematischen Platz", wie der Sozialwissenschaftler Welzer in seiner bereits erwähnten Studie „Opa war kein Nazi" erhoben hat. Die Erinnerung an die Shoah entspringe hier eher einer „externen Quelle, gebildet aus Geschichtsunterricht, Gedenkstättenarbeit, Dokumentationen und Spielfilmen". Solcherart vermitteltes Wissen sei jedoch etwas völlig anderes als die „selbstverständliche Gewissheit, die man als Mitglied einer Erinnerungsgemeinschaft über deren eigene Vergangenheit hat". Die „Vergangenheit der vernichteten jüdischen Deutschen kommt in nichtjüdischen deutschen Familien lediglich als Geschichte ihres Verschwindens vor, nicht einmal als Geschichte der Toten, geschweige denn als lebendige Geschichte."[34]

Wer nicht nur den Prozess der tatsächlichen Vernichtung der europäischen Juden im Rahmen der politischen Bildung darstellbar machen will, sondern die Permanenz ihres Verschwindens aus der Erinnerung einsehbar machen möchte, stößt auf die Mechanismen der Tradierung des Nationalsozialismus in deutschen Familien. Das Verschwinden der Verbrechen und der Opfer aus der Erinnerung der Täter und ihrer Nachfahren ist selbst Bestandteil des Verbrechens. Eben deshalb wurde hier die Geschichte von Beate Niemanns Konflikt mit dem Familiengedächtnis der Familie Sattler so ausführlich ausgebreitet: (1) es ist nicht gewöhnlich das Kinder von NS-Tätern ihre Auseinandersetzung und Aneignung ihrer Vorgeschichte so nachvollziehbar und detailliert berichten. Viele schrecken vor den Erkenntnissen selbst und vor allem vor den damit verbundenen massiven Konflikten in ihrer Familie zurück. Frau Niemanns Hartnäckigkeit in der Recherche und Dokumentation ist deshalb eine ganz für sich selbst und überhaupt nicht genug zu lobende Anstrengung. (2) Die Geschichte des Berliner Kriminalpolizisten, der zum NS-Massenmörder wurde ist lehrreich. Genauso lehrreich ist ihre Rekonstruktion durch seine Tochter Beate Niemann. Beide Geschichten eignen sich, inzwischen liegt genügend Material dazu vor, für eine Verwendung in der Bildungsarbeit mit Jugendlichen und Erwachsenen.[35] Sie machen nicht nur das Verbrechen selbst einsehbar, sondern darüber hinaus die Mechanismen des Verschwindens der Opfer des Nationalsozialismus aus dem Gedächtnis der NS-Nachfolgegesellschaften.

Anmerkungen

1 Helmut Kohl verwendete diese Formulierung bei einem Besuch im Parlament Israels am 24. Januar 1984.

2 Einen guten Überblick bietet das Kapitel „Neue Unbefangenheit" in dem Buch von Andrei Markovits, Amerika, dich hasst sich's besser, Hamburg 2004, S. 176 ff.
3 Ralph Giordano, Die zweite Schuld, Hamburg 1987.
4 Siehe z. B.: Gabriele Rosenthal (Hg.), Der Holocaust im Leben von drei Generationen, Gießen 1997.
5 Siehe z. B.: Dan Bar-On, Furcht und Hoffnung, Hamburg 1997.
6 Da Rosenthal und Dan Bar-On sich nicht nur mit den Kindern und Enkeln der Täter sondern auch mit den Nachfahren der Opfer beschäftigen, reichen die Ergebnisse ihrer Forschungen über die Bundesrepublik, DDR und Österreich weit hinaus.
7 Der offene Brief Salomon Korns an den Flick-Erben ist inzwischen auch öffentlich verbreitet worden und im Internet (http://www.hagalil.com/archiv/2004/05/flick.htm) verfügbar.
8 Harald Welzer u. a., Opa war kein Nazi, Frankfurt a. M. 2002.
9 Maurice Halbwachs, Das kollektive Gedächtnis, Stuttgart 1967; Maurice Halbwachs, Das Gedächtnis und seine sozialen Bedingungen, Frankfurt a. M. 1985.
10 Jan Assmann, Das kulturelle Gedächtnis, München 1997.
11 „Der gute Vater – eine Tochter klagt an", 90 min., 2003, Film von Yoash Tatari. Es gibt auch eine Fassung von 45 Minuten mit dem Titel „Mein Vater, der Mörder – eine Tochter klagt an." Beide Filme können über den Mitschnittservice des WDR bestellt werden.
12 Siehe: Beate Niemann, Bruno Sattler – mein „unschuldiger" Vater, in der Zeitschrift „Horch und Guck", Heft 48, (2004/4), S. 43 ff.
13 Beate Niemann hat inzwischen das Manuskript über ihren Vater fertig (Arbeitstitel „Mein Vater").
14 Zu diesem Verbrechen: Walter Manoschek, Serbien ist judenfrei, München 1995.
15 Siehe Anm. 11.
16 Beate Niemann, Mein Vater, Berlin 2004 (unveröffentlichtes Manuskript).
17 Maurice Halbwachs, Das Gedächtnis und seine sozialen Bedingungen, Frankfurt a. M. 1985, S. 121.
18 Jan Assmann, Das kulturelle Gedächtnis, München 1997, S. 36.
19 Eine gute Zusammenfassung der verschiedenen Faktoren findet sich bei: Jan Assmann, Das kulturelle Gedächtnis, München 1997, S. 29–86, aber auch bei Sabine Moller, Vielfache Vergangenheit, Tübingen 2003, S. 23–41.
20 Siehe dazu das instruktive Strukturschema bei Jan Assmann, a. a. O., S. 56.
21 Ebenda.
22 Olaf Jensen, Geschichte machen – Strukturmerkmale des intergenerationellen Sprechens über die NS-Vergangenheit in deutschen Familien, Tübingen 2004.
23 Ebenda, S. 117.
24 Ebenda.
25 Siehe zu den verschiedenen Formen der Tradierung des Nationalsozialismus das instruktive Darstellungsschema im Anhang des Buches von Olaf Jensen.
26 Beate Niemann, Bruno Sattler – mein „unschuldiger" Vater, in der Zeitschrift „Horch und Guck", Heft 48, (2004/4), S. 50.
27 Walter Manoschek, a. a. 0.
28 Beate Niemann, Bruno Sattler – mein „unschuldiger" Vater, in der Zeitschrift „Horch und Guck", Heft 48, (2004/4), S. 43/44.
29 Ebenda, S. 47.
30 Ebenda.
31 Ebenda, S. 47/48.
32 Ebenda, S. 48.

33 Ebenda.
34 Harald Welzer u.a., „Opa war kein Nazi", Frankfurt a. M. 2002, S. 210.
35 Frau Beate Niemann selbst ist gerne bereit, bei solchen Veranstaltungen als Referentin mitzuwirken. Kontaktieren sie zu diesem Zweck bitte den Verfasser dieses Aufsatzes: Dr. Martin Jander, Schustehrusstr.: 23, 10585 Berlin, Tel.: 030-34 70 77 45, E-Mail: martinjander@t-online.de.

Eveline Goodman-Thau

Zeugendes Erinnern

Dienstag, 11. April 1944

„Liebe Kitty!
(...) Wir sind sehr stark daran erinnert worden, dass wir gefesselte Juden sind, gefesselt an einen Fleck, ohne Rechte, aber mit Tausenden von Pflichten. Wir Juden dürfen nicht unseren Gefühlen folgen, müssen mutig und stark sein, müssen alle Beschwerlichkeiten auf uns nehmen und nicht murren, müssen tun, was in unserer Macht liegt, und auf Gott vertrauen. Einmal wird dieser schreckliche Krieg doch vorbeigehen, einmal werden wir doch wieder Menschen und nicht nur Juden sein! Wer hat uns das auferlegt? Wer hat uns Juden zu einer Ausnahme unter allen Völkern gemacht? Wer hat uns bis jetzt so leiden lassen? Es ist Gott, der uns so gemacht hat, aber es wird auch Gott sein, der uns aufrichtet. Wenn wir all dieses Leid ertragen und noch immer Juden übrig bleiben, werden sie einmal von Verdammten zu Vorbildern werden. Wer weiß, vielleicht wird es noch unser Glaube sein, der die Welt und damit alle Völker das Gute lehrt, und dafür, dafür allein müssen wir auch leiden. Wir können niemals nur Niederländer oder nur Engländer oder was auch immer werden, wir müssen daneben immer Juden bleiben. Aber wir wollen es auch bleiben. (...)
Deine Anne M. Frank" [1]

Die Frage nach dem Leben nach Auschwitz, „Ob nach Auschwitz noch sich leben lasse" (Theodor W. Adorno), beschäftigt uns alle ganz besonders in diesem Gedenkjahr, 60 Jahre nach der Befreiung Europas von Hitler und seinen Helfern. Die Politisierung des kollektiven Gedächtnisses erreichte einen neuen Höhepunkt bei der Gedenkfeier zum 27. Januar diesen Jahres am Tatort des Verbrechens, wo die Könige und Fürsten Europas, die Staatshäupter und die geistigen Vertreter der Völker dieses Kontinents, den Toten ihren letzten Respekt erwiesen. Der Tiefpunkt dieser Veranstaltung war mehr als alles symbolisiert durch die eisige Kälte, die dort herrschte, wo die Verstorbenen zumindest geborgen waren, im weißen Todeskleid des Schnees, wir als Überlebende unsere Hände und Herzen aber kaum wärmen konnten am Feuer der Gleise, Erinnerung daran, dass die Gleise damals leider nicht bombardiert wurden, also nicht gebrannt haben.

Das „*El Male Rachamim* – Gott voller Barmherzigkeit" klang zusammen mit dem „Vater unser". Der Feuerball auf den brennenden Gleisen, begleitet vom lauten Gedröhn eines Zugwaggons, der knirschend aber doch rechtzeitig zum Stillstand kam, um Unschuldige, Männer, Frauen und Kinder zur letzten Station, zum Tod zu bringen, erinnerte an den Feuerwagen, in dem der Prophet Elia zum Himmel zog; die Lichtstrahlen hinter den Krematorien suggerierten auch diese Himmelfahrt, aber wer hatte noch Augen zu sehen ...

„*Ani Ma'amim Be-Emuna Schelema Bewiat Ha-Maschiach* – Ich glaube, in vollem Glauben, an das Kommen des Messias" – so lautete das jüdische Gebet, letztes Urteil über die Geschichte Israels im christlichen Europa 2005 auf dem größten Jüdischen Friedhof. Allein steht das Jüdische Volk in Trauer und Trost, weil die Welt eben noch nicht erlöst ist und darum die Hoffnung auf das Kommen des Messias gerade im *Dennoch* liegt, im Glauben, der nicht durch die Geschichte bestätigt ist, nicht bestätigt werden kann. Ohne Siegestrommeln steht es in Ehrfurcht an dem Ort, wo es eine Hälfte seiner Brüder und Schwestern verloren hat, legt Zeugnis ab als Rest der Entronnenen, erzeugt durch die Tatsache des Lebens Erinnerung. Das eigene Erinnern ermöglicht es, Zeugnis abzulegen vom eigenen Betroffensein, von der Annahme eines Mandats, „das niemand mir gegeben hat", wie Franz Kafka sagt, auf der Kreuzung von Biografie und Geschichte zu leben. Es bedeutet, den *Zeitbruch*, Einbruch der Ewigkeit in die Zeit, zugleich auch der Zeit in die Ewigkeit, als Aufgabe zu leben. Im Überleben den Sinn des Lebens zu entdecken, jenseits historischer Fakten und Erfahrungen von Anderen sich selbst als politischen Menschen zu entdecken, wie bereits Plato den Propheten und den Politiker zusammendachte.

Man weint, natürlich weint man für jedes Kind, für jede Mutter, für jeden Vater. Für alle und für jeden Einzelnen. Nicht, weil man sie gekannt hat, aber weil man sie kennt. Weil man weiß, aus der eigenen Erfahrung weiß, was sie gespürt haben. Nur wenn man weint, weiß man es. Nicht mit dem Kopf, sondern im Herzen, wenn man weint, weiß man. Wenn man weint für den Blick, dem man entwichen ist, für all diese langen Jahre, wo man wusste und nicht, wo man erkannte und nicht, wo man dachte zu wissen, ahnte, redete, aber wo alles doch nicht so war, wie es war. Man weint, weil es so war. Weil alles wahr ist und daher alles andere Lüge. Weiß und schwarz, keine Zwischenfarben, Zwischentöne, graue Zonen – weiß auf schwarz ist es wahr. Es ist – leider – wahr. Wahr ist das Weinen in Wut und ohne Macht ...[2]

Vom vollen Ausmaß des Verbrechens zu wissen, ist eine Sache. Diese Wahrheit in das eigene, zeugende Erinnern hineinzunehmen, ist eine andere. Die Schwierigkeit liegt in der Erkenntnis der Ohnmacht, der Unfähigkeit, die Tatsachen ungetan zu machen, die Zeit und die Geschichte umzukehren zum Anfang, wo alles noch nicht entschieden war, aus einem Alptraum aufwachen zu können in eine heile, bessere Welt.

Für mich, in Wien geboren, von wo ich als kleines Kind noch rechtzeitig nach Holland fliehen konnte und dort mit meiner engen Familie den Krieg im Versteck überlebte, klingt der Wiener Schlager „Wien, Wien, nur du allein ..." noch immer, nicht in der Realität, sondern „(...) noch immer im Traum ... dort wirst du wahrscheinlich für immer und ewig die Stadt meiner Träume sein, weil so viele aus diesem Traum heraus in einer Realität erwacht sind, die ärger war als jeder geträumte Albtraum, gerade darum kommt der Traum immer wieder zurück in der Hoffnung, dass doch, möglicherweise, vielleicht doch, gegen jegliche Logik – die Musik spielt doch noch weiter, der Opernball findet doch wieder statt, fährt wieder ein Schiff auf der alten Donau, die Schauspieler sind doch wieder auf der Bühne im Burgtheater, die Liebenden küssen sich doch wieder im Stadtpark, man geht doch wieder spazieren am Kahlenberg, man trinkt doch wieder Wein in Grinzig, das Riesenrad dreht sich doch wieder im Prater und die Bäume blühen doch wieder im Frühling – alles nur ein böser Traum war. Ein Trosttraum anstatt eines Kaddisch für die Verstorbenen."[3]

Das zeugende Erinnern hilft einem, die nackte Wahrheit zu erkennen, dass alles von der menschlichen Entscheidung abhängt: Noch rechtzeitig vor dem ersten Brudermord versucht Gott, Kain von seiner Tat abzuhalten, den tödlichen Schlag zu verhindern: „Da sprach der Ewige zu Kain: ‚Warum verdrießt es dich und warum ist dein Angesicht gesenkt? Fürwahr, wenn du recht handelst, kannst du es emporheben; wenn du aber nicht recht handelst, so lagert die Sünde vor der Tür, nach dir ist ihr Verlangen, allein du kannst über sie herrschen." (Gen 4,6–7) Das Wort Sünde kommt eben nicht in der Paradiesgeschichte vor – vom Baum der Erkenntnis von Gut und Böse zu essen, war für Eva und Adam eine Entscheidung, geboren aus der menschlichen Freiheit zu handeln, eine Freiheit, die in der Gottesebenbildlichkeit des Menschen eingeschrieben ist.[4] Die *Unterscheidung* zwischen Gut und Böse ist im biblischen Monotheismus untrennbar verbunden mit einer menschlichen *Entscheidung*, es ist die Antwort von Jerusalem an Athen.

Der Gott Israels ist ein Schützer des Rechts und der Gerechtigkeit, ein Richter der ganzen Erde. Und Israel, dieses kleine, unbedeutende Nomadenvolk, das allen Verfolgungen und Vertreibungen seines Glaubens wegen zum Trotz und trotz der schrecklichen Ereignisse in diesem Land, die im

Namen Auschwitz im kollektiven Gedächtnis der Menschheitsgeschichte eingeschrieben sind, ohne Sprache und ohne Land, bis zur Gründung des Staates Israel aus der Asche, überlebt hat, hat durch seine Erwählung eine Sicherheit. Eine Sicherheit, die – trotz aller Versprechen – nicht allein darin besteht, dass Gott seinen Bund mit Israel nicht kündigt, nicht nur im Schutz Gottes besteht, sondern dieser Bund beruht auf der Wahrung des Rechts und der Überwindung und Bekämpfung des Unrechts: auf etwas, das nicht schon in einer absoluten himmlischen Gesellschaft, nicht in einem Vertrag, einer Verfassung oder einer Ekklesia verkörpert ist, sondern hier auf Erden, im menschlichen Tun und Handeln, in der Zeit also, realisiert werden soll.

Das ist vielleicht die größte Gabe des Gottes Israels, dass er den Menschen das Recht und die Gerechtigkeit lehrt, wie dies bereits in Gottes Überlegungen vor der Verwüstung Sodoms zum Ausdruck kommt:

Da sprach der Ewige: ‚Sollte ich Abraham verhehlen, was ich vorhabe? Da doch Abraham zu einem großen und mächtigen Volk werden wird, und alle Völker der Erde durch ihn gesegnet werden sollen? Denn ich habe ihn erkannt, damit er seinen Kindern in seinem Haus nach ihm gebiete, den Weg des Ewigen einzuhalten, Recht und Gerechtigkeit zu üben, auf dass der Ewige über Abraham bringe, was er ihm verheißen. (Gen 19,17–19)

Es ist ein Ausdruck der Liebe von Gott zu Mensch, der in das jüdische Morgengebet vor dem Schma-Gebet von Seiten des Menschen eingegangen ist: „Mit einer großen Liebe hast du uns geliebt, Gott, unser Gott, eine große und übergroße Gabe hast du uns gegeben, unser Vater, unser König, unserer Väter wegen, die auf dich vertraut haben und die du die Gesetze des Lebens gelehrt hast. So schenke und lehre uns, unser Vater, du Barmherziger, und erbarme dich über uns und gib uns die Fähigkeit, die ganze Weisheit deiner Lehre in Liebe zu verstehen und zu begreifen, zu hören, zu lehren, zu lernen, zu hüten, zu tun und zu erhalten …"

Die Liebe Gottes zum Menschen besteht darin, dass er seine Lehre nicht im Himmel verwahrt, sondern dass er sie dem Menschen mitgeteilt hat. Nicht die kosmische Ordnung war das Bestimmende, sondern der Gott des Himmels und der Erde hat den von seinen Händen gebildeten Menschen zwischen Gut und Böse zu unterscheiden gelehrt. Diese Liebesgabe Gottes ist kein Befehl, es ist ein Weg zur Heiligung (Lev 19). Dem Volk wird nicht geboten, dass es ein gutes, sondern dass es ein heiliges Volk sein werde. Alle sittliche Forderung besteht darin, den Menschen zu erheben, dorthin, wo das Ethische im zeugenden Erinnern im Religiösen aufgeht, wo das Ethische in seiner Differenz zum Religiösen im „Atemraum des Göttlichen selber aufgehoben wird", wie Martin Buber sagt.[5] Israel soll heilig werden, denn Gott ist heilig: es ist der Ort, wo Heiligkeit und Humanismus sich begegnen.

Voraussetzung für diese Verbindung von Ethischem und Religiösem ist die Auffassung, dass der Mensch, indem er von Gott geschaffen ist, von ihm in die Freiheit gestellt ist, und dass er nur in dieser Selbständigkeit Gott gegenüber vor Gott stehen kann. Hier beginnt der Dialog des Menschen mit Gott und der Welt: Der Mensch nimmt in voller Freiheit und Ursprünglichkeit sein Dasein wahr, konstituiert sich so vor Gott als Individuum, wird zum Partner Gottes in der Welt, „... die Gott geschaffen hatte um sie zu machen", wie es in Gen 2,3 heißt. Die menschliche Handlung als Ausdruck der Freiheit ist die Voraussetzung des Gesetzes, sie schafft die gegenseitige Bedingung der Ersten Fünf Gebote – zwischen Mensch und Gott – und der Zweiten Fünf Gebote – zwischen Mensch und Mensch –, da das Verhältnis zwischen Mensch und Gott im biblischen Monotheismus auf einer freien Entscheidung auf beiden Seiten basiert, eine Tatsache, die es in den *Jüdischen Quellen* einer Religion der Vernunft im christlich geprägten Abendland neu zu entdecken gilt. Diese *Entscheidung* ist als Gabe gegeben und findet ihren Ausdruck im hebräischen Wort *Chessed*, das nicht Gnade, sondern Entschluss zu und Vollzug von tätiger Liebe bedeutet. Tätige Liebe lässt sich nicht aus den Werken Gottes am Menschen oder einer schon im Voraus versprochenen, um jeden Preis garantierten Liebe, auch nicht aus dem Gesetz ab- oder herleiten, sondern bedarf der freien Entscheidung des Menschen als *Vorbedingung* und ist deshalb durch den Menschen als frei wählendes Individuum bedingt. Diese Freiheit hebt die Tat des Menschen nicht nur auf eine höhere Ebene, sondern gibt dem Menschen die volle Verantwortung für seine Taten, die den Bund mit Gott aufs Neue bestätigt.

Von seinen frühen Anfängen an hat das jüdische Denken sich in dieser Weise gegen jede Form des Geschichtsdeterminismus gewehrt und das Paradox zwischen der Allwissenheit Gottes und der menschlichen Entscheidung ausgehalten. Die Frage nach der Auswirkung der menschlichen Handlung bleibt offen, der Mensch ist aber *nicht frei* sich ihr zu entziehen, wie es in den Sprüchen der Väter im Namen Rabbi Tarphons überliefert wird: „Du brauchst die Arbeit nicht zu vollenden, aber du bist auch nicht frei, dich daraus zu entziehen." (Pirke Awot 2,2)

Die Freiheit des Menschen hat eben ein Ziel: Verantwortung für die Welt auf sich zu nehmen. Aus diesen Grund allein ist ihm die Freiheit gegeben, eine Freiheitserfahrung, die im Auszug aus dem Sklavenhaus Ägypten im kollektiven Gedächtnis eingeprägt ist: „Tue kund deinem Sohn am selbigen Tag: Um deßwillen, was der Ewige mir getan, als er mich aus Ägypten geführt hat." (Ex 13,8) Das Menschenbild dieser Perspektive finden wir in der Bibel und in der jüdischen Tradition, ein Menschenbild, das in folgender talmudischer Diskussion seinen Ausdruck findet:

„Was bedeutet: Denn dies ist der ganze Mensch (Prediger 12,13)? Rabbi Elieser sagte: Die ganze Welt wurde allein um seinetwillen erschaffen. Rabbi Abba, Kahanes Sohn, sagte: Dieser wiegt die Welt ganz und gar auf. Schimon, Asias Sohn, sagte, manche sagen: Schimon, Somas Sohn, sagt: Die ganze Welt wurde allein ihm zur Gemeinschaft erschaffen." (Babylonischer Talmud, Schabbat 30b)

In diesen überlieferten Lehrmeinungen finden wir einen Kern der Frage des Menschseins, der in einer Welt, in der Auschwitz als eine nicht wegzudenkende *Tat-Sache*, nicht als Menetekel, sondern als Mandat, nicht als Mahnmal, sondern als *Tat-Zeugnis* einen *immer von neuem beunruhigenden* Ort bekommen kann.

Man sollte die Toten begraben, aber was tut man, wenn die Verschleppten und Ermordeten kein Grab bekommen haben, aber doch auch nicht anonym geblieben sind, da so viele ihnen nachtrauern, die nicht aufgehoben sind, die nicht in der Erinnerung der Herzen die Erlösung finden. Was tut man, wenn das Versprechen, welches ein Mensch dem anderen gibt, nicht gehalten wird? „Du sollst nicht töten" ist ja allgemein bekannt – aber wenn du ihn, den Nächsten getötet hast, dann gib ihm zumindest ein Grab, eine Ruhestätte, da jeder Mensch nur *ein Leben* hat. „Wer einen Menschen umbringt, der zerstört eine ganze Welt" (Mischna Sanhedrin 4,5). Gemeinschaft bedeutet, gemeinsame Erinnerung zu leben, *jenseits* der historischen Wahrheit – sogar wenn wir alle *Daten* rekonstruieren, können wir das *Leben* nicht restaurieren wie Bilder. Die Menschen brechen den Rahmen, den wir ihnen geben. Wir sollten die Toten ruhen lassen, aber wenn unsere Taten und die Taten unserer Kinder und Enkelkinder jenes Verbrechen nicht in ein Versprechen verwandeln, werden die Toten, ob wir sie nun begraben haben oder nicht, uns Lebendigen keine Ruhe geben. Ihre Sehnsucht nach uns ist stärker, als unser Drang zum Vergessen je sein kann.

Die oben zitierten Überlieferungen stehen unter diesem Zeichen. Wie so oft nehmen die Rabbinen eine allgemeine, universalistische Aussage zum Anlass, um das Partikulare, die Differenz in der Einheit zu zeigen. Es ist unmöglich eine ganzheitliche Aussage über den Menschen zu machen, nicht nur, weil ein Mensch eine andere Meinung hat als ein anderer, oder weil die Interessen und Bestrebungen der Menschen so verschieden sind, sondern weil der biblische Text, und insbesondere die Weisheitsliteratur, aus der der angeführte Vers „Denn das ist der ganze Mensch" stammt, einen Kern der monotheistischen Lehre zum Ausdruck bringen will, nämlich die Frage, was Sinn und Sache des Menschen im Kosmos ist und zu bedeuten hat. Der Mensch ist einerseits ein Naturwesen und somit Teil der Naturordnung als Schöpfung Gottes, aber zugleich geht an ihn die Forderung sich zu besinnen auf seinen Ort und seine Aufgabe innerhalb dieser Ordnung. Es wirft somit die Kernfrage des Menschseins auf, die im monotheistischen Durchbruch das Interesse am Kosmos oder an den Göttern durchbricht. Der Mensch steht nicht nur Gott und der Welt gegenüber, sondern sein Mensch-sein als nackte Existenz hängt davon ab, in welcher Weise er diese Beziehung erfährt, da damit zugleich die Welt als *Schöpfung* einen Sinn erhält. Schöpfung und Offenbarung fallen zusammen, indem die Rabbinen den sechsten Schöpfungstag, an dem der Mensch erschaffen wurde, als den 6. Tag im Monat Siwan erkennen, den Tag, an dem die Thora am Berg Sinai gegeben wurde.[6]

Die oben zitierten Meinungen bieten verschiedene Lösungen für die Frage. Rabbi Elieser ist der Meinung, dass die Welt nur um des Menschen willen erschaffen worden ist. Rabbi Abba geht einen Schritt weiter, indem er meint, dass der Mensch gegen die ganze Welt aufwiegt: der Mensch ist in sich ein Kosmos, er ist nicht ein Teil der Weltordnung, aber gegenüber der natürlichen Ordnung der Welt gibt es eine andere, eine menschliche Ordnung der Welt, die das „Ganze" seines Menschseins ausmacht, wie es heißt: „... dies ist der ganze Mensch". Zum Schluss wird vom Redaktor des Talmud noch eine weitere Meinung überliefert, die besagt, dass die ganze Welt, der Kosmos also, dem Menschen allein zur Gemeinschaft erschaffen wurde, wobei der Kosmos selbst eine menschliche Dimension von gegenseitiger Verantwortung enthält. Hier wird diese Beziehung verstanden als Gemeinschaft zwischen Mensch und Welt, nicht als Machtanspruch des Menschen gegenüber der Schöpfung, sondern als gemeinsame Aufgabe – zur Nährung und Versorgung von Mensch und Tier durch die Fruchtbarkeit der Welt. Die Behaustheit des Menschen in einer freundlichen und nicht feindseligen Welt ist hier angesprochen, ein Vertrauen, welches sich in der Welt als Gottvertrauen verstehen lässt: der Schöpfergott hat diese Welt dem Menschen zur Gemeinschaft gegeben. Von hier erstreckt sich dann die Einsicht einer Weltgemeinschaft, wo alle Menschen, Tiere und Pflanzen in harmonischer Gemeinschaft miteinander und füreinander leben.

Orte der Erinnerung sind in dieser Hinsicht nicht nur Begegnungsstätten, die an Jahrestagen begangen werden, sondern Geburtsorte des Neuanfangs. Orte, an denen die Gegenwart sich im rückwärtsgewandten Blick des zeugenden Erinnerns für die Zukunft öffnet, an denen die hypothetische Frage „Welche Welt würde ich wohl durch mein Handeln schaffen, wenn es in meinem Vermögen stünde?" eine Bedeutung gewinnt. Der Mensch braucht die Arbeit nicht zu vollenden, aber das Vertrauen auf die Kraft des Menschen autonom zu handeln, wird zusammengehalten durch die Kette der Tradition, wo eine Generation der anderen die nicht vollbrachte Arbeit als Erbe – da du hier eben *nicht* frei bist, wie es in den Sprüchen der Väter 2,2 heißt, eine endgültige Absage an „Arbeit macht frei" – weiterreicht. Geschichte als Aufgabe zu leben ist das Vermächtnis, das einem jeden Menschen gegeben ist. Es bedeutet die Gabe des Lebens anzunehmen.

Ich rufe heute gegen euch Himmel und Erde als Zeugen an, dass ich dir das Leben und den Tod, den Segen und den Fluch vorgelegt habe, so wähle denn das Leben, auf dass du leben bleibst, du und deine Nachkommen. (Dtn 30,19)

Das Leben zu wählen, heißt, Wegbereiter zu sein, bereit zu sein den Weg zurückzuverfolgen, um über den Abgrund eine Brücke zu schlagen, die kein anderes Ufer hat als die Aufgabe selbst.

Anmerkungen

1 Anne Frank, Tagebuch, Fischer Taschenbuch-Verlag, Frankfurt a. M., 7. Auflage 2004, S. 248 f.
2 Eveline Goodman-Thau, In der Arche der Unschuld. Versuch einer Vernunftkritik nach Auschwitz (Publikation in Vorbereitung).
3 Eveline Goodman-Thau, Eine Rabbinerin in Wien. Betrachtungen, Czernin Verlag, Wien 2003, S. 89.
4 Es gibt in diesem Zusammenhang eine geniale Auslegung des mittelalterlichen Exegeten Raschi aus Worms, der erklärt, dass Adam und Eva, bevor sie vom Baum der Erkenntnis gegessen hatten, der Welt zwar Namen geben konnten (Logos), aber es waren wertfreie und darum wertlose Namen – eben weil sie nicht den Unterschied zwischen Gut und Böse (Ethos) kannten.
5 Vgl. Martin Buber, Gottesfinsternis, Zürich 1953, S. 128.
6 Vgl. Babylonischer Talmud, Schabbat 88a.

Helmut Ruppel

Nachgespräch:
Die Erweiterte Fachausbildung – ein Gedenkblatt

*Das Leben fährt schnell dahin,
als flögen wir davon.*

Psalm 90

Die Zeit – ein knappes Gut

Im Mai 1973 erschien ein bemerkenswerter Aufsatz in „Concilium": „Narrative Theologie". Sein Autor, Harald Weinrich, lenkte die Aufmerksamkeit auf eine biblische Praxis, die die Theologie, im fraglosen Bunde mit der Geschichtswissenschaft und der Dogmatik, mehr und mehr zu verschmähen begonnnen hatte: das Erzählen und die Erzählgemeinschaft von Judentum und Kirche. Weinrich hatte als Literaturwissenschaftler und Romanist schon inspirierende Arbeiten veröffentlicht: „Das Ingenium Don Quichotes" (1956), „Literatur für Leser" (1971), „Tempus – Besprochene und erzählte Welt" (2001, 6. Aufl.). Nun gab er der Theologie einen kräftigen Impuls, sich doch auf ihre Herkunft zu besinnen und der Ödigkeit ausschließlicher Theoriedebatten sich zu entwinden. Er erinnerte sie: „Das Christentum ist eine Erzählgemeinschaft … ist eine Tischgemeinschaft. Man kann sich in der Nachfolge Christi, des erzählten Erzählers aus Nazareth, ein Christentum vorstellen, das sich von Generation zu Generation in einer Kette von Nacherzählungen tradiert: ‚Fides ex auditu' (Der Glaube kommt aus dem Hören). Das Christentum ist jedoch keine Erzählgemeinschaft geblieben. In Berührung mit der hellenistischen Welt hat es seine narrative Unschuld verloren … Geschichten erzählen, ja schon das Geschichten hören, gilt in unserer Gesellschaft als unwissenschaftliche Beschäftigung … Eine nur narrative Theologie ist kaum mehr vorstellbar, aber … der Weg über die Doktrin ist nicht unerlässlich und scheint eher ein Umweg zu sein, wenn man bedenkt, dass eine erzählende und eine praktische („politische") Theologie es beide mit Handlungen zu tun haben. Immerhin: die Theologie wird nicht soweit praktisch werden können, dass sie aus dem Bund der theoretischen Wissenschaften austräte. Aber auch als theoretische Wissenschaft braucht sie ihre überlieferten Erzählungen nicht – kleingläubig – zu verleugnen."[1]

Wie wenig selbstverständlich die Erinnerung Weinrichs an die biblischen Herkunft der Kirche war, zeigt der seinem Aufsatz folgende Beitrag von Johann Baptist Metz mit dem angestrengten Titel: „Kleine Apologie des Erzählens", den Metz mit der verblüfften Feststellung begann, er habe in keinem der neueren theologischen und philosophischen Lexika das Stichwort „Erzählung" gefunden. Metz entwarf sogleich ein theologisches Arbeitsprogramm, das in religionspädagogischer Lesart später „In Geschichten verstrickt" (Wilhelm Schapp) oder „Erzählend die Gottesherrschaft entdecken lassen" (Rolf Lüpke) heißen konnte.

Die „unselige Gleichgültigkeit der Wissenschaft gegenüber den Anforderungen der Praxis" (Ingo Baldermann) brachte es mit sich, dass in Berlin und insbesondere in der von Pensumzwängen freien „Erweiterten Fachausbildung" eine biblisch-theologische Didaktik im osmotischen Austausch mit der täglichen Unterrichtspraxis erprobt, eingeübt und praktiziert wurde, die davon lebt, dass die Bibel spricht, erzählt, singt und aufruft und damit noch lange nicht am Ende ist. An dieser bewegenden Didaktik zu buchstabieren, war Arbeitsprogramm von mehr als drei Jahrzehnten der EF.

In der Person von Johann Baptist Metz bündelten sich weitere Impulse für die Berliner religionspädagogische Weiterbildung. Seine Ansätze einer praktischen Fundamentaltheologie stießen folgerichtig zu den Fundamenten des weltweiten Christentums vor und thematisierten sehr früh „Gott nach Auschwitz" (1979) und die Dramatik der „Theodizee"-Frage, die unbedingte Hinwendung zu einer theodizee-empfindlichen Gottesrede unter dem selbstkritischen Anspruch „Den Antlitzen standhalten". Gemeinsam mit Gregory Baum plädiert er seither für eine neue „Politische Theologie", für die die „Autorität der Leidenden" verpflichtend ist.

Es ist seltsam, aber in dem erwähnten Heft Concilium von 1973 gesellte sich zu Weinrich und Metz ein dritter Autor, Edward Schillebeeckx aus Antwerpen. Seine großen Arbeiten „Jesus – die Geschichte von einem Lebenden" (1975) und „Christus und die Christen" (1977) prägten wichtige Phasen der neutestamentlichen Auslegungsarbeit – Gleichnisse! – bis in die didaktischen Entwürfe hinein. Zu den beiden Katholiken (!) Metz und Schillebeeckx gehörte von Anfang an der Protestant Peter von der Osten-Sacken mit vielen seiner Seminare zu den „Grundzügen einer Theologie im christlich-jüdischen Gespräch" (1982). Ihm verdankt die EF auch die erste Studienreise nach Israel (1978).

Harald Weinrich soll diese Erinnerung an 1973 und die folgenden Jahre abschließen. In der Hoch-Zeit der Erinnerungskultur veröffentlichte er „Lethe. Kunst und Kritik des Vergessens" (2000, 3. Aufl.), ein notwendiger Seitenflügel auf dem breit und hoch aufgebauten Erinnerungsaltar. Und rechtzeitig zum Bedenken dieser Jahre der EF erschien sein Buch „Knappe Zeit. Kunst und Ökonomie des befristeten Lebens" (2004). Und lautet die erste Frage eines (vernünftigen) Nachgespräches: „Wie haben Sie die Stunde erfahren?", muss ich mit Weinrich antworten: „Ach, die knappe Zeit!" Sollte es nicht besser heißen: „Wir haben noch gar nicht angefangen"? Ein Rückblick auf fast 40 Jahre EF – von Joachim Hoppe 1968 initiiert – lässt nur einen Gedanken zu: „Zu knappe Zeit!"

Weinrich beginnt sein Buch: „Die Zeit ist knapp. Das Geld ist knapp. Arbeitsplätze sind knapp. Die fossilen Brennstoffe sind knapp. Bald wird auch das Wasser knapp werden. Wir möchten besitzen, was wir nicht haben, und werden es nicht bekommen: Es ist knapp. Fast alles, was gut und schön ist, wird oder ist knapp." Zur Zeit, dem knappen Gut, sagen wir mit dem Buch Kohelet: „Ein jegliches hat seine Zeit." Nicht jeglichen Schwerpunkt können wir aufführen, aber die prägenden und stärkenden Menschen und ihre Themen „doch"!

Erinnerung ist das Gegenteil von Gleichgültigkeit

Obwohl der Friedensnobelpreisträger Elie Wiesel erst 1985 bei seinem Besuch in der Evangelischen Akademie von Loccum diesen Impuls formuliert hat, gehörte er zur Kontur der Erweiterten Fachbildung von Anfang an. Er prägte verschiedene Arbeitsfelder:
- die Auseinandersetzung mit dem Nationalsozialismus und das Verhalten der Kirchen während seiner Jahre und danach
- die aktuellen Brennpunkte der Friedensforschung und Friedenserziehung
- die pädagogischen Konkretionen ökumenischer Verantwortung
- das Kennenlernen und die mögliche Aufnahme der Theologie und Pädagogik der Befreiung
- wachsende Wahrnehmung des Judentums in Geschichte und Gegenwart
- die Entfaltung einer biblischen Erinnerungs- und Hoffnungsdidaktik in zukünftiger Rahmenplanarbeit – geschichtsbewusst, ökumenisch, prophetisch-jesuanisch

„Ich glaube daran, dass nur Erinnerung gegen die Gleichgültigkeit ankämpfen kann ... So lange wir uns erinnern, gibt das, woran wir uns immer erinnern, unserem Kampf und unserer Sensibilität eine andere Dimension", hatte Wiesel in Loccum gesagt und hinzugefügt, Gleichgültigkeit entbehre schon des Wunsches, zwischen Gut und Böse, Tag und Nacht unterscheiden zu *wollen*.

Wir finden Semester um Semester zum Gesamtkomplex „Nationalsozialismus und Kirche" Seminare und Übungen; darunter zu vielen spezifischen Aspekten wie „Widerstand", „Obrigkeitsverständnis", „Bekennende Kirche", die von den Kollegen Harald Iber und Wolfgang Wippermann aufgenommen wurden. Die Themen der Friedenserziehung, der philosophischen und theologischen Ethik, des Rassismus und seiner Bekämpfung gingen als Gegenwarts-Konsequenz aus dieser Arbeit hervor. Die ältere Generation unter den Lehrenden konnte ein biographisch-narratives Element in die Weiterbildung einbringen, das jeder Quellenlektüre überlegen war und eine außerordentliche Zeitgenossenschaft mitbrachte, so die Rabbiner Manfred Lubliner, Joseph Asher (San Francisco), Jacob Licht (Jerusalem), später der Rabbinerin Eveline Goodman-Thau (Jerusalem), Rabbiner Andreas Nachama und Kantorin Avitall Gerstetter. Mit Propst Dittmann, Bischof Scharf und Ephora Ingeborg Becker (Berlin-DDR) waren regelmäßig Stimmen zu hören, die die Erfahrung einer lebensbezogenen theologischen Arbeit innerhalb der Kirche repräsentierten.

Die grundlegende sachanalytische Arbeit leisteten vor allem Peter von der Osten-Sacken im Neuen Testament, Helmut Gollwitzer und Friedrich-Wilhelm Marquardt in der Dogmatik, Wolfgang Wippermann in der Kirchengeschichte, Theodor Strohm in der Sozialethik, Carsten Colpe und Gerhard Bruch in den Religionswissenschaften. Mit den Pädagogen und Sozialwissenschaftlern Lothar Krappmann, Achim Leschinsky, Ulf Preuss-Lausitz, Gernot Jochheim, Kurt Mansfeld, Theodor Ebert, Norbert Stoellger, Monika Ortmann und Martin Jander gaben sie in der *berufsbegleitenden* Weiterbildung eine verlässliche Erweiterung und Vertiefung des Erlernten und eine im ständigen Unterrichtsalltag sich zu bewährende fachliche Orientierung.

1983 erschien ein Heft der institutseigenen „Informationen" mit dem Titel „5 Jahre IKD" – das 1978 aus dem ehemaligen „Amt für evangelischen Religionsunterricht" hervorgegangenen „Institut für Katechetischen Dienst" feierte seinen 5. Geburtstag. Zur Erweiterten Fachausbildung steht dort ein Beitrag mit dem sprechenden Titel „ Noch nicht festgelegt …". Die EF hatte die einmalige Möglichkeit, als Anschluss-Ausbildung auf die Pflichtausbildung weitgehend von einem bindenden Curriculum frei zu sein und somit auf Herausforderungen, Strömungen und Brennpunkte in Pädagogik und Theologie zu reagieren.

Und sie tat dies ausgiebig und, wie in der Rückschau klar zu sehen ist, mit einem vollkommenen Ausfall an Theoriebildung. Theologische und pädagogische Theoretiker würden diese Arbeit wohl als verwegene Improvisationen oder archaischen Impressionismus bezeichnen – die direkte berufsbegleitende Weiterbildung sah in „Theorien" vermutlich nur Intuitionen, die die Geduld im Praxisalltag verloren hatten. So haben die Theorieansätze auch im Pädagogischen wenig Realisierungen gezeitigt, erwiesen sie sich bei näherer Betrachtung oft als hochgestochen naiv. Dagegen führte die „Suche nach der verlorenen Didaktik der Hoffnung" (Ingo Baldermann) tiefer in die gemeinsame Verstehensbemühung dessen, was im Religionsunterricht zu leisten ist. Didaktik war nie Kunstlehre der Vermittlung allein, sie baute immer mit an kleinen Bildungswerkstätten, in denen junge Menschen an fremden Texten, Bildern und Geschichten arbeiten, an Geschichten des Gelingens, der Gerechtigkeit, der Tischgemeinschaft und eines sinnerfüllten Lebenshorizontes. Dort können Optionen, Lebenswünsche und ein waches Gewissen wachsen. Dort kann man auch andere Dialekte des Glaubens erleben, Stillefähigkeit, Hör- und Aufnahmefähigkeit, so viele nicht-aggressive Fähigkeiten üben, sogar im Innersten Spiritualität. Wenn Spiritualität mit Fulbert Steffensky die Fähigkeit ist, das Reich Gottes zu vermissen, dann kann man in dieser Bildungswerkstatt Religionsunterricht lernen, was „vermissen" ist: Brot für Hungrige, Freundschaft für die Einzelgänger, Gerechtigkeit für die Beleidigten, Lob der Schöpfung!

Dass dies aber nicht überfrachtet wird und wirkt, hat die didaktische Arbeit in der EF sich immer am Alltag gemessen, an der „ordinären" Schulpraxis nebenan. Wie dies für eine Schule aussehen kann, hat Marie-Rose Zacher in ihrer „Schul-Haus-Besichtigung" schon beschrieben und ist von Rolf Lüpke mit unverdrossenen Zukunftsimpulsen bildungspolitisch entfaltet worden. Das haben beide in Projektarbeiten mit anderen seit Beginn der EF betrieben, was zu vielen Veröffentlichungen, Materialsammlungen und endlich sogar zu einem Rahmenplanentwurf führte, der so sehr im Geiste des bisher skizzierten Ansatzes atmete, dass manchen in Kirche und Gesellschaft die biblisch-prophetische, sozial-ökumenische und didaktisch-diakonische Geistkraft doch ein wenig zu stürmisch war ...

Es schien zuweilen, als schäme man sich der anstößigen biblischen Herkunft. Was wurde gearbeitet und wer arbeitete mit?

Didaktik – ein weites Feld – ein zu weites Feld?

Wir leihen uns diesen Titel[2] von Jürgen Ebach, der seine Kirchentags-Bibelarbeit (2001) über Gen 12 so nannte, wobei er „offen" ließ, ob er mehr Adalbert Stifters „Nachsommer" („Ein weites Feld") oder Theodor Fontanes „Effi Briest" („Ein *zu* weites Feld") folgen wollte. Marie-Rose Zacher hatte schon über „Sprachdidaktik und biblische Sprache", „Biblisches Erzählen" und frühe Texte des AT gearbeitet, bevor sie die zweisemestrigen unterrichtspraktischen Seminare zu den Aufbruchstraditionen der Bibel erarbeitete und im Unterricht erprobte: „Exodus" und „Abraham". Beide Seminare bündelten die biblische Didaktik der „offenen Wege" der frühen Familien und des aufbrechenden Volkes Israel in neue Erfahrungsräume mit dem Gott der Erzeltern und der schützenden Stimme vom Sinai.

Im Neuen Testament war es Rolf Lüpke, der mit zweisemestrigen Seminaren zu den zentralen Themen „Paulus und die Gemeinde in Korinth" und „Jesu Gleichnisse" ein didaktisches Lebensverhältnis zu den biblischen Situationen und Erzählungen erarbeitete und unterrichtete. Von hier aus nahmen Anstöße, Materialien und Lernhilfen ihren Weg in die Praxis. Selbständiges entdeckendes Lernen bei Erschließung der emotionalen Entscheidungskräfte konnte geschärft werden – bei den Weiterzubildenden *wie* bei den Heranwachsenden. Es war die Zeit intensiver, auch unterrichtspraktischer Arbeit an Menschenrechtsthemen (Rolf Lüpke), den Antirassismus-Strategien (Ingrid Schmidt) und des aufmerksamen Blicks für Medien dieser Themen (Marie-Rose Zacher) – ein weites Feld! Ein *zu* weites Feld?

Die Frage verschärfte sich: Anfang der 80er Jahre begann das Profil der EF sich zu verändern. Es trat etwas ein, das „Vielfalt ohne Beliebigkeit" (Ebach) heißen könnte. Dass Vielfalt *zur* Beliebigkeit wird, ist eine Erfahrung, die nicht nur in den Medien und Moden zuhause ist, im gegenwärtigen Diskurs kommt es häufig vor, dass man über ein Thema so oder so urteilen kann, mal diese, mal jene Meinung haben kann, dass überhaupt alles zur „Meinung", zur „Ansichtssache" wird. Als Hannah Arendt das Nach-Hitler-Deutschland besuchte, schockierte sie dieser „Das kann man so sehen, das kann man aber auch so sehen"-Ton. Andererseits ist Vielfalt ohne Beliebigkeit eine Grundnotwendigkeit zum Wahrnehmen differenter religiöser, kulturwissenschaftlicher Traditionen. „Vielfalt ohne Beliebigkeit" speist sich aus drei Entwicklungen:

- Mitarbeiterinnen mit erworbenen Qualifikationen aus der EF erweitern das Lehrkollegium und das Lehrspektrum,
- die Aufmerksamkeit für unterschiedliche religiöse und kulturgeschichtliche Traditionen wächst.
- An die Stelle der traditionellen „Schwanenwerderkollegs" treten *Studienreisen* und erweitern die (weiten, *zu* weiten?) Erfahrungsfelder.

Es gehörte zu den schönsten Erfahrungen in der berufsbegleitenden Weiterbildung in Berlin, dass zunehmend Kolleginnen und Kollegen nach dem Examen von ihrem Lernen so motiviert waren, dass sie selbst wieder Lehraufträge wahrnahmen. Diese Gleichzeitigkeit von Lernen und Lehren in Schule und Weiterbildung machte die Besonderheit unserer Erweiterten

Fachausbildung aus. Das bedurfte der Ermutigung, Assistenz und Kooperation von Seiten der Studienleitung, eine nicht gerade häufig geübte Praxis innerhalb der Kirche. Diese „neuen" Lehrbeauftragten brachten „neue" Themen mit, so dass die Vielfalt zunahm, die Angebote aber nicht beliebig wurden. Aspekte der „Feministischen Theologie" weiteten exegetische und pädagogische Fragestellungen aus, Aspekte der ästhetischen Disziplinen kamen zu theologiegeschichtlichen Studien hinzu, unterrichtspraktische Projektarbeit wurde verstärkt von der Schule selbst her betrieben, musische Übungen füllten eine erhebliche Lücke im bisherigen „Kanon" aus. So kamen mit Ingrid Schmidt, Ursula Storm, Jutta Schliephake-Hovda, Petra Pfeiffer, J. Christian Rau, Jutta Groth, Friedrich Talmon, Jacqueline Göing, Karin Franzmeier, Ruthild Hockenjos, Dagmar Cheung, Anna Burmann, Ingrid Marquardt, Katharina Seifried, Andreas Nosek, Lothar Schnepp, Ramona Kapielski, Cornelia Schirmer und vielen anderen ein fester Kern von Lehrenden zusammen, die kurz zuvor noch Lernende waren. Ebenso hatten die „Neuen" im Kollegium des IKD, später des Pädagogisch-Theologischen Instituts (PTI) viel zu lernen in der berufsbegleitenden Erwachsenenbildung, hatten sie doch ihrem Gegenüber nur ihre Fachwissenschaft voraus, jene aber ein erhebliches Stück Lebens- und Berufserfahrung. Hier müssen Maria Luise Damrath, Lorenz Wilkens und der früh verstorbene Wolfgang Wilhelm genannt werden, die oft selbst, wie wir alle, nicht sagen konnten, ob sie nun Lernende oder Lehrende waren, ein lebensgeschichtlich idealer Zustand.

Für die großen Studienfahrten traf dies besonders zu. Die „ost-mitteleuropäische Ökumene" nannten wir die Erfahrungsfelder von Prag (2), Theresienstadt (2), Krakau/Auschwitz (2), Breslau/Kreisau, Lublin, Minsk, Danzig und Wien, aber auch in die Türkei, nach Rom und Assisi (2) weiteten den Horizont wie es zuvor die unvergleichlichen „Wallfahrten" nach Israel und zum Sinai getan hatten. Für diese ökumenisch-politischen wie theologischen Exkursionen galt ein von Edna Brocke gern und zutreffend zitiertes Wort von Paul Tillich, nach dem die Grenze der „Ort fruchtbarer Erkenntnis" ist. Bei diesen Fahrten (wie schön, könnten sie erhalten werden!) waren alle Lernende in der Erkenntnis unaufhebbarer Differenzen bei bleibend-grundlegendem Zusammenhang.[3]

Grenzen, Kontexte und ein offener Horizont

„Man müsse", so Adorno, „den besseren Zustand ... denken als den, in dem man ‚ohne Angst verschieden sein kann'. Zum Leben in versöhnter Verschiedenheit bedarf es der Grenzüberschreitungen wie der Einhaltung von Grenzen. Alles hängt davon ab, mit behutsamer Entschlossenheit wie entschlossener Behutsamkeit Grenzen zu überwinden und Grenzen zu achten und dabei vor allem Grenzen zwischen den einen und den anderen Grenzen nicht zu verwischen. Gibt es Kriterien der Unterscheidung zwischen den einen und den anderen Grenzen, denen, die zu überwinden, und denen, die einzuhalten oder gar neu zu errichten sind?" (Ebach)

Offene Grenzen, neue Grenzen, Herkunftsgrenzen, Denkgrenzen, Vermögensgrenzen, Erfahrungsgrenzen, Glaubensgrenzen – seit anderthalb Jahrzehnten ist Europa ein großes Haus, ein sehr großes Haus geworden. Die alten wie neuen Grenzen in Berlin und im Land Brandenburg wurden eine heftige Herausforderung für die notwendigen Aufgaben einer religionspädagogischen Weiter-Bildung. Ihre deutliche Spuren kann man nachzeichnen und in der Stimme von Wolfgang Wilhelm hören. Zugleich waren neue Stimmen vernehmbar: Das Gespräch der „Kinder Abrahams" bekam einen festen Ort: Eveline Goodman-Thau, Mohsen Mirmehdi, Peter Klemm, Andreas Nachama, Ora Guttmann, Lorenz Wilkens, Gregory Baum waren miteinander im Gespräch. Ebenso wie in den Literatur- und Kulturwissenschaften Viola Altrichter und in der Philosophiegeschichte Marc Talabardon kräftige, echoreiche und horizontaufstoßende Impulse setzten. Eine kleine feine Privatfakultät errichteten Ursula Storm und Ingrid Schmidt in der Gemäldegalerie, die zeitweise mit anderen Schatzkammern Berlins zur PTI-Dependance wurde … Belebend auch die pädagogischen Innovationen in Spiel und Theater, Film und Musik von Marie-Luise Damrath, Vito Palmieri, Sabine Kolbe, Andreas Richter, Christoph Fritze, Martin-Heinz Ehlert und Petra Pfeiffer – und wem die Luft bei dem allem ausging, der ging zu Barbara Blumenberg … Dass all diese Fäden nicht lose herumhingen, sondern ein gewirktes, vielstimmiges und bei allen Grenzen im Innersten zusammenhängendes Ganzes blieb, dafür engagierte sich mit Umsicht und Verantwortung Michael Juschka – biblisch, religionspädagogisch und unterrichtspraktisch. Auch er einer, der mehr mit anderen zusammenarbeitete als nur allein vorandachte.

„Ohne Angst verschieden" sein können, das betrifft die „Gäste" im kirchlichen Haus des Lernens, das betrifft die „Gast-Texte", die als Kon-Texte aus anderen kulturellen und religiösen Traditionen gelesen wurden und das meint den Vollzug des Aus-Tauschs. „Gäste" waren immer willkommen darunter Esther Golan (Jerusalem) und Ruth Weiss (Harare); es waren nie solche, zu denen der Philosoph Michel de Montaigne (1533–1592) anmerkte:

Ich weiß nicht, wie es dazu kommt (und zweifellos kommt es immer wieder dazu), dass man bei denen, die sich eines überlegnen Wissens rühmen und wissenschaftliche Berufe ausüben oder sonst wie mit Büchern zu tun haben, mehr Hohlköpfigkeit und Begriffsstutzigkeit antrifft als bei irgendwelchen anderen Leuten.[4]

„Die Gelehrtesten sind nicht die Gescheitesten" – diese unausgesprochene Erkenntnis hat der Erweiterten Fachausbildung so viele begeisterte Dozentinnen und Dozenten (und viele mehr als hier genannt!) eingebracht, dass jene, mit denen sie im Gespräch waren, eine lebensprägende „Bildung" erhielten. Und gewiss auch umgekehrt.

Hier sollen die nicht unerwähnt bleiben, die dies alles einer (immer menschenfreundlichen) Prüfung unterzogen haben. Rolf Metzke, Erich Spier, Gisela Unruhe und Karin Borck. Jene, die den Rahmen schufen, dass das Arbeiten seinen Weg nehmen konnte von Semester zu Semester (über 70!), waren Margot Weinmann, Ruth Skrock, Christa Klitscher und Carola Henning.

Unter der kollegialen Langmut und umsichtigen Förderung der Institutsleiter Jürgen Hahn und Hans-Hermann Wilke fühlte sich das Projekt EF allezeit wohl „begleitet".

Wir begannen mit der Grunderfahrung: „Ach, die knappe Zeit!" Deshalb das Schlusswort für heute bei diesen ersten Annäherungen an ein unvergleichbares Projekt, das lernen wollte, „durch den Horizont zu sehen":

Merkt auf, merkt auf! Die Zeit ist sonderbar.
Und sonderbare Kinder hat sie: Uns!

Hugo von Hofmannsthal

Anmerkungen

1 „Concilium", Internationale Zeitschrift für Theologie, 9. Jg., Heft 5, Mainz 1973.
2 Vgl. Ekkehard W. Stegemann, Klaus Wengst (Hg.), „Eine Grenze hast du gesetzt", Edna Brocke zum 60. Geburtstag, Stuttgart 2003.
3 Jürgen Ebach, „Eine Grenze hast du bestimmt …", Bibelarbeit über Psalm 104,9, in: ders. Ein weites Feld – ein *zu* weites Feld?, Bochum 2004, S. 63–75, 72.
4 Michel de Montaigne, Montaigne für Leser. ausgewählt, übersetzt und herausgegeben von Hans Stilett, Frankfurt a. M. 2004, S. 15.

Die Autorinnen und Autoren

Dr. Viola Altrichter, Kultursoziologin, freie Autorin für den Hörfunk, Gastdozentin und Referentin an verschiedenen Hochschulen, Akademien und in der Erwachsenenbildung, Lehrschwerpunkt: Arbeit am Mythos

Dr. theol. Ingo Baldermann, Prof. (em.) für Evangelische Theologie und ihre Didaktik an der Universität-Gesamthochschule Siegen, 1994 „Preis für Qualität der Lehre" vom Ministerium für Wissenschaft und Forschung des Landes Nordrhein-Westfalen

Dr. Gregory Baum, Prof. (em.) für Theologie und Soziologie am St. Michael's College der Universität Toronto, Herausgeber der Zeitschrift „The Ecumenist" und Mitherausgeber des „Journal of Ecumenical Studien"

Dr. Emel Brestrich-Topcu, Gymnasiallehrerin in der Türkei, Studium und Forschung in Indien und USA, seit 1999 in Deutschland, engagiert in Projekten zum interreligiösen Dialog zu Integration und Migration

Dr. Edna Brocke, geboren in Jerusalem, lebt seit 1968 in der Bundesrepublik, seit 1988 Leiterin der Gedenkstätte „Alte Synagoge Essen", Mitarbeit in der AG „Juden und Christen" (bis 1991) beim DEKT, Mitarbeit an der EKD-Studie „Juden und Christen"

Maria Luise Damrath, langjährige Studienleiterin im Pädagogisch-Theologischen Institut, Lehr- und Arbeitsschwerpunkte u.a.: Didaktik der Grundschule, Musische Erziehung, Bibliodrama, Gastdozentin in kirchlichen Aus- und Weiterbildungsstätten

Dr. Albert H. Friedlander, 1927–2004, geboren in Berlin, 1952 in den USA zum Rabbiner ordiniert, seit Ende der 60er Jahre leitende Tätigkeit am Leo-Baeck-College in London, Gastprofessuren u.a. in Deutschland, Schweiz, Österreich, in den 90er Jahren Präsident der World-Conference for Religions for Peace

Avitall Gerstetter, erste Kantorin einer Jüdischen Gemeinde in Deutschland, amtiert in Berlin in der Großen Synagoge Oranienburger Straße, klassische

Gesangsausbildung an der Universität der Künste Berlin und in New York, Lehrschwerpunkt: Liturgie des Gottesdienstes

Dr. Eveline Goodman-Thau, erste Rabbinerin Österreichs in Wien, Professorin für Jüdische Religions- und Geistesgeschichte, lebt seit 1956 in Jerusalem, Gastprofessuren in Deutschland und den USA, Arbeitsschwerpunkte u. a.: Frauen- und Geschlechterstudien

Dr. Martin Jander, Historiker, Erwachsenenbildner, Journalist. Arbeitsschwerpunkte: Politische Theorie, Geschichte des NS und der Shoah, SED-Diktatur und Opposition sowie westdeutsche Nachkriegsgeschichte

Michael Juschka, Schulpfarrer und seit 1999 Studienleiter im Pädagogisch-Theologischen Institut, Arbeitsschwerpunkte: Fächerübergreifendes Lernen, Biografieforschung und Außerschulisches Lernen,

Rolf Lüpke, Theologe und Kirchenschulrat der Evangelischen Kirche (zunächst Berlin-West, jetzt EKBO) 1974–2005, Arbeitsschwerpunkte u. a.: Pädagogik, Religionspädagogik und Schultheorie, Medien- und Unterrichtspraxis

Dr. Mohsen Mirmehdi, geboren in Teheran, seit 1968 in Deutschland, Studienschwerpunkte: Musikwissenschaft und Tonsatz, Philosophie, Religionswissenschaft und Politische Ökonomie, Lehrschwerpunkte: Religion und Politik im Koran, Islam in Berlin

Andreas Nosek, Religionslehrer in Berlin und Leiter der Projektgruppe „Gedenkstättenarbeit" im PTI, Arbeitsschwerpunkte: Außerschulische Lernorte in Berlin, Studienfahrten nach Ostmitteleuropa

Dr. Vito Palmieri, geboren in Italien, aufgewachsen in Uruguay, Professor für Katholische Theologie, Lehrtätigkeit an der Theologischen Hochschule Montevideo, seit mehr als 20 Jahren Lehraufträge am PTI, Arbeitsschwerpunkte: Pädagogik und Theologie der Befreiung

Helmut Ruppel, Theologe und Kirchenschulrat der Evangelischen Kirche (zunächst Berlin-West, jetzt EKBO) 1971–2005, Studienleiter der Erweiterten Fachausbildung, Predigt-, Rundfunk- und Pressetätigkeit, Mitarbeit beim DEKT

Cornelia Schirmer, Religionslehrerin in Berlin, Mitarbeit in Projektgruppen der religionspädagogischen Fortbildung, insbesondere Gedenkstättenarbeit und außerschulische Lernorte

Ingrid Schmidt, Historikerin, Religionslehrerin in Berlin (bis 2003), Mitarbeit im Max-Planck-Institut für Bildungsforschung, in der Akademie der Künste und beim DEKT, Arbeitsschwerpunkte: Aspekte der feministischen Theologie, Christlich-Jüdischer Dialog

Dr. Ursula Storm, Studium der Kunstgeschichte, Archäologie und Publizistik, Religionslehrerin in Berlin bis 2001, Mitarbeit an der Fachhochschule für Restauratoren in Potsdam, Arbeitsschwerpunkte am PTI: Christliche Kunst bis zur Frühen Neuzeit, Museumsdidaktik

Dr. Lorenz Wilkens, Pfarrer, Privatdozent für Religionswissenschaft an der FU Berlin, 1982–1988 Studienleiter am Institut für Katechetischen Dienst Berlin (IKD), Lehrschwerpunkte: Neues Testament, theologisch-philosophischer Dialog

Dr. Wolfgang Wippermann, Prof. für Neuere Geschichte an der FU Berlin, Gastprofessuren in Österreich, China und den USA, Arbeitsschwerpunkte: Faschismus, Nationalsozialismus, Antisemitismus und Antiziganismus

Marie-Rose Zacher, Studienleiterin im Institut für Katechetischen Dienst Berlin (IKD) 1973–1987, seit 1987 Schulleiterin der Ev. Schule Steglitz, von 2000–2004 komm. Schulleiterin der Ev. Schule Berlin-Lichtenberg, kirchenleitende und synodale Tätigkeiten